沖縄自立と東アジア共同体

共編 進藤榮一／木村 朗／著 鳩山友紀夫／高野 孟／
大田昌秀／前泊博盛／島袋 純／松島泰勝／新垣 毅／
前田 朗／藤村一郎／稲嶺 進／伊波洋一／糸数慶子／
川内博史／仲地 博／石原昌家／阿部浩己／
岩下明裕／白井 聡／倪志敏／金平茂紀／目取真俊／
野平晋作／乗松聡子／猿田佐世／元山仁士郎／
玉城 愛／ガバン・マコーマック／ピーター・カズニック

花伝社

沖縄自立と東アジア共同体◆目次

第Ⅰ部　論考

第Ⅱ部　コラム

はしがき

木村　朗

二〇〇九年夏の政権交代で登場した鳩山民主党政権は、新たな東アジアの経済秩序と平和・協調の枠組み作りに資する構想として「東アジア共同体の構築」（アジア重視）を、「対等な日米関係の樹立」と並んで五つの外交課題（国家目標の柱）の一つに掲げ、日中韓三極協力事務局設立からアジア総合開発計画（ＣＡＤＰ）、アジア文化首都、キャンパス・アジア発出にいたる一連の構想具体化を推し進めた。また沖縄の民意を受けるかたちで、普天間飛行場を「できれば国外移転、最低でも県外移転」すると掲げ、実現に向けて努力したものの、結局は日本内外の壁・圧力に屈するかたちで挫折し、辺野古案に回帰してしまう結果となった。この普天間飛行場移設問題の迷走・挫折とわずか九カ月足らずでの鳩山民主党政権退陣の背後には、既存の権益層（政・官・業・学・報）によるさまざまな策動だけでなく、東アジア共同体構想やそれと連動した「駐留なき安保（有事駐留）」論に強く警戒・反発する米国の影が見え隠れし、鳩山民主党政権退陣の前後から、「構造的沖縄差別」という声とともに「沖縄の自主・独立」を求める動きが大きくなってきた。

東アジア共同体構想は、アジアにおいてＥＵ型の国家統合が起きることを前提としていると同時に、現行の日米安保体制の縮小・廃棄といった将来的展望を含むものである。それは当然「自発的従属」を本質とする現在の非対称的かつ主従的な日米関係の根本的見直しにもつながる。今日の東アジア地域では、中国の台頭と日米両国の衰退という新しい流れの中で緊張関係が高まる一方で、中国を軸にしてアジア諸国との経済的依存関係は急速に強まっている。東アジア地域の平和実現にとって、大きな鍵を握っているのが沖縄の存在だ。沖縄を従来の「軍事の要石」から「平和の要石」へと転換し、東アジア地域の統合と連帯の拠点とすることが重要な課題として浮上している。鳩山由紀夫元総理の次の言葉が見事にそれを物語っていよう。

「東アジア共同体を構想するとき、沖縄を抜きには考えられません。地理的にも沖縄は東アジアのど真ん中に位置していますし、歴史的にも沖縄は東アジアの様々な文化が融合してきた過去を有しています。東アジアの結節点沖縄から共同体を構想することに大きな意義があると思うのです。何より先の大戦において壊滅的な被害を被ったにも拘わらず、戦後七〇年にいたって在日米軍基地の七三・六%が〇・六%の沖縄に押し付けられている現状を考えた時、今こそ沖縄を〝平和の礎〟として位置付けなければなりません。」（『東アジア共同体研究所　琉球・沖縄センター紀要　創刊号』二〇一六年四月二五日発行より）

そこで本書では、これまで「米国とヤマト（日本本土）の二重の植民地支配」に置かれ続け、日米両国政府によって翻弄されてきた沖縄がいまや自己決定権を求めて立ち上がろうとしている現状をどのようにとらえればいいのか、また「永続敗戦構造」（白井聡氏）の中で際限のない対米従属を続けてきた日本がそうした現状を否定・克服して真の意味での独立を実現するためには何が求められるのか――、このような問題意識から、東アジア共同体の構築―日本の独立―沖縄の自立（あるいは東アジア共同体の構築―沖縄の独立―日本の自立）といった三つの要素の絡み合いを歴史的かつ総合的に考察することによって、二一世紀の東アジアにおける国際秩序のあり方を探求したい。

第Ⅰ部　論考

序章　「アジア力の世紀」の中で考える

進藤榮一（筑波大学大学院名誉教授）

1　近代の終焉

大逆転する世界

いま、二一世紀情報革命の下で「アジア力の世紀」が登場しています。一九世紀産業革命、「第一の産業革命」が大英帝国の世紀、パクス・ブリタニカを生み出したように、二〇世紀工業革命、「第二の産業革命」が、大米帝国の世紀、パクス・アメリカーナを生み出しました。しかし今、二一世紀情報革命、「第三の産業革命」の波が、大米帝国の世紀を終焉させ、「アジア力の世紀」、パクス・アシアーナを生み出しています。

それは、中国やインドが単体として台頭して、世界を席巻するのではありません。中国やインドが、日本や韓国、ASEAN諸国等と相互に連鎖し補完しながら、アジアの「地域力」を強めて、世界の主軸と化していくのです。その新しい世紀の到来する中で、国際関係の主軸は移動し続けます。

IMFの二〇一四年のデータによるなら、中国やインド、ブラジル、ロシアなど、いわゆるBRICsと、トルコ、メキシコ、インドネシアを加えた新興七カ国のGDPは、三七兆八千億ドル。米国や日本、EUなど先進七カ国のGDP、三七兆五千億ドルを凌駕しました。

購買力平価で換算したとき、中国のGDPは、二〇一四年に米国を凌ぎ、二〇一九年に日本の五倍になります。世界経済への寄与度で、米国が一五％であるのに対して、中国は二八％を記録します。

南北逆転と東西逆転が連動している。いわば大逆転する世界です。それを、地殻変動する世界と言い換えてもよいでしょう。私たちの好むと好まざるとにかかわらず、地軸が、北から南へ、西から東へ移動し続けているのです。それを、一六世紀以来の「近代の終焉」と呼び換えることができましょう。

「近代の終焉」――それは、一五世紀末コロンブスの「アメリカ発見」（一四九二年）以来、西欧列強がアジア・アフリカ・ラテンアメリカを支配し続けてきた「近代」の終焉です。その終焉が、アメリカの世紀の終焉と重なり合っている。二一世紀パクス・アメリカーナ――アメリカの力による支配――の終わりです。イアン・ブレマーのいう「Gゼロの世界」の登場です。

米国の伝統的な保守リベラル派の外交誌『フォーリン・アフェアーズ』（二〇一五年一一、一二月号）が、混迷する中東情勢を解析した特集号のタイトルを、「The Post-American Middle East（アメリカ以後の中東）」と題しました。欧米が五世紀に亘って支配し続けてきた中東アフリカ地域が、もはや欧州だけでなく、とりわけ米国の覇権の手からも離れている。それが、今日の中東情勢の混乱と混沌の根底に流れる地殻変動だ、というのです。

近代の終焉が、大米帝国の終焉と重なり合って、パクス・アメリカーナの終わりを招来させています。

スコットランド、カタルーニャ、東チモール、そして琉球沖縄

しかし地殻変動の波は、中東の混乱を引き出しているだけではありません。それはまた、東アジアの台頭と興隆を引き出しているのです。混沌する中東アフリカと、興隆するアジアとが、アメリカの世紀の終わりと裏腹の関係をなしている。それが、一六世紀以来ヨーロッパ・アメリカが世界を取り仕切ってきた「近代の終焉」と重なり合っているのです。

その時改めて、なぜ今、大英帝国に組み敷かれてきたスコットランドや、スペイン王国に併呑されてきたカタルーニャが、独立の動きを強めているのか、あるいはオランダ帝国に併合された東チモールが、冷戦終結後に独立の歩みを進めることができたのか、歴史の謎を解くことができます。

ちなみに、東チモールは、一六一〇年代ポルトガルに征服されたあと、一六七〇年、オランダに併合されました。スコットランドは、一七〇七年、イングランド王国に併合されます。カタルーニャは、カタルーニャの反乱（一六四〇～四五年）を経てスペイン王国に併存されます。その三年後、一六四八年、欧州三〇年戦争の幕が下ろされ、いわゆるウエストファリア講和が結ばれます。そのウエストファリア講和をもって、近代ヨーロッパ国際システム、つまりは「近代の誕生」と歴史家たちは称しています。

その時、なぜ今、琉球沖縄が自己決定権という近代国際法の論理を足掛かりにして、日本国からの自立と独立の機運を醸成させているのかが、見えてきましょう。またなぜ沖縄が、自らのアイデンティティーを問い直しているのかが明らかになります。

根底に流れているのは、近代の終焉です。

大米帝国の覇権が、単に中東だけでなく、アジア太平洋地域にあっても揺らぎ続けている地殻変動の流れ

です。大米帝国――「近代」の最後の担い手――の終わりの始まりです。つまりは「近代の終焉」なのです。

それが今、東アジアの台頭を、つまりは「アジア力の世紀」の到来を生み出し続けています。

そのことが、東アジアにおける米国の覇権を支える沖縄基地自体の意味を変質させています。そこから、沖縄軍事基地の現在が、本土だけでなく沖縄を含めた日本列島の平和と安全を確保するのではなく、むしろ脅かし続ける現実が見えてきます。

変わる琉球沖縄の位置

確かに地球の中心、つまり地軸が、米国やヨーロッパ中心の大西洋から、アジア太平洋へ、西から東へと転移し続けています。

例えば世界の生産物、モノの総量の三分の二は今日アジアで作られています。モノの取引、つまり貿易総額の七割は、アジア諸国を通じて行われています。市場についても同じです。アジアの国々が豊かになり、中間層がつくられ、旺盛な消費力を持つ人口が増大し続けている。だから、今や中国などのアジア諸国は、かつての安価で大量の労働力による「世界の工場」から、分厚い中間層による「世界の市場」へと変容し、さらに「世界の銀行」へと変貌し始めています。

かつては欧州諸国や米国が、世界の生産と貿易と市場の中心でした。しかしいま中心がアジアへ移動し続けているのです。

その移動は、世界物流動向の変化を見るとよくわかります。物流の担い手は今日、巨大コンテナ船ですが、そのコンテナ船に積まれて運ばれる物量の三分の二は、アジアの港湾を中心に運送され荷揚げされ、消費地へと運ばれています。しかもアジアの港湾で荷揚げされる物量の半分、世界総量の約四〇％は、アジア域内間の交易が占めます。その域内交易に加えて、アジアと北米間、アジアとEU間の交易を加えますと、アジアの港湾を介した総取引は、世界総物流量の四分の三、七〇％以上に達します。

物流の中心は、欧米世界からアジア世界へと転移しました。

その転移は、世界コンテナ荷物取扱港湾ランキングに表れています。二〇一二年データで首位の上海以下、上位一二主要港湾の一〇、ドバイも入れると一一が広域アジアの港湾です。ヨーロッパの港は、ただ一つ、ロッテルダムが一〇位に入っているだけです。

もはやヨーロッパの時代でもアメリカの時代でもない。今から三五年前、一九八〇年の港湾ランキングによれば、上位一二港湾中、アジアの港はわずか四港でしかなかった。まさに今昔の感です。

しかも二〇一二年ランキングで神戸は世界四九位、日本三位の横浜は世界九八位、日本トップの東京でさえ世界二四位です。それは、アジアの興隆とともに、衰退する日本の現在を象徴しています。しかし同時にそれは、欧米諸国の相対的没落をも意味しているのです。

今や冷戦下、米ソ二極体制でも、米欧日三極体制でもない。冷戦終結後のG7やG8でもない。アメリカ単極支配でも、米中二大国関係の時代でもない。中国をはじめとする新興諸国が台頭し続ける時代です。BRICsとも、VISTAともいう。あるいはG20ともいう。

しかし時代の根っこにある最も根本的な変化は、地軸が西から東へと転移していることです。全ては、この現実を見据えることから始めなくてはなりません。

二〇世紀における「軍事の要石」としての琉球沖縄像

ヨーロッパを中心に世界地図を見ますと、アジアは東方にあって、日本や韓国、台湾は、東アジアのさらに東端にある。つまり、遥かなる東、ファーイースト、すなわち極東なのです。東方の一番端という意味です。もちろん沖縄は、その極東の小さな諸島の一つです。まぎれもなく辺境です。

それが、一九世紀パクス・ブリタニカ――大英帝国の力による平和――の世界秩序下における琉球沖縄像です。極東の小さな島としての沖縄像です。

同じことは、二〇世紀の世界地図についてもいえます。二〇世紀中葉から冷戦終結までの世界の中心は、ロンドン、パリから、ワシントン、ニューヨークに移りました。大米帝国の世紀の登場です。その米国から見ますと、アジアはやはり辺境です。しかも、ソ連や中国などの共産主義国という「不倶戴天の敵」と戦う最前線にある地域です。その最前線中の最先端拠点が、沖縄です。

ここから、沖縄は「軍事の要石」だという発想が生まれます。西側の自由主義世界と資本主義体制を守るための軍事防衛拠点としての沖縄という位置づけです。それが、米国の政治家や戦略家たちの基本的な琉球沖縄像です。

それは、二〇世紀パクス・アメリカーナ下における琉球沖縄像です。

2　沖縄基地要塞化とは何であるのか

天皇メッセージの衝撃

その琉球沖縄像の先駆けが、敗戦二年後「象徴天皇」から米国総司令部宛てに出された、「天皇メッセージ」です。「天皇メッセージ」は、先頃刊行された『天皇実録』にも記録されます。

一九四七年九月一九日天皇の御用掛、寺崎英成が、国務省日本代表シーボルトを訪ね、共産主義ソ連による対日軍事侵攻や、「中共」すなわち中国共産党による対日浸透の脅威に対処するため、米国による沖縄の長期占領と基地化を要請して、大要次のように伝えます。

「天皇が述べるに、米国が、沖縄をはじめ琉球の他の諸島を軍事占領し続けることを希望している。その占領は、米国の利益になるし、日本を共産主義から守ることにもなる。（中略）天皇がさらに思うに、米国による沖縄の軍事占領は、日本に主権を残存させた形で、長期の――二五年から五〇年、ないしそれ以上の――貸与をするという擬制の上になされるべきである。天皇によれば、この占領方式は、米国が琉球列島に恒久的意図を持たないことを日本国民に納得させることになるだろうし、他の諸国、特にソ連や中国が同様の権利を要求するのを指し止めることになるだろう」

シーボルトは直ちに、総司令官マッカーサーと、国務長官マーシャル宛てに極秘電文を打ちます。そして次のように付記解読します。「これは疑いもなく、（天皇とその側近グループの）私益（セルフ・インタレスツ）から出たものである」。

天皇と側近グループは、当時進行中の極東軍事裁判で天皇戦犯処刑の動きを回避し、天皇の地位の安泰を図るために、取引条件として米国に、沖縄の長期占領と恒久基地化を申し出てきたと、シーボルトと米国側は的確にも見抜いていました。

このメッセージを奇貨とするかのように、米国国務省と大統領府は、対日政策の根本を、対ソ共存体制から対ソ対決体制へと転換させ始めます。

転換する対日政策

米国の対日占領政策に即していえば、占領初期の日本非武装政策から、日本武装体制政策への転換です。日本民主化こそが、日本とアジアの平和と繁栄を確保することになるという平和共存路線から、日本の反共軍事拠点化こそが、日本とアジアの平和と繁栄への道だという、冷戦対決路線へ一八〇度の転換を図るのです。その下で沖縄恒久基地化が、つまりは基地要塞化が図られていきます。

同時に、象徴天皇制の集約された日本民主化政策からの修正乖離が、反共レッドパージを軸に進みます。ただ冷戦終結後、米国や日本の戦後史研究者が、このメッセージは、沖縄に対する日本の主権の喪失ではなく、主権の確保を図ることができた日本外交の勝利だ、という解釈を展開し始めます。国事行為への天皇の関与を禁止した憲法違反を問い糺すのではなく、逆に天皇の叡智を称えるのです。

ロバート・エルドリッヂ（元大阪大学准教授、元沖縄駐在米軍海兵隊政務外交部次長）が主張し始めた解釈です。

しかし、エルドリッヂらの「沖縄主権確保」論は、いくつもの虚構の上に造られています。それを象徴するのが、天皇メッセージの原文の訳し替えです。意図的な改訳です。氏は、先の天皇メッセージ伝達電文のくだりを、原文の「私益（セルフ・インタレスト）」という言葉から、氏の日本語博士論文で「国益（ナショナル・インタレスト）」へと訳し変えているのです。

しかし電文の趣旨が、米国による沖縄の長期占領と恒久基地化を要請した事実は否定できません。セルフ・インタレストは、どう訳し変えても、「国家的な利益」でも「国民的な利益」でもない。あくまで「私的な利益」なのです。

天皇メッセージとは何であったのか

しかも天皇メッセージは、一方で沖縄を、ソ連や中国の共産主義の脅威に対処する最前線基地とすることを勧めます。他方では、その恒久基地化を、ソ連や中国の参加しない形で結ばれる日米間の相互取り決めによって進めるべきだと提言します。つまり、片面講和と日米安保のすすめです。

対日講和に関していえば、第二次世界大戦という反ファシズム・反軍国主義戦争をともに戦った、ソ連や中国、韓国、北朝鮮を排除した講和会議で取り極める、いわゆる片面講話の道です。

日米安保についていえば、ソ連や中国の共産主義の脅威に対処するために、日本再軍備化を進め、そのために日本とアメリカとの二国間だけの安保条約を、対日講和条約と一緒に結ぶことにする。その日米二国間の安保条約によって、反ソ、反共戦略展開のための、沖縄軍事基地化を保障し強化するという道です。

しかも、実際の条約交渉過程では、国会の承認のいらない日米二政府間の行政協定によって、在日米軍基地内に、日本主権の及ばない治外法権的で放逸な行動を米国に保障します。
かくして片面講和とワンセットにした形で、米国政府の最終決定を経て、沖縄長期占領化と基地固定化を進め始めることになりました。

奇妙な言説

しかしこうした現実の展開にもかかわらず、沖縄問題と天皇メッセージについて近年、もう一つの奇妙な言説が流布し始めています。すなわち沖縄基地要塞化は、天皇メッセージとは無関係に、その一年半以上も前、一九四六年二月の時点で、マッカーサーによって提案され、平和憲法――つまり憲法九条の「戦争放棄、戦力不保持」条項――と一体になって進められた、という言説です。

加えて沖縄基地要塞化はまた、象徴天皇制――つまり憲法一条――とワンセットになり、日本非武装化とともに、いわば三位一体として進められた、という言説です。

しかも、それら一連の決定は、当時ワシントンに設置されることになる極東委員会の動向を事前に阻止するための、「戦略家」マッカーサーの卓越した発案によるというのです。

すなわち一方で、昭和天皇の戦争責任を追及し、戦争犯罪人として裁判にかけるのを阻止する、そのために、日本の国家形態の「平和国家」化を図る。他方で、軍国主義的な戦前型の君主主義制を、平和的な象徴天皇制に変えて、極東委員会による天皇の戦争責任追及の手をかわす。そして昭和天皇の協力を得て、マッカーサー自らのイニシアティブ下で占領政策を完遂する。

憲法制定過程を、いわばマッカーサー・プロジェクトに矮小化する戦後史像です。

沖縄基地要塞化は、マッカーサーの主導下で、平和憲法と象徴天皇制と不即不離の関係にあったという新手の言説で、平和憲法の影を告発します。憲法制定史家、古関彰一さんが、『「平和国家」日本の再検討』（岩波現代文庫）をはじめとする一連に著作の中で、近年繰り返し展開する「平和憲法」告発の議論です。

古関さんによれば、戦後日本の平和と民主主義は、象徴天皇の制定とともに、沖縄基地要塞化の犠牲の上に成り立っている。だから、「平和憲法を単に『誇り』としてのみ認識するのでなく、その陰で忍従を強いられた沖縄を意識的に取り込み、……『徹底した平和主義を掲げたことによって天皇の地位が守られ、沖縄の基地があった』と認識すべき」（豊下・古関『集団的自衛権と安全保障』岩波新書、二七頁）であると、平和憲法の影を告発し、憲法擁護論者たちを、憲法制定学者の高みから説諭します。

この議論によれば、平和憲法の誕生と維持は、沖縄基地要塞化を不可欠の要件とし、沖縄基地要塞化なしに成り立ちえない、ということになりましょう。だからもし沖縄基地撤去なり削減を求めるなら、九条改定も視野に入れざるをえないという、今はやりの「新九条改正」論に通底することになりましょう。文芸評論家、加藤典洋氏が主張し始めた改憲論です。

歪められる現実

この憲法制定の歴史解釈と論理は、次のような現実と歴史事実とを歪めた読み方です。過去を糾弾するあまり陥りやすい、いわゆる告発史観の陥穽です。

第一に、憲法制定当時にあって、沖縄の恒久基地化や領土処理について、占領軍当局も、米国務省や大統領府も、何ら明確な政策決定に至っていなかった事実を、捨象しています。

しかし実際に米国が、沖縄を軍事基地として〝占領〟し〝恒久基地化〟する政策決定をなすのは、先に見た天皇メッセージ発出を契機とし、四八年以降本格化する対ソ冷戦の展開と軌を一にしていました。

憲法制定当時の四六年段階にあって米国は、沖縄戦以来の軍事基地を、沖縄に残していたけれども、その規模はまだ狭小で長期固定化したものではありませんでした。米国もまた、米ソ共生路線の枠内で、極東軍事戦略を考え、その戦略像の中で、マッカーサーもまた、沖縄や日本の安全保障を位置付けたのです。

そのマッカーサーの対日安全保障構想の一端は、四七年五月六日――天皇メッセージ四カ月前――の第四回天皇マッカーサー会談録の中で見事に凝集されています。二〇〇二年に公開された通訳松井明氏の機密メモによります。

すなわち、天皇が「日本の安全保障を、アングロサクソンの代表である米国がそのイニシアティブを執ることを要する」と、日米同盟路線への転換を求めました。それに対して元帥は、その要請を拒んで、国連主導による平和主義的な日本安全保障構想を繰り返していたのです。「日本を守る最も良い武器は、平和に対する世界の与論である。自分はこの為に日本がなるべく速やかに国際連合の一員となることを望んでいる」。

だから、「天皇メッセージ」発出以前、憲法制定に着手し始めた占領初期段階にあっては、たとえ米国政府内に、反共的な対ソ強硬派が息づいていたにせよ、主流派を形成していません。対ソ対決派と対ソ共生派とが、米政府内でせめぎ合いながら共棲し、米国外交路線は、なおも国連主導の米ソ共生共存路線を基調としていました。沖縄問題も、その外交路線の文脈下で位置づけられていたのです。

動き始める歯車

そこに出てきたのが、東京からの天皇メッセージです。日米安保による日本武装体制化をすすめ、その核に米国による沖縄の長期的（もし米国が望むなら半永久的）領有をおき、軍事基地要塞化をすすめたのです。

国務省日本代表のシーボルトは、このメッセージに喜び、力付けられます。シーボルトの前任者は、改革派で「中国通」のジョージ・アチェソンでした。氏は、日本民主化を進め、象徴天皇制から戦争放棄条項に至る新憲法の骨子をつくり、憲法制定のインシアティブをとることになるケーディスや、ラウレル、ノーマンら、占領軍内GS（民生局）内の若いニューディーラーたちを積極的に支援しました。

そのアチェソンが、天皇メッセージ発出の一カ月前、八月一七日に米国帰国途次、ハワイ沖の飛行機事故で死去します。この事故の背後で暗躍した占領軍内G2（諜報部）の謀略が指摘されます。

シーボルト（日本独立後の米初代駐日大使）は、G2トップのウィロビーに近く、夫人を通じて義兄弟で、戦前以来、宮廷グループと近い関係を持ち続けていました。シーボルトの最晩年、一九八七年と八八年、私は、フロリダ州タンパにある大使の別荘と隠居先を訪問し、聞き取りをしました。その時、シーボルト邸の隣家がウィロビー邸であることを知り、二人の関係の深さに驚き、かつ納得したものです。

G2のトップ、ウィロビーは、マッカーサーによって「わが愛するファシスト」と呼ばれ、日本を去った後、スペインの独裁者、フランコ将軍に仕えていました。

こうした占領軍内の壮絶な権力闘争を背景にしながら、現実に天皇メッセージを契機として、沖縄軍事基地要塞化への政策決定の歯車が動き始めます。そして東京からのメッセージを受けて、政策企画局（PPS）

局長ジョージ・ケナンがマーシャル国務長官や軍部と協議を始めます。

日本国内に対米従属派と対米自立派、保守反動派と民主中道派とが、占領軍内の軍部タカ派と民主改革派と夫々結び合って、米ソ冷戦の展開と絡み合っていたのです。

シーボルトは、天皇メッセージを直ちにマッカーサーに伝言し、ワシントンに助言します。そしてワシントンは動き始めます。沖縄の恒久基地化構想の歴史の歯車が動き出すのです。

しかも、四八年二月二六日に寺崎は、再びシーボルトを訪問します。そして琉球を、日本本土から切り離して「南朝鮮、日本、琉球、フィリッピン、それに可能なら台湾を、米国の防衛線として」軍事基地網をつくり上げることを勧めます。第二の天皇メッセージです。

かくて、米国改革派が関与し推し進めた憲法体制とはまったく異質な、日米安保体制の道が、ここから敷かれます。その安保体制の根幹に、沖縄恒久基地要塞化のシナリオが書き込まれます。

政策企画局はその後、国家安全保障会議（NSC）に再編、格上げされます。安倍内閣下で、米国に七〇年遅れで、米国を真似て新設した「国家安全保障会議」の原版です。

一九四八年三月、ケナンや陸軍次官ドレーパーの訪日を経て、同年九月のSWNCC（国務・陸軍・海軍三省政策調整委員会）決定（SWNCC1483）、翌四九年二月二八日のJSC（統合参謀本部）決定を経て、四九年五月、NSC13／3として最終承認されます。そこで米国が「北緯二九度以南の琉球列島を長期的に保有し、沖縄の軍事基地を拡張強化」することが正式決定されます。沖縄基地要塞化は、ここに始まり、沖縄の恒久基地化構想の歴史の歯車が回り始めます。

沖縄基地長期要塞化へ

とまれ、沖縄の軍事基地が要塞化され大規模堅固化されるのは、米ソ冷戦が本格化する一九四九年後半以降のことです。一九五〇年度予算下で、沖縄「軍民施設復興費」として五八〇〇万ドル（二〇八・八億円）を計上し、沖縄基地要塞化の本格工事に着手します。

それでも、この段階（五〇年）での沖縄基地駐留の米軍兵士数は二万一二四九人、日本本土の米軍兵士数一一万三〇六人の一七％でしかありませんでした。対日講和締結三年後の五四年でもなお、在沖米国兵士二万四五三〇人は、在日兵士一八万五七〇五人の一二・五％でしかなかったのです。

日本本土には、すでに横須賀、砂川、横田、岩国、三沢、千歳などの各地で、米軍の堅固な基地が設営されていたのです。沖縄基地の米軍兵士数が、本土基地の米軍兵士数を上回るのは、ベトナム戦争が激化する六四年以後のことです（ちなみに六四年になって初めて、在日兵士数三万八九一三人に比し、在沖兵士数四万五七六〇人と逆転します）（林博史『米軍基地の歴史』吉川弘文館、三五～三七頁）。

春秋の筆法（もしくは古関流の論理）をもってするなら、「平和憲法九条と象徴天皇制は、敗戦以来本土に建設された十数の米軍基地の上に初めて成り立っていた」のです。そして「本土の米軍基地がなければ九条も象徴天皇制もなかった」ことになりましょう。換言すれば、本土の米軍基地が撤去されなければ、九条と平和憲法を改定しなければならないことになります。こうして、憲法制定時に米国民主改革派が関与し推し進めた憲法体制とはまったく異質な、日米安保体制の道が、天皇からのメッセージを起点に敷かれます。その安保体制の根幹に、沖縄恒久基地要塞化のシナリオが書き込まれます。

その意味で、今日に至る米国の琉球沖縄像は、天皇メッセージの残像と、共産主義脅威論の延長の上に生きているのです。それが、大米帝国支配下、パクス・アメリカーナ下での琉球沖縄像の原型です。

　だから沖縄の事実上の永久占領と基地要塞化は、日本国憲法体制のシナリオではありません。日米安保体制のシナリオです。平和主義的で民主主義的な憲法の機能不全の帰結です。同時に安保体制の矛盾の結節点なのです。その矛盾が今、臨界点に達し始めているのです。

脱亜入欧論の中で

　大米帝国支配下で軍事基地要塞化される沖縄像はまた、明治維新以来の「脱亜入欧論」が求めた沖縄像でもありました。すなわち、大英帝国にしろ大米帝国にしろ、私たちヤマトンチューは、「アジアの悪友」と手を切り、欧米諸国と同じように「富国強兵」によってアジアを侵略して領土拡大し、欧米世界に仲間入りすべきだという「脱亜入欧論」です。

　アジアとともにアジアの中で生きるという世界像ではありません。琉球沖縄をはじめ、「劣ったアジア」を踏み台にして領土拡大していく、植民地主義下の世界像です。

　その世界像の端緒が、一八七二年から七九年に至る、二次の琉球処分、つまり琉球王国侵略併合の歴史でした。その世界像の延長上に日本は日清戦争を戦い、一八九五年一月一四日、戦争の渦中に釣魚島（のち一八九〇年に尖閣諸島と改称）を鹿児島県に編入しました。戦争勝利後、下関条約を結んで、台湾とその周辺の島々を併合しました。さらに日露戦争の渦中、一九〇五年二月一五日に独島（のち一九〇六年に竹島と改称）を島根県に編入し、戦勝後、朝鮮王朝の外交権を剥奪し、一九一〇年韓国を併合しました。

　司馬遼太郎のいう、「坂の上の白い雲」を見て峻厳な坂を、欧米列強に伍して登り続けた、戦前日本の植民地主義の歴史です。ただ司馬のいうのとは違って、日本が植民地主義に転ずるのは、けっして日露戦争後の「暗い昭和」になってからではなく、それ以前、薩長体制下の「明るい明治」からのことであったのです。それを、琉球沖縄併合の歴史が象徴しています。

その歴史が、第二次世界大戦での敗戦を契機に、幕を閉じ始めます。

ポツダム宣言から「三つのD」へ

一九四五年八月天皇はポツダム宣言を受諾し、日本の領土を、四つの島と「我等（連合諸国）ノ決定スル諸小島ニ限定」します。そして新国家建設の歴史を始めます。その根幹を、新憲法が創り上げます。

それは、三つのDを基軸にします。民主主義化《デモクラティゼーション》と脱軍事化《ディミリタリゼーション》と脱植民地主義化《ディコロニゼーション》です。民主政治と平和外交と領土不拡大の三原則です。

一九七二年日本復帰後の沖縄についていえば、憲法九二条から九五条に至る第八章によって、地方自治体として沖縄の民意を尊重し、憲法九条によって米軍基地を削減縮小し、憲法前文によって、琉球列島を含む東シナ海の緊張緩和と領土不変更を意味します。

それが、日本国憲法が本来命ずる琉球沖縄の位置です。険悪化する沖縄問題はだから、平和民主憲法の機能不全として浮上し続けているのです。それは、軍事安保の矛盾の結節点としてあるのです。

しかし「アジア力の世紀」が到来する中で、矛盾は、耐えることのできない臨界点に達し続けています。その矛盾が、沖縄基地問題を先鋭化させ、「アメリカ世」の終焉する中で、琉球沖縄アイデンティティーの捉え直しを求めています。あたかも、スコットランドやカタルーニャ・東チモールが、「近代の終焉」する中で自らのアイデンティティーの問い直しを求め続けているように、です。

こうして琉球沖縄は、安保体制からの離脱だけでなく、憲法体制からの離脱をも、つまりは自己決定権の現実化――沖縄独立――をも求め始めます。対米呪縛の中で憲法体制まで歪められ始めているからです。琉球人の平和的生存権を奪い続けているからです。

かくて沖縄の自己決定権の現実化が、衰退し混迷するパクス・アメリカーナと、台頭し興隆するパクス・アシアーナの二一世紀世界の中で、そして安保体制の矛盾が先鋭化し、憲法体制が空洞化する中で、求められ始めたのです。

3　東アジア共同体はなぜつくられるのか

アジア力の世紀の中で

実際、もし世界の地軸が西から東へと移り続けているのなら、どうなりますか。世界の中心は、ヨーロッパでもアメリカでもなく、アジアにあるとするなら、どうなりますか。

しかもアジア経済一体化の現実が進行し、東アジアで地域統合の動きが進展し続けます。共産主義ソ連は、もはや地上に存在しません。共産主義中国も存在しません。共産党一党支配を維持しているけれども、そこにあるのは、今やGDPで世界一、二を争う経済大国となった資本主義中国です。

二〇一二年、日本の対中貿易依存度は、香港経由を含めるなら二三・五％です。日本の対アジア貿易依存度は、五割を超え、六割に達し始めています。それに比して、対米貿易依存度は、一三％内外です。米国経済の〝復活〟で比率は一八％に近似しますが、それでも対アジア貿易の三分の一です。

日本と中国や韓国、ＡＳＥＡＮ諸国等との交易と人流、物流が盛んになり、相互依存が強まり続けます。中国人の「爆買い」やアジアからの観光客が、日本の不況と、特に地方経済を救い続けています。中国が日本に攻めてくるなど、昨日の世界のフィクションでしかありません。ペンタゴンや武器商人や御用学者たちの、酔狂な言説でしかありません。

しかしもし世界の市場や交易、生産や金融の中心が東アジアへと転移しているのなら、沖縄の位置はどうなりますか。アジアが地軸の中心になり続けているのなら、そしてその中心に琉球沖縄が位置しているとするなら、どうなりますか。

いうまでもなく琉球沖縄が、生まれ始めるアジア地域共同体の中心座位に位置せざるを得ないのです。歴史と地理の終焉が、新しい世界地図を描き上げ、その新しい地図のど真ん中に、琉球沖縄が位置しているからです。

琉球沖縄の変わる位置

琉球沖縄の北には、日本列島や朝鮮半島、極東ロシアがある。琉球列島の東には、グアム、フィリピンやハワイを経て、広大な太平洋が広がり、米国西海岸に至っています。南には、台湾から東南アジア、やオセアニア世界が展開する。そして西方には、中国からや中央アジア、インド、西アジアへとから、遠くユーラシア大陸が広がっている。

まさに琉球沖縄は、二一世紀世界、とりわけ台頭するアジアの「通商の要石」、つまりは「平和の要石」

として、潜在的に浮上し続けているのです。本書第一章の鳩山論文が、それを見事に提示します。

そこからなぜ、鳩山元首相が在任時に、普天間米軍基地の「国外、少なくとも県外への移転」を打ち出し、東アジア共同体を提唱したのに対して、米日双方の日米同盟派から、激しい非難と「鳩山おろし」が出て来たのかが、見えてきます。

鳩山氏が、そのシンガポール演説で、「東アジア共同体」を提唱した時、その構想が「日米基軸」を前提にすると明言し、構想にアメリカを排除するものでないと、主張していたにもかかわらず、です（『朝日新聞』二〇〇九年一一月一六日）。

新聞　2009年（平成21年）11月16日

首相講演

日米基軸にアジア外交

「共同体」で過去和解へ

【シンガポール共同＝内田恭司】鳩山由紀夫首相は15日午後（日本時間同）、シンガポールでアジア政策に関し講演した。鳩山政権のアジア外交重視方針を宣言するとともに、オバマ米大統領が先の演説で示した対アジア関係強化を「歓迎したい」と表明。日米同盟を基軸に地域へ関与していく考えを明確にした。自らの「東アジア共同体」構想により、過去の戦争で被害を与えた諸国との「和解」達成を目指す姿勢を示した。災害救援や医療活動に自衛艦を活用、民間人も乗船する「友愛ボート」を来年から始めることも表明した。

【講演要旨4面に】

災害時　自衛艦を活用

首相はこれまで「米国に依存し過ぎていた」として共同体の核を日中韓3カ国と位置付けるなど、米国からの自立志向も示してきたが、オバマ演説を受けアジア政策でも日米基軸を鮮明にした。講演後の記者会見では「米国が共同体構想でも大きな役割を果たす」と強調した。

講演では「アジアにおける米国のプレゼンス（存在）は、アジアの平和と繁栄に重要な役割を果たしてきており、今後も果たすだろう」と指摘。米国も参加するソマリア沖の海賊対策での協力を例に挙げ、アジア太平洋地域の海を「友愛の海」にしようと呼び掛けた。その上で共同体メンバーについて「理想と夢を共にする人々」と幅広く受け入れる姿勢を示した。

首相は東アジア共同体構想を「アジア外交の柱」とし、「開かれた地域協力」の原則に基づいて①経済発展②環境保護③災害・医療④海賊・海難事故対策―で協力を進めるとした。

また過去の戦争にも触れ「日本がアジアの人々に多大の損害と苦痛を与えた後、60年以上がたった今も真の和解が達成されたとは考えられない」と表明。欧州諸国が2度の大戦を経て欧州連合（EU）に至った例を挙げ「欧州の経験こそが私の構想の原型」と述べた。

首相は会見で友愛ボートに関し「災害時の救助が中心。紛争地域の真ん中に乗り込んで行くわけではない」と説明した。

『朝日新聞』2009年11月16日

長い歴史の時間軸の中で位置づけし直した時に見えてくるのは、琉球王国の復権や琉球共和国独立論という言説は、単なるロマンではない現実です。「近代の終焉」――もしくは「アメリカ世」の終わり――の帰結なのです。臨界点に来た日米安保の帰結です。その帰結が、琉球独立論の言説に現実味を与えるのです。

それにしてもいったい、今なぜ

東アジア共同体なのか。なぜ東アジア共同体を構想し、その構想を推進すべきだというのか。そしてその構想の軸に、琉球沖縄を位置付けようとするのでしょうか。

「どっこい生きている」東アジア共同体

東アジア共同体を作るべきだという議論は、もう終わりました。ここ一〇数年、東アジア共同体形成の動きを、いわゆるトラック1・5外交、半官半民外交の現場からつぶさに見てきた実感です。

二〇〇〇年代当初私たちは、東アジア共同体をつくるべきか否か、つくる必要があるのか否か、と議論してきました。しかし今日、必要性とか可能性といったコトバで、東アジア共同体構想を語ることがほとんどありません。むしろ、どうすれば東アジアの地域協力の制度化を進めることができるのか。あるいは、その制度化はどこまで来ているのか、東アジア地域統合、つまり共同体構築の進展を妨げているものは何であり、それをどう除去できるのか、という形で議論されるようになりました。

東アジア共同体は「死んだ」といわれながら、東アジア共同体形成につながる動きが実際に進展し続け、「どっこい生きている」のです。この一見矛盾した現象を解き明かすために、次のようなもっと根源的な問いに答えていきたいと思います。なぜ人は共同体をつくるのか、という問いです。

なぜ「幻想の共同体」をつくるのか

いったい見も知らぬ人々が、山や川、海を超えて、国家という名前の「幻想の共同体」をつくるのはなぜなのか。ベネディクト・アンダーソンは、国家の形成過程を調べ上げ、形成の力学を明らかにしました。その研究に依拠しながら私たちもまた、村や町であれ、国や地域共同体であれ、人々が「幻想の共同体」をつくり上げる力学を、次のように要約できます。

すなわち人々は、共通のリスクまたは脅威と、共通の利益、そして共通の文化を手にした時、共同体形成へと動き始めるのである、と。

二一世紀情報革命は、新興アジアの成長と台頭をもたらしました。しかし同時にそれは、アメリカン・グローバリズムの脅威とリスクをも生み出しました。

第一に、金融カジノ資本主義による、国境を超えた金融グローバリズムのリスクです。

一九九七年七月二日、香港返還の日に照準を当てるかのように、米国のヘッジファンドが、タイ通貨バーツを皮切りに、アジア通貨の売り買いに出て、巨万の富を稼ぎ出します。アジア通貨危機です。とりわけタイとインドネシア、韓国が、国境を超えたドルのグローバルな跳梁跋扈に塗炭の苦しみを舐めます。

その危機の苦難の中でＡＳＥＡＮ諸国は、日中韓三カ国を誘い込み、ＡＳＥＡＮ＋３、一三カ国首脳会議（サミット）の場をつくります。その果実が、二〇〇〇年五月タイのチェンマイで結ばれたチェンマイ・イニシアティブ、アジア通貨融通措置です。地域統合推進に向けた金融共同体形成の始まりです。

米国発金融グローバリズムのリスクは、冷戦終結以後の米国単独覇権主義のリスクと脅威と重ります。そのリスクを、一九九四年六月米軍機の駐ユーゴスラビア中国大使館〝誤爆〟や、二〇〇三年米国のイラク〝侵攻〟が象徴します。

しかも情報技術革命は、人とモノとカネが瞬時に移動できるグローバル化された世界をつくり、その世界の中で、国境を超えた感染症や煙害による食糧危機、海賊の頻発が産み落とされます。小国連合ＡＳＥＡＮ

一〇カ国と、北東アジアの大国、日中韓三国は、それら一連の脅威とリスクに対処するため、感染症予防、緊急コメ支援システムや海賊共同対策をつくり上げていきます。

アジア地域協力制度化――地域統合――の歴史が動き始めます。東アジア地域統合と東アジア共同体形成の「春の季節」の到来です。ただ欧州統合とは違ってそれは、一九五五年バンドン会議以来の小国主導の統合プロセスです。小国連合ASEANが「運転席」に座って、地域統合のクルマを運転します。

しかも東アジア共同体形成の動きは、EU形成の歴史と違って、法制度的な、いわゆるデユーレの形成過程ではありません。通商や生産、開発や文化など、夫々の領域における機能主義的な繋がりの連鎖として展開していきます。いわゆるデファクトの形成過程です。その広がりによって、地域の平和と繁栄をつくるという、機能主義《ファンクショナリズム》です。各領域の事実上の機能《ファンクション》の積み重ねが、国々と人々の相互依存をつくり、平和と秩序をつくり、統合を促していくという考え方です。

二一世紀情報革命がつくる共通のリスクが、冷戦終結後の東アジア一三か国を軸に、夫々の領域で地域協力の制度化と、機能主義的な地域統合を促し続けるのです。

アジア通商生産共同体へ

今や「クルマ一台が一国内で生産される」時代は終わりました。いくつもの国々で、部品をつくり、それを組み立てて完成させる時代へと、変貌しています。モジュール化（組立部品化）とよばれる部品加工生産化による、新しい生産工程の時代へと突入しているのです。パソコンからクルマに至るまで、レゴの組み立て作業のように、いくつもの部品を組み合わせて、完成品へと仕上げていく、「生産大工程の時代」の展開です。

その展開が、国境を超えた付加価値連鎖、いわゆるサプライチェーンによる国際部品生産工程の構築を求めます。生産大工程は、単に部品だけでなく、カネとヒトとモノ、情報とテクノロジーの国境を超えた移動を阻む壁を、可能な限り低めていくことを求めます。

一国だけで生産が完結する「一国生産の時代」も、一国繁栄主義の時代も終わりました。その時代の先に国々と企業は、貿易と投資を自由化し、そのためにＦＴＡ（自由貿易協定）の網の目をつくり、それを広げます。相互依存と相互連鎖の機能の輪を広げ深化させ、地域の平和と安全保障の仕組みをつくり上げようとします。

東アジアＦＴＡ網の形成

二〇〇一年以来、ＡＳＥＡＮをハブとし、中、日、韓、豪州、ニュージーランド、インドをスポークとする「ＡＳＥＡＮ＋６」からなる、東アジアＦＴＡネットワークを形つくります。東アジア通商共同体の形成です。ＥＵやＮＡＦＴＡ（北米自由貿易協定）に続く、アジア地域統合に向けた、もう一つの動きです。それが、アジア生産共同体の形成と連動します。アジア地域大のサプライチェーンの形成です。それが、地域安全保障共同体に形成を促していきます。

しかも東アジアは、三〇億人以上もの安価で勤勉な労働力を擁します。それを基盤に、情報革命の進展を契機にアジアは「世界の工場」として勇躍します。

ヒトとカネ、モノと技術の国境を超えた相互交流と相互補完の波が、サプライチェーンの網の目を密にし、加速度を高めます。加えて、資本移動と技術移転が進展し、中国やＡＳＥＡＮ諸国、インドのような途上国社会と、日本や韓国のような先進国社会の経済格差が縮まり続けます。

今、東アジアには分厚い中間層――クルマ一台を買うことのできる階層――が生まれています。その中間層人口は、二〇一五年現在二〇億人に達すると算定されます。東アジアは、巨大な消費人口を抱えた「世界の市場」へとまた化しているのです。

かつて過剰な人口は、貧困と低開発の属性でした。いわゆる「人口オーナス」です。それが、情報革命の進展を契機に、豊かさと発展の条件へと化しました。「人口ボーナス」です。その人口ボーナスが、東アジアの通商共同体と生産共同体の形成を促していきます。

開発建設共同体へ

東京からバンコクまで、四五〇〇キロメートル、ニューヨークからロスまでの距離と同じです。その空間の広がりの中でアジアの国々は、相互補完と相互連鎖と相互依存のための線をつくり、線を面に変えていきます。点から線、線から面への動きです。地域大に広がる面の形成です。国々は、共通のリスクに対処しながら、共通の利益の最大化を図る協働作業を進めます。

その協働作業の中に、開発共同体と建設共同体への動きが埋め込まれます。東アジアには、インフラ整備の遅れた広大な海洋や地域空間が広がっています。大メコン河流域共同開発計画（ＧＭＤＰ）から、アジア包括的総合開発（ＡＣＤＰ）への動きです。金融共同体から通商共同体を経て、建設共同体に至る東アジア共同体形成の展開です。

その延長上に、インドと豪州を加えた、ＡＳＥＡＮ＋６による、東アジア地域包括的経済連携――ＲＣＥＰ（アールセップ）――のシナリオが描かれ、二〇一二年に原則合意を見ます。東アジア共同体「夏の季節」の到来です。

世界的な経済学者、故・森嶋通夫ロンドン大学教授は、かつて、日本の没落を救う唯一の道は、東アジア共同体の構築であると説き、軸は「建設」共同体にあると説きました。中国西部地域などの広大な低開発地域に、日本の資本や技術を投資することによって、ウイン＝ウインの相互補完関係をつくり、地域「建設」共同体の核にしていくという政策構想です。

しかも森嶋教授は、生まれ始める東アジア共同体の首都を、沖縄那覇におくことを提唱します。欧州共同体の首都が、近代以来、大国間戦争の犠牲となってきたベルギーのブリュッセルにおかれたように、です。また欧州議会が、大国間軍事の踏み石となってきた独仏間国境沿い、ザール地方のストラスバーグにおかれているように、です。

その東アジア建設共同体構想が今、拡大深化した形で、中国主導のＡＩＩＢ（アジアインフラ投資銀行）の発足によって新展開を見せ始めています。

AIIBという選択

構想は元々、アジア地域統合の基本戦略として打ち出された「連結性《コネクティビティ》」強化戦略を基礎としたものでした。そのことに、私たちは止目しなくてはなりません。

これまでアジアの空間は、多くの海や河川、砂漠や山岳などによって事実上分断されているために、貧困と低開発を生む空間と捉えられてきました。「空間オーナス」です。しかし情報技術革命下、先端土木建設工法の進展と、域内に退蔵する潤沢な資金によって、地理的に分断されたアジアの広大な空間は、連結性の強化を通じ、低開発空間から発展空間へと変じます。「空間ボーナス」への逆転です。その逆転が、生産大工程下で展開される、アジア生産建設共同体への動きをいっそう強めます。

しかも今、空間ボーナスを生む領域が、狭義の東アジアから、東南アジア諸島やインド亜大陸、モンゴルや中央アジアから中東、トルコをへて、遠くヨーロッパ大陸へとつながっています。

だからこそＡＩＩＢの融資対象が、東アジアに止まらず、二つのシルクロードを通じて欧州にまで広がる、一体としてのユーラシア発展戦略として意味を持つのです。「連通連恵」です。

アジア文化社会共同体へ

今や、嵐やＡＫＢ48、村上春樹や高倉健は、国境を超えてアジアの若者たちの人気の的です。二一世紀情報革命が、東アジアの豊かな都市中間層に、共通の文化をつくり出しています。

その都市中間層の文化が、儒教や仏教など、アジア悠久の歴史の中で民衆に根付いている文化の基層と結び合います。しかもそれが、数千年の歴史とアジア特有の風土の中で培われた文化の古層――対立するものを包摂する「不二一元」の文化の古層――と重合します。

そのアジア共通の文化が、次のような形をとって、社会文化共同体の形成を促します。二〇一〇年に発足した「アジア文化都市」構想、「キャンパス・アジア」(日中韓の拠点大学院相互乗り入れ制度)、そしてソウルに開設された国際機関、日中韓三国協力事務局（ＴＣＳ）による交流活動です。

いずれも鳩山元首相が、中韓首脳の賛同と協力を得て発出させたものです。

今アジアの海外旅行者数は年間二億人を超えるまでに増加し、七割が東アジア域内観光地を旅行先としま す。東アジア域内観光産業のつくる「東アジア社会文化共同体」が形成され始めているのです。

4　「厳冬の季節」を超える

「冬の季節」の到来

しかし、こうした経済社会的で文化的な地域協力制度化への動きにもかかわらず、地域統合推進の動きを押し止める動きが、米軍アフガン撤退後のオバマ政権下で、同時進行することになります。大米帝国の側からする逆襲、アジア・リバランス戦略の展開です。

一方で、米国主導下でＴＰＰ（環太平洋経済連携協定）推進への動きが進展します。米国によるアジア日本市場取り込みの動きです。他方で、対中軍事包囲網形成と対中牽制の動きが進展します。それが、南シナ海での〝膨張主義的〟な中国の動向と結び合います。

その動向が、高度成長に伴うエネルギー需要の増大と、中国流〝軍産複合体〟の台頭と結び合います。尖閣国有化や従軍慰安婦問題に端を発した北東アジア域内の領土歴史問題の険悪化が、その台頭を促します。

米国流グローバリズムというアジア域外「共通のリスク」が、アジア域内地域協力の制度化によって削減されます。代わって、アジア域内「分断のリスク」が生まれ始めます。域内リスクが、東アジア共同体形成の動きに歯止めをかけ、地域を分断させ始めます。「暖冬の季節」から「厳冬の季節」への逆流です。

アジア分断のリスクへ

アジア分断のリスクは、三様に展開します。

第一に、領土歴史問題を巡る日中間の一触即発のリスクと、日韓間の相互不信深化のリスクです。域内ナショナリズム暴発のリスクです。

従軍慰安婦問題に関しては、一五年一二月の日韓合意によってリスクは回避、制御されました。日韓外交の成功事例です。それでもなお、尖閣と竹島に関して潜在的リスクがくすぶり続けたままです。

第二に、北朝鮮の核ミサイル暴発のリスクです。そのリスクの対応を巡って、米韓日が、対北朝鮮制裁を強化し、三国間軍事同盟路線を深化させます。それが、北朝鮮の体制移行のソフトランディングを図る中国外交と、日韓外交との間に亀裂を走らせます。その亀裂が、北東アジア三国の潜在的対立要因へと化し、東アジア地域統合の動きを削ぎ続けます。

第三に、南シナ海の岩礁埋め立てと領海権を巡る、ASEAN諸国と中国との衝突のリスクです。そのリスクに対処するために米国が「狡猾な仲介人（オネスト・ブローカー）」として登場します。かつて大英帝国が、中東から中央アジアの支配を巡る仏露間の対立抗争に「狡猾な仲介人」として立居ふるまったように、です。

そして二〇一六年二月、米ASEAN軍事協力協定が締結されます。それら一連の動きが、中国ASEAN間に亀裂を入れ、アジア地域統合の動きを削ぎ続けます。東アジア共同体「厳冬の季節」の到来です。

いったい私たちは今、何をなすべきか。

三つの処方箋

少なくとも私たちは、次のような処方箋を書くことができます。

第一に、東シナ海や南シナ海にしろ、海洋と領土領海問題に関して、国境を超えた歴史家たちによる徹底した歴史実証を進めることです。その先に、欧州が取り組んだような「共通歴史」作成のプロジェクトへのシナリオを描くことができます。欧州でできたことが、アジアでできないことはない。少なくとも私たちは、二千年の相互交流の歴史を持っているのです
その中軸に、琉球王国から沖縄軍事基地化への歴史をすえることです。そのためには、日中韓共通の歴史教科書をつくる民間歴史家の動きと協働して、それを深化拡大することです。それが、東アジア知識共同体形成の基盤と化していきます。ナショナリズムに囚われ続ける御用歴史家たちの歴史像から抜け出て、開かれた共通の歴史基盤を築き上げていくことです。

同じことは、南シナ海問題に関してもいえます。中国が主張する「固有の領土」論を、こじつけだと切り捨てることは、問題解決にも、リスク削減にもつながりません。軍事ジャーナリスト、田岡俊次氏が見事に指摘するように、中国にも応分の言い分があるのです。しかも二〇〇〇年当初から中国側は、ベトナムやフィリピンに共同開発を提案し続けています。欧州で見たように、東アジアにも、危機管理と平和構築のための域内平和安全保障会議をつくり上げる試みです。

それら一連の試みを、中断されたままの東シナ海ガス田に関する日中間共同事業の実施に移すことです。その事業の骨格は、すでに〇八年福田政権時に合意され、二〇一〇年鳩山政権時に再確認されているのです。それを、馬英九・台湾元総統の東シナ海平和イニシアティブ構想につなげることもできます。そしてその中軸

に、琉球列島海域の平和化と、沖縄〝武装体制〟削減化プランをつなげることです。

制裁でなく交流を

第二に、北朝鮮問題です。私たちは、「制裁は何ものも解決しない」という歴史の法則を、謙虚に学ぶべきです。その教訓を、米国が一九五一年以来、六五年間キューバに対し、また一九七九年以来、三七年間イランに対し科した数十年にわたる制裁が全く機能しなかった歴史から、私たちは学ぶことができます。

またその歴史を、ミャンマー制裁の歴史から学ぶことです。米国や、米国に同調した日本が、ミャンマー軍政を非難して制裁を課し続けました。ＡＳＥＡＮ諸国は逆に、制裁を科さずにミャンマーと経済交流を進め、ＡＳＥＡＮ地域共同体の一員として経済発展に協力し、その民主化移行に成功しました。ＡＳＥＡＮウエイ（流儀）外交の知恵です。その知恵を、北朝鮮問題に対処する戦略構築に応用しなくてはなりません。

現実に北朝鮮が最も恐れているのは、米国の空爆による北朝鮮〝王朝〟崩壊の危機です。ドローン兵器による金正恩殺害です。リビヤのカダフィ政権や、イラクのフセイン政権の崩壊の恐怖とリスクから逃れようとして、金政権は核ミサイル実験と脅しを繰り返しているのです。

私たちがなすべきことはむしろ、北朝鮮への経済制裁を解除し、北朝鮮との経済社会的な相互依存を制度化し、人流と物流を盛んにし、体制の開放化と近代化へのソフトランディング（軟着陸）を進めることです。たとえ幾十もの歳月が必要であるにしても、です。

それが、アジア域内リスクの最小化を図る外交の知恵です。かつて金大中大統領の実践した「太陽政策」です。アジア軍拡のスパイラルを、軍縮と危機削減のスパイラルに転じさせる知恵です。

その端緒として、ここでも沖縄基地削減のシナリオを、すえることです。隗より始めよ。まず沖縄基地削減から始めることです。

RCEPを進める

第三に、RCEP（東アジア地域包括的連携）を進めること。

TPPは、五年半の交渉難航を経たとはいえ、一五年一〇月大筋合意、一六年二月参加一二カ国調印を終え、各国の批准を待つだけになりました。しかしここに来て、TPPの中心国、米国でTPP批判論が沸騰します。国民不在の秘密外交交渉のツケです。民主共和両党の大統領全主要候補が反対論を展開し始め、TPP再漂流の気配が出てきました。難産の末に帝王切開で産み落とした赤子が、死産になる可能性です。

それと対蹠的に、もう一つのアジア地域協力のメカニズムをつくる動き、RCEPが、二〇一二年交渉開始をへて今、緩やかだが着実な進展を見せ始めました。

RCEPは、チェンマイ・イニシアティブ以来の「ASEAN＋3」による、金融通貨分野を核に、開発食料教育分野に及ぶ東アジア地域協力の発展形です。協定参加国に、インド、豪州、ニュージーランドを加え「ASEAN＋6」へ拡大させ、より包括的な通商経済社会共同体の形成を目指します。

米国主導のTPPと違って、アジア途上国の国内事情を加味した緩やかな関税削減を軸に、小国家連合主導の漸進的で機能主義的な地域統合を目指し、二〇二〇年、国際機関として東アジア共同体を正式発足させるプログラムに従っています。その前段階として、二〇一六年一月、ASEAN経済共同体が発足しました。

しかもRCEPは、通商経済共同体だけでなく、農業や環境、文化教育などの諸分野での協力関係の制度化を、政策アジェンダに組み入れています。加えて、ＡＩＩＢによるアジアインフラ整備による「連結性」強化が、ＲＣＥＰ推進の補完機能を強めていきます。

そしてここで琉球沖縄は、包括的な経済通商共同体から資源エネルギー文化共同体のための、東アジア地域協力のハブとする政策シナリオを組み込むこともできます。

経済通商のスピルオーバー

欧州の地域統合理論によれば、たとえ安全保障分野で関係諸国が対立抗争しても、通商経済領域と社会文化領域で統合プロセスが進展するなら、その統合プロセスが、安全保障分野にスピルオーバー（波及）して、対立抗争が緊張緩和へと向かわざるを得なくなる、というのです。

経済社会領域でのウイン＝ウイン関係の効果が、安全保障領域にあふれ出て、対立を協力に変容させていくという理論です。その統合理論によって地域統合の動きを支えるのが、専門家集団のつくる「知識共同体《エピステミック・コミュニティ》」です。国境の壁を超えて、国家を背負うことのない、専門知の共同体が、地域協力によるウイン＝ウイン関係の制度化をつくり上げていくのです。

環境や軍縮をめぐる東西専門家会議の協力と専門知の進展が、欧州安全保障協力会議（ＣＳＣＥ）の形を取りながら東西緊張を緩和させ、ベルリンの壁崩壊につながりました。冷戦終結と「一つのヨーロッパ」をつくった歴史です。

その欧州の歴史から、私たちが学ぶことはいくつもあります。その軸に、ＲＣＥＰを据えて、それを進めることです。加えて、国境を超えた「知の集合体」をつくり、発展させることです。

その時、一五年八月のソウルで鳩山元首相が提唱した、東アジア平和会議の意味が浮上してきます。党派を超えて狭い国益に囚われない、科学者や文学者も含む卓越した知的集団による、脱国家的な「知の共同体」を立ち上げること。それが、厳冬の季節を乗越える、私たち知識人の歴史的使命です。

私たちが今なすべきは、新しいアジアの構築に向けて、かつて欧州共同体がそうであったように、不戦共同体を東アジア地域統合の理念をして掲げることです。そして、中国脅威論と日米同盟基軸論の呪縛を解き放って、アジアとの共生の中に生きる覚悟を、新たにすることです。

憲法九条の原点に立ち返って、一九二八年不戦条約と四五年国連憲章に体現された人道的平和主義と国際協調主義の二一世紀版をつくり上げること。非武装中立論のような一国絶対平和主義ではありません。アジアの軍縮軍備管理と人間安全保障を目指したアジア共生のシナリオを描くことです。そのシナリオを、東アジア共同体構築の構想の中に埋め込むことです。

そこにこそ、「永続敗戦」から抜け出て、真の豊かさを取り戻すことのできる日本の道があります。一国平和主義ではなく、内と外に開かれた「平和的生存権」――構造的暴力のない状態――をつくり実現させていくことです。日米軍事安保の呪縛を解き放つこと。それを、脱亜入欧から脱米入亜への道、もしくは「連欧連亜」への道と言い換えてよい。

その時、大米帝国の軍事基地、もしくは「軍事の要石」としての琉球沖縄は、通商と文流と物流による「平和の要石」として、その新しいアイデンティティーを手にし始めます。それが、東アジア共同体の首都としての沖縄・那覇の新しい役割です。

第1章　沖縄を軍事の要石から平和の要石へ

鳩山友紀夫（元内閣総理大臣・東アジア共同体研究所理事長）

はじめに

二〇一五年の秋も深まったある日、私は平和学会に出席するため沖縄に向かう機上にいた。飛行機が那覇空港に近づいて来たころ、隣の席の男性が遠慮がちに話しかけてきた。宮古島出身の彼は家族でグアム旅行に行った帰りだった。「沖縄の方でもグアムに行きたいと思うのでしょうか」などと、軽い会話を楽しんでいたら、彼は少しく真顔になって、「妻は浦添出身で……」と話し始め、続けて「妻の母の父は対馬丸に乗っており、一九四四年八月二二日、米国の潜水艦の魚雷によって命を落とされた」とのことだった。普通に幸せそうな家族であったが、沖縄のみなさんはどこかに戦争の傷を負っておられるのだなと感じた瞬間だった。

その翌日、私は貴重な体験をさせていただいた。宜野座村の海辺に近いところで遺骨収集作業が行われていることを知り、僅かの時間だったが手伝わせていただいた。戦争末期、沖縄の多くの人々は米軍上陸が近付いたので、北部へと避難した。そこで多くの方がマラリアなどの病気で亡くなったり、米軍に殺されたり、収容されてから食料不足などで亡くなったりした。それらの方々が埋葬された仮設の共同墓地にはまだかなりのご遺骨が眠っていると言われている。「スンブク原共同墓地」跡の辺りを三～四人の「ガマフヤー」という遺骨収集のボランティアの方々がスコップで掘っておられた。遺骨収集作業はまさにボランティアによるものなのである。私はその作業を半日だけお手伝いした。沖縄では今でも毎年一〇〇体から一五〇体のご遺骨が収集されており、さらに三二〇〇体ほどのご遺骨が眠っていると言われているのに、国は沖縄の遺骨収集は終了したと宣言して、予算はつけられていない。辺野古のキャンプシュワブにも埋葬地があり、相当数のご遺骨が未だに遺族のところに戻ることが出来ずにいると聞く。ご遺骨の上に基地を造ろうとしているのだ。とても許されることではない。今回の少々のお手伝いくらいでは、ご遺骨が見つかりはしなかった。そのような中、二〇一六年三月二四日に「戦没者遺骨収集推進法」が可決成立し、四月一日から施行されることになった。一日も早く国の責務としてご遺骨の収集が進むことを祈りたい。しかし、この作業を経験して、なぜ沖縄の人々が新しい基地を造ることに反対しているのか、その原点を見たような気がした。

このような戦争の爪痕が今も残る沖縄の県民に対して、安倍政権は問答無用とばかり、新たな基地を提供せよとごり押ししている。普天間飛行場は世界で最も危険な飛行場なので、移設させなければならない。移設先に関しては、安全保障は国の専権事項だから政府が決める。そして一旦日米の間で辺野古への移設を決めたのだから、どんなことがあっても辺野古に移すしかないのだ、という論理である。そこには沖縄県民の意思は介在しない。いや、私が総理の時に、沖縄県民の意思を尊重しようと試みて、失敗したものだから、余計にその反動が来ているように思える。そこに大きな責任を感じている。それだけに、沖縄の将来に少しでも役立つ生きざまをしなければならないと痛感している。

現在、国と沖縄県との間で法廷闘争が行われている。翁長知事が辺野古の埋め立て承認を取り消したことは違法であるとして、国が撤回を求めて「代執行」訴訟を起こしたのだ。翁長知事は「魂の飢餓感」と表現して、沖縄県が歴史的にも現在も自由、平等、人権、自己決定権をないがしろにされてきた状況を表現して、今日まで沖縄県ばかり基地の負担を強いられてきた現状を国民に問い質した。それに対して、国側は「法廷は基地のありようを議論する場ではない」と突っぱね、「そもそも国家存亡にかかわることを知事が判断できるはずがない」と、極めて上から目線の主張を繰り返している。海兵隊の存在そのものが、米国でさえ議論になっているときに、国家存亡とは大きく出たものだと思うが、国家存亡にかかわることこそ、一人ひとりの人間の意思を尊重すべきではないのか。砂川裁判の事例があるだけに、裁判の行方は全く楽観できるものではないが、民主主義の根本が問われる裁判なので、沖縄のみならず、すべての国民のみなさんに関心を持っていただきたいと願っている。

友愛の理念

人は誰も自分一人では生きてはいけない。多くの人々に支えられて生かされている。したがって、自分の尊厳を尊重することは大事だが、他者の尊厳をも尊重する心を持つことが同様に大切なのである。それが自立と共生の友愛精神である。友愛の理念は個人と個人の間だけでなく、国家間にも成り立つ。国家としての自立と、他国との共生が友愛である。沖縄に偏った米軍基地の存在は日本が自立していないことを如実に示し、秘密裏に開催されている日米合同委員会が、事実上日本憲法の上に存在しているという矢部宏治氏のショッキングな指摘は、日本が米国に共生ではなく、従属している原因を暴露している。すなわち、日本は残念ながら友愛国家とはとても言えない現状にあるのである。

日本が自立するためには、防衛力を強化しなければならないと主張する者がいるが、私はその立場を取らない。武力ではなく、対話と協力によって平和を築く努力こそ日本が取るべき道である。武力によって平和は達成されないのである。それは歴史が証明しており、アフガニスタン、イラク、そしてリビアやシリアなどの現状を見れば一目瞭然であろう。逆にイラクへの侵攻が過激派組織ＩＳを生むことになり、日本を含め、いつどこでテロが発生してもおかしくない状況をもたらしてしまった。安倍総理は積極的平和主義の名の下に、米国の行う戦争に協力する道を開いたが、積極的平和主義とは、単に戦争のない状態を平和と満足するのではなく、紛争の原因となる貧困、差別、人権蹂躙などの構造的暴力を対話と協力によって取り除こうとする考え方を言うのであり、政府は聞こえの良い言葉で国民を戦争に導いてはならない。

私は自衛のための必要最小限の防衛力を否定するものではない。しかし、抑止力と称して軍事力を高めれば、軍事力の競争となり、軍需産業は喜ぶが、むしろ衝突の危険が増し、抑止力は逆に下がることにもなりかねない。安倍政権は集団的自衛権の行使を認める法案を成立させたいあまり、徒に中国脅威論を煽り、尖閣諸島周辺の自衛力を高めようとしているが、それは中国の国民を刺激するばかりであり、望ましいことではない。このような状況にもかかわらず、中国の習近平主席は抗日勝利七〇周年の式典で、三〇万人の兵力削減を約束した。私は周辺諸国、とくに日本はこの兵力削減計画を前向きにとらえて、見習うべきではないかと考える。

常時駐留なき安保論

私は米国に長く留学した経験があり、アメリカ人のおおらかさや、良いことには率直に評価する性格は好きである。妬みの文化を持っている日本人が見習わなければならないことも多い。ただ、そのことは、日本という国の「いのち」を米国任せにしても良いことを意味しない。否、独立国であるならば、どの国にも従属せず、自立していなければならないことは言うまでもない。もしそうであるならば、日米安保体制に安住して、日本の国土に米国の軍隊が存在し続けていることを、至極当然のこととして思考停止状態になっていることは望ましいことではない。一国の国土に他国の軍隊が存在することは、歴史的に異常なこととの認識を持つことが必要である。であるならば、どんなに長い年月がかかったとしても、即ち、五〇年、一〇〇年かかろうとも、日本に他国の基地がなくなる状態を実現するために、今から努力を払うことが肝要である。

そのような発想に基づいて、一九九六年に民主党（旧民主党）を立ち上げる時に、私は常時駐留なき安全保障を提唱した。平時には米軍は日本の国土にはおらず、有事のときのみ米軍に自衛隊基地などの日本の施設の使用を許可して日本の安全を守ってもらうという、有事駐留である。この形は完全な独立とは言えないが、独立に近い状態と言えよう。常時駐留なき安保論は旧民主党が拡大発展していく過程において、コンセンサスを得ることができなくなり、現在の民主党からは聞こえてこなくなってしまっているが、今一度、表舞台に上げるべき時を迎えているのではないかと私は考える。

世界情勢を鑑みて、日本からすぐに米軍基地を全て撤退させることは非現実的であることは理解していた。しかしながら、普天間飛行場の移設問題が浮上しているときに、安易にその代替基地を沖縄に求めて平然としていることは釈然としないと考えたのは以上のような文脈からである。この問題で、少しでも日本を自立の方向に向けて動かすとすれば、どのような解決があり得るのか。そう考えていたときに、二〇〇九年の政権交代選挙が行われた。そこで私が沖縄県民の前で誓った言葉が、普天間飛行場の移設先に関する「できれば国外、最低でも県外」という発言であった。

普天間飛行場の移設問題における「最低でも県外」発言

「最低でも県外」発言は、何も突飛なものではなかった。既に民主党の「沖縄ビジョン」の中で同様な議論がなされていたし、二〇〇六年の選挙においては「マニフェスト」にも記載されていた。しかし、政権交代選挙の「マニフェスト」にはそこまで掘り下げた記述はなかった。私が沖縄の選挙応援の熱気の前で、「沖縄の県民の総意であれば、普天間の移設先は出来れば国外、最低でも県外にしたい」と申し上げたものだった。何としても実現させたい私の「公約」であった。

この「公約」は残念ながら私の総理在任中に果たし得なかった。自民党政権時代に決定した名護市辺野古以外の適地を見出すことができず、望んでいなかった辺野古に舞い戻る結果となってしまった。安倍政権は普天間の唯一の移設先は辺野古と決め込み、現在に至るまで強行姿勢を崩していない。このような状況となってしまったことに、深くお詫びを申し上げたい。全ては私の力量不足によるものである。

私は、関係の大臣たちを私の意を汲んで動かすことができなかった。私は、関係の官僚たちを私の意を汲んで動かすことができなかった。一度決めた辺野古から他に移すことなどまるで考えようとしなかった防衛、外務官僚たちの考えを覆すことができなかった。辺野古に固執していたのは、米側よりむしろ日本側であった。そのことは、後にウィキリークスで暴露されたが、日本の防衛政策局長が米側に対して、「米側が早期に新しい政権に対して柔軟さを見せるべきではない」と進言していたことからも明白である。また、この問題の解決のために秘密裏に行動してほしいとの趣旨で私が防衛、外務官僚を召集した会合が、なんと翌日の新聞に漏れていたこともあった。私は誰を信じれば良いのか分からなくなった。

予算委員会が終わり、五月末までに決めると私がタイムリミットを定めた普天間問題をいよいよ本格的に専念し始めた二〇一〇年四月一九日、在京米国大使館で行われた普天間移設問題に関する日米作業部会の担当者の会議の結果の報告を聞いたとき、私は大きな衝撃を受けた。極秘と判の押された報告書には距離の問題（「六五海里」〈約一二〇km〉の問題）と書かれてあった。当時私は、高齢化して活力を失っている「島の活性化のために基地を」との徳之島の青年たちの要望を受けて、代替地として徳之島を念頭に置いていた。報告書には、回転翼航空部隊の拠点（例えば徳之島）と、陸上部隊と恒常的に訓練を行う拠点（沖縄の北部訓練場）との間の距離は「六五海里」までと米軍のマニュアルに明記されていると書かれてあった。訓練の一体性から来る制約とのことであった。徳之島だと距離が一〇四海里で、一時間の訓練のために四時間以上かかるから持続可能ではないとされた。そして、仮に一部オスプレイに代替されても、ヘリ部隊の中で最も遅いヘリに合わせなければならないために、結論は同じであると述べられていた。万事休すであった。なぜならば、徳之島のみならず、北部訓練場から「六五海里」内には、沖縄以外に基地の可能性はありえなかったからだ。かくして、「最低でも県外」が潰え去り、辺野古に舞い戻ることになってしまった。そして、私は自らの「公約」を守ることができなくなり、責任を取り総理を辞した。

ただし、これには後日談がある。その後、この極秘文書の出所を琉球新報が調査をしたが、出所不明なのである。「六五海里」は米軍のマニュアルに明記されていると書かれているのだが、マニュアルにないことは米軍自身が認めているし、「六五海里」を、米軍も防衛省も外務省も知らぬ存ぜぬの対応をしている。だとしたら、私に「最低でも県外」を諦めさせるために、どこかで意図的に作られた報告書なのだろうか、まだ謎は解けていない。

東アジア共同体構想の提案と現状

先ほどから申し上げているように、日本がより自立するために、軍事力を強化するべきであるとの立場を私はとらない。そうではなく、対話と協調によって、周辺諸国との友好関係を強化して、周囲の緊張関係を減らすことによって、日本の軍事的な対米依存度を削減して、日本を自立させるのである。

では如何にして周辺諸国と協調していくか。私は日本が東アジア共同体構想を提唱することが、周辺諸国との対話と協調の路線を導く最も有効な手段であると考えた。東アジアが共同体を目指すことにより、運命共同体の意識が高揚し、東アジアで戦争が起きることがなくなると信じたい。

欧州においては、既にＥＵという共同体ができている。ヨーロッパに全体主義の嵐が吹き荒れていたころ、母親が日本人であるオーストリアのクーデンホーフ・カレルギー伯が友愛精神の必要性を説き、汎ヨーロッパ主義を提唱した。それが紆余曲折を経てＥＵとして結実したのである。ＥＵもさまざまな問題を抱えている。ギリシャの金融危機はＥＵＲＯへの通貨統合が果たして正解だったのか、疑問を投げかけている。また、シリアの難民の極端な流入や、パリなどでのＩＳによるテロの多発は、ＥＵ内の人物の自由往来が行き過ぎではなかったかとの政治問題を引き起こしているのも事実である。ただ、ＥＵの存在により、現在欧州は事実上の不戦共同体となっていることもまた事実なのだ。戦争が起きない仕組みを作ることは最も意義深いことのように私は思う。

私はクーデンホーフ・カレルギー伯が唱え、彼に啓発された私の祖父・鳩山一郎が日本に導入した友愛の理念こそ、戦争が未だ止まない現代の世界に最も必要な思想であると信じている。そして友愛の理念の下に地域共同体を作ることが世界平和をもたらす現実的な道筋であると考えている。欧州ではそれが実現している。欧州で出来て東アジアで出来ない筈はない。そう信じて、私は政権交代の際に、その趣旨の論文を発表し、総理就任直後の国連総会でも東アジア共同体構想を述べた。

ところが、それが思わぬところで火を噴いた。アジア市場への進出を強く望んでいたオバマ政権にとって、鳩山はアメリカ外しの政策を取りそうだと映ったようだ。私の国連総会での演説を聴いた米政府高官は激怒したという。実はそれは誤解によるもので、私の提唱する東アジア共同体構想は、日中韓及びASEAN一〇カ国を軸とするが、米国を排除するものではない。そもそも私が提案する新しい共同体は、かつての関税同盟のような排外的なものではあってはならないのである。さらに、共同体の構成国は固定する必要すらないと思っている。東アジアの安全保障を考えるときに、米国を度外視することは出来ない。そういう意味において、必要に応じて米国やロシアなどを加えるべきとも思う。

しかし残念ながら、私の東アジア共同体構想の真意が十分に理解されず、私の総理在任中、米国政府は私が反米なのではないかとの懸念を持ち続けたのではないかと推測する。私は反米どころか、米国留学中アメフトに熱狂した人間だし、そもそも私が政治の世界に足を踏み入れたきっかけは、留学中にアメリカ独立二〇〇周年に遭遇し、米国人の祖国を愛する気持ちに触れたからであった。

私は普天間基地移設問題の責任を取って総理を辞任したが、米国にとっては、「最低でも県外」より「東アジア共同体構想」のほうが大きな懸念であったと主張する識者も多い。あるいはそうであったのかもしれない。そして、米国の意を斟酌した日本の外務省は、私が総理を辞した後、全く東アジア共同体という言葉を使用することがなくなった。とても勿体ないことである。

琉球・沖縄センターの開設と辺野古移設問題

私は総理在任中に「最低でも県外」も「東アジア共同体」も実現することは出来なかったが、けっして諦めたわけではない。今でも方向性は正しいと思っているので、その実現に向けて、微力であろうとお手伝いしたいと思っている。そこで三年前に「一般財団法人　東アジア共同体研究所」を東京に開設し、二年前に研究所の下に、那覇市に「琉球・沖縄センター」を開いた。研究所では東アジア共同体構想を前進させる道筋の理論を創るばかりでなく、実現に資する行動を行っていきたいと考えている。その東アジア共同体構想の中で、沖縄は大変に重要な役割を担うことになると思う。琉球時代には東アジアの文化的、経済的な交流の結節点の役割を果たしていた。したがって、歴史的、地政学的な意味において、東アジア共同体が創造された暁には、沖縄は再びその役割を担うことが十分に可能である。そのためには、沖縄の軍事的な重荷を軽減させていかなければならない。すなわち、沖縄を米軍基地の七三・八％が集中している現状から解放させることが喫緊の課題なのだ。そこで、琉球・沖縄センターには、東アジア共同体の中での沖縄の位置づけを研究する役割と同時に、危険な普天間基地を早期に閉鎖させ、辺野古への県内移設を許さないための思索と行動が求められている。

二〇一四年一二月、辺野古移設反対を掲げた翁長雄志県政が誕生した。翁長知事は、仲井真前知事が公約を破り、辺野古の埋め立てを承認したことに疑問を投げかけ、有識者の検討結果を踏まえて、翌年一〇月に埋め立て承認を取り消した。これに対して安倍政権は埋め立て承認取り消しの効力を凍結する執行停止を行った上で、辺野古において基地建設の工事を、地元住民の反対運動に耳を傾けることなく強行している。安保は国の専権事項との一点張りで、地方の選挙結果は全く無視する民主主義の根幹を揺るがす事態となっている。さらに政府は、知事に代わって承認取り消しを撤回する代執行訴訟を提起した。それに対して、沖縄県も国を相手に抗告訴訟を起こすという、国と県がお互いに相手を訴える法廷闘争が始まっている。

翁長知事の辺野古代執行訴訟における意見陳述は、歴史に残るほどの名演説であった。知事は沖縄県民が自由・平等・人権・自己決定権を歴史的にも今もないがしろにされている状態を「魂の飢餓感」と表現した。そして「魂の飢餓感」を理解しない限り、問題は解決できないと述べた。政府がそれを理解していない証拠として、一九五二年、サンフランシスコ講和条約により日本が独立をした四月二八日、その日は沖縄にとっては米軍の施政権下に置かれた日を「主権回復の日」としたことを上げた。さらに知事は、沖縄は戦後、ほとんどの県民が収容所に収容されていたときに、強制的に土地を接収され、その後も「銃剣とブルドーザー」で強制的に接収されて米軍基地が作られていった事実を述べ、沖縄が米軍に自ら土地を提供したことは一度もないと明言された。それにも拘わらず、あろうことか、日本政府によって、海上での銃剣とブルドーザーを彷彿させる行為で美しい海が埋め立てられ、耐用年数二〇〇年ともいわれる基地が造られようとしていると、翁長知事は辺野古の現状を訴えた。そして、今の状況は、国内外から日本の真の独立は神話であると思われているのではないかと、政府を痛烈に批判した。まさにその通りである。

その後の記者会見で、翁長知事は裁判官からも「分かりやすかった」と言われたことを明らかにした。裁判官の心にも響いたのだろう。しかしながら、今後の成り行きに関しては、けっして楽観は許さない。国と地方が安全保障問題で裁判をする場合、砂川裁判に見られるように、裁判所は判断を下さない可能性が高い。それは国の主張が否定されないことを意味し、辺野古の建設工事を止めることは出来ない。

辺野古移設問題の解決に向けて

それでは辺野古の海の埋め立て工事は進んでしまうのか。私は絶対にそれはあり得ないと信じている。なぜならば、翁長知事は沖縄県民の先頭に立って、辺野古に基地を造らせないと覚悟を決めているし、辺野古のゲート前で連日辺野古ノーと座り込みを続けている人々だけではなく、沖縄県民の多くは静かに覚悟を決めているからだ。もし、国が基地建設工事の強行を続けるならば、沖縄県民は独立も辞さずとの決意で臨んでくることは間違いない。そこまでの気持ちに彼らをさせてはならない。

それでは普天間を固定化させず、辺野古に新たな基地を造らない解決法はあるのか。それはある。まず、米国に於いても、海兵隊の必要性について議論があることだ。現在の世界情勢を鑑みれば、海兵隊の削減は十分に可能であり、とくに地政学的に沖縄にいる海兵隊を削減しても、十分に役割を果たすことが出来る。むしろ、沖縄の米軍基地は中国に近過ぎて脆弱であるとする議論もある。最近の米ランドコーポレーションの報告でも、東シナ海で衝突が起きたと仮定すると、中国のミサイルの精度が格段に上がったため、ミサイル攻撃によって、嘉手納飛行場が使用不能に陥り、米軍機が当面飛び立てない状況となるとされている。即ち、尖閣や台湾周辺で衝突が起きても、米国は中国に勝てないから戦わないと言っているに等しい。元々米国は尖閣諸島に関して、日本が現在実効支配をしているので日米安保の対象であるとしているが、尖閣の領有権に関しては中立の立場であり、オバマ大統領は小さな岩の問題で日中が喧嘩をするなと安倍首相を諌めている。またこの報告書は図らずも、辺野古に新たな基地を造っても、いざというときには役に立たないていることを意味している。普天間飛行場の移設先としては、海兵隊をグアム、テニアン、ハワイ、オーストラリアなど海兵隊を希望している地域に移すことが最も現実的であり、またこれらの地域を数カ月単位でローテーションで回す方法も一案と思う。そのためには、従来普天間飛行場の移設問題に関して、これまでワシントンと東京のみで話し合ってきたが、加えて沖縄、グアム、テニアン、ハワイ、オーストラリアなど関係する地域も議論の仲間に入れて解決策を講じることが肝要と思われる。米政府の表向きの対応とは別に、アメリカの良識ある人々との連携を強めていくことだ。アメリカは日本より民主主義を重んじる国である。この問題に関しては、日本の官僚たちより米政府の方が柔軟であったとも思う。米政府に沖縄の信念をはっきりと伝え、安保政策の在り方を正しく主張することで、米政府が新たな道筋を見出し、こじれにこじれた糸がほぐれていくように期待する。

東アジア共同体を阻む要因

話を東アジア共同体構想に戻そう。先ほども申したように、私は東アジアから戦争を未来永劫なくすことを目的として、日中韓とＡＳＥＡＮ一〇カ国が核となった対話と協調のオープンで柔軟な共同体を創りたいと思う。ＡＳＥＡＮ一〇カ国は経済を主体に統合されたし、日中韓それぞれとＡＳＥＡＮとの間にはＦＴＡが結ばれているから、あとは日中韓三カ国がいかにして対話と協調の仕組みを構築していくかにかかっている。私が総理在任中に、ソウルに日中韓三国協力事務局を設置することを決定し、三国の平和と繁栄を目的として活動しているが、必ずしも所期の目的を達成するまでには至っていない。その原因は、主として日本政府が協力に前向きでなかったことによる。その間、中韓はＦＴＡを結ぶところまで到達していたが、日中、日韓のＦＴＡは、日本がＴＰＰに傾斜してしまったために後れを取った。昨年後半にようやく再開されたが、安倍首相の歴史修正主義が災いして三年半もの長期にわたって日中、日韓首脳会談が開かれないという異常状態が続いたことは誠に不幸であった。両国と日本との関係は未だに正常に戻ったとは言い難く、国益の損失は計りしれない。

東アジア共同体の創設を阻むいくつかの要因を考えてみよう。まず、歴史認識問題がある。歴史をどう解釈するかは国によって差があって当然である。しかし、歴史の事実は一つであり、解釈の余地はない。ところが、往々にして歴史の事実を十分に理解せず、それがあたかも歴史認識の違いと勘違いしていることが多い。歴史の事実に忠実でない教科書で教わったことを、自ら調べることをせずに正しいと信じていることが多いのだ。

例えば領土問題を取り上げてみる。日本はポツダム宣言を受諾して第二次世界大戦は終結した。そのことは誰でも知っている。しかし、安倍総理のみならず、ポツダム宣言の内容を理解している人は極めて少ないのではないか。ポツダム宣言には、日本の領土は本州、北海道、九州及び四国と、連合国側が決める小さな島々に限ると書かれている。即ち、日本が固有の領土として主権を主張できるのは本州、北海道、九州及び四国だけである。竹島や尖閣諸島の領有権は実体的には米国が決めるということになっていたのである。私たちが竹島や尖閣諸島を単純に固有の領土であると主張しても、国際的には通らない理屈なのである。それではアメリカはどう決めたのか。竹島に関しては、米政府は一九五一年に「我々の情報によれば、一九〇五年以降、島根県隠岐島の所管である」と日本に有利な報告をしている。ところが、二〇〇八年のブッシュ大統領訪韓の折に、米政府の地名委員会が竹島を韓国領にしてしまった。この事実を前提にして、お互いにどう領有権を主張するかが問われるのである。尖閣の場合は先ほど述べたように、日本が実効支配しているが、領有権について米国の立場は中立である。領土問題の事実はかくの如きであり、当該国同士が早期に納得する結論を見出すことは難しい。したがって、私はかつての賢明な指導者たちが「棚上げ」という手法を見出したように、日中韓三カ国がより友好的な関係を築いていくために、領土問題の解決は私どもより優秀な将来の世代に委ねた方が良いと思う。

お互いに相手の気持ちを理解する努力をすることが、歴史認識の問題を解決する糸口となろう。とくに傷つけた者が傷つけられた者の気持ちに寄り添うことである。私は二〇一三年の冬、南京大虐殺紀念館を訪れ、また二〇一五年の夏には日本の植民地時代に政治犯を収容していたソウルにある西大門刑務所を訪れた。日本では批判的な記事が多かったようだが、日本軍が多くの南京市民を殺害したことや、日本が朝鮮半島の独立運動家を拷問にかけたり殺したりしていた事実に対して、否定したり、目を背けるべきではない。事実を事実として受け止め、傷付けた方々に対して率直に謝罪の気持ちを表すことで、彼らは赦してくれると信じよう。政治指導者達の中に事実を認めようとしない者がいると、彼らは日本が再び過去の過ちを犯すのではないかと不安になるのだ。それは従軍慰安婦問題についても同様である。強制性があったか否かが問題なのではない。日本というシステムの中で、若い女性たちが日本兵の慰みものになっていたという事実が問題なのである。

歴史認識の問題を完全に解決することは容易ではないかもしれない。しかし、問題を極小化させていくことはけっして不可能ではない。例えば私の総理在任中には、歴史認識問題が大きく取り上げられたことはなかったし、中国が東シナ海で領海侵犯をした事例は一度もなかった。過去に出来たことが今出来ない筈はない。

私が総理を終える直前に中国の温家宝総理が来日し、暫く途絶えていた東シナ海のガス田の日中共同開発に関する対話を再開しようと提案された。私はガス田の日中共同開発は、ちょうど第二次大戦後、独仏が中心となって、石炭と鉄鋼を欧州が共同で生産及び管理を行う共同体を作り、それがＥＵの前身となったことを彷彿とさせる事業と考えている。再び動き出した対話は、私が辞めてしばらくして再度中断したままとなっている。日本は中国の東シナ海におけるガス田開発を、ただ怪しからんと批判するばかりでなく、共同開発に向けて協力する姿勢を示すことで、冷え込んだ日中政治対話に温風を吹き入れ、東アジア共同体の実現に大きな一歩を踏み出すべきと考える。

北朝鮮をどう扱うかは、東アジア共同体を構想する際に、極めて大きなテーマである。核もミサイルも開発を止めない状況では、北朝鮮をすぐに仲間に入れることには抵抗が大きいと思われる。一方で、文化や環境、エネルギーなど北朝鮮と協力できる分野もある。協力し易い分野で北朝鮮との協力を強めていきながら、政治や安保の議論へと進ませ、北朝鮮にとって、核開発を諦めたほうが経済的にも発展するとの確信を得ることになれば、東アジアは平和に向けて大きく前進することになろう。

東アジア共同体会議を沖縄に

東アジアの国々が紛争を解決し、さまざまな協力を行っていくためには、話し合う場を持つことが必要である。そこで私は「東アジア共同体会議」（仮称）の創設を提案する。ＥＵにおいても、政府の代表機関としてのＥＵ委員会の他に、民間の議員の議論の場としてのＥＵ議会が存在している。初期の段階ではＥＵ議会は重要視されていなかったが、徐々に機能が強化され、存在意義も高まってきている。「東アジア共同体会議」はまずは未来フォーラムのような形式からスタートさせて、日中韓三カ国を軸に協議の場を提供し、協議体が熟していくにつれて、ＥＵにおけるＥＵ議会のような正式な会議体に成長させていくことを目的としたい。未来フォーラムはしたがって、日中韓三カ国にＡＳＥＡＮの代表を加えたくらいでスタートさせるのが妥当であろう。本格的な「東アジア共同体会議」の構成国はＡＳＥＡＮ一〇カ国に日中韓の一三カ国でスタートし、さらに適宜増やしていくことを考えたらよい。構成員は各国二〇名程度とし、さまざまな職種を代表することが望ましい。国の規模によって若干の差を認めても良いと考える。

「東アジア共同体会議」では教育、文化、環境、エネルギー、経済、医療、福祉、防災、そして安全保障などあらゆる分野を扱い、違いを認めながら相互扶助の精神で協力を進めていくことが大切である。既に教育では、キャンパスアジア構想が動き出している。この構想を東アジア全域に広めていくことは素晴らしい結果をもたらすだろう。文化面では、私が提案した東アジア文化都市構想が日中韓三カ国の三都市で実現し、三カ国の多彩な文化芸術イベントが開催されている。さらに東アジアへと拡大することは興味深い。中国は経済発展の陰で環境破壊の深刻さは北京の空を見れば明らかである。公害先進国の日本の環境技術は、中国や途上国のサステナブルな発展に寄与することは間違いない。また、自然エネルギーを現地で電気に変えて、電線で供給するアジアスーパーグリッド構想も、議論に値する壮大な計画である。日中韓のＦＴＡ締結は最も喫緊の課題である。共通通貨の議論は時期尚早と思われる。などなど、議論の種には事欠かない。そして議論の結果をまとめ、それぞれの国の政府に提案を行い、影響力を行使して行けるようにすることだ。とくに安保に関しては、「東アジア平和会議」とでも呼ぶ会議体を議会の中に作り、集中的に安全保障の議論を行うことを考えたい。それぞれの国でも、「東アジア平和会議」の議論の受け皿としての会議体が必要になると思われる。将来的には、欧州におけるＯＳＣＥ（欧州安全保障協力機構）のような早期警戒、紛争予防、紛争後の再建といった面に重点を置く新しい機構を立ち上げる準備をおこなったらよい。

この「東アジア共同体会議」を設置する地域として、私は沖縄が最も相応しいと考える。なぜなら沖縄はかつて琉球の時代に、中国や日本のみならず、東南アジア諸国との経済的人的な交流を行って栄えた歴史がある。その過去の歴史を蘇らせ、戦争で多くの命が失われた過去から脱却させるのだ。そのためには何としても、米軍基地が過度に集中している沖縄の現在を過去のものにさせなければならない。そして、沖縄を軍事の要石から平和の要石にするのである。このような強い意志と行動を沖縄が示せば、沖縄への会議誘致に対して、中国や韓国などの隣国も理解を示すに違いない。

「東アジア共同体会議」がその役割を十分に果たし、東アジア諸国間の理解と協力が進み、経済的な一体化の中でウィン＝ウィンの関係が強化され、運命共同体の意識が高まり、東アジアが抱えるいくつかの紛争の種が枯れていくとき、「東アジア共同体」が現実のものとなろう。そのとき、沖縄がその中心にいることに気付くだろう。

第2章　安倍政権が弄ぶ「中国脅威論」の虚妄

高野　孟（ザ・ジャーナル主幹・東アジア共同体研究所理事）

私の問題意識

集団的自衛権の解禁をめざす新安保法制について、安倍晋三首相は「丁寧に説明して国民の理解を求めていく」としばしば公約したにもかかわらず、国会審議が進むに連れて安倍自身をはじめ政府側の答弁がますます支離滅裂になっていったばかりか、憲法学者から法案そのものが違憲であるとまで指摘されて、むしろ真逆の方向に「国民の理解」が深まって反対の世論が盛り上がることになった。

通常国会閉幕直後の調査では、政府の安保法制についての説明は「不十分だ」とする者が七八％に達しており、それについて匿名の政府関係者は「安保法が必要な理由は中国の台頭など安保環境の変化。［だが］外交的配慮から具体的なことはあまり説明できなかった」と悔しがった（一五年九月二一日付日本経済新聞）。実際、安倍がこの法制を何が何でも成立させようと躍起になった根底には、中国の軍拡が目覚ましく、いずれ尖閣諸島を手始めに与論島、石垣島と島伝いに日本本土へと侵略し、東シナ海のみならず南シナ海も内海であるかに支配しようとするに違いないという、恐怖にも近い切迫した危機感があることは疑いをいれない。しかし、そのようなあからさまな「中国脅威論」を一国の首相として言い触らすことはいくら何でもできないので、「わが国をめぐる安全保障環境はますます厳しさを増している」という決り文句を繰り返すことで取り繕ってきたのである。

ただし、長い国会会期の中で一時だけその法を超えたことがあり、それは審議が参院の特別委員会に移った冒頭の頃で、恐らくは衆院での審議が思うような展開にならなかったことに苛立って、参院では本音ベースで直球を投げ込んで正面突破を図ろうという気負いを抑えきれなかったのだろう（が、それも長続きはせず、上述の政府関係者が歎くような結果となったのだが）。例えば七月二八日の参院特別委で自衛隊出身の佐藤正久議員が、中国脅威論をさんざん展開した末に、石垣島市議会の「我が国を取り巻く安全保障環境は一層厳しさを増しており、私たちの住む石垣市の行政区域の尖閣諸島においても中国公船の領海侵犯が日常茶飯事の状態にあり、漁業者のみならず一般市民も大きな不安を感じている」として安保法制の成立を要望した決議を読み上げて、安倍の所見を問うたのに対し、安倍は要旨こう述べた。

「我が国をめぐる海の状況が大きく変化している。南シナ海で中国は大規模な埋立てを行い、また東シナ海におけるガス田の問題については二〇〇八年の合意が守られていない。そして尖閣の領海に公船が侵入を何回も行っているという状況の中にあって、石垣市の皆さんは、我が国の安全保障環境の変化に、日々肌感覚の危機感を持っていると思う。こうした安全保障環境の大きな変化の中で、我が国のみで日本を守り切ることはできない。しっかりとした同盟関係を更により機能させることによって抑止力を強化し、事前に戦争を防いでいく。つまり、平和的な発展の道に方針を変更するよう促していくことも大切ではないか。そのためにも、しっかりと備えをして、切れ目のない平和安全法制を整備をしていく、そして、日米同盟が揺るぎないものであるということを内外に示すことによって、この海域も含めて我が国の平和と安全を守り抜いていくことができると確信している」

ここに、(1)尖閣領海への中国公船の侵入、東シナ海でのガス田開発、南シナ海での埋め立てなどの行動が日本にとっての脅威である、(2)しかしその中国の脅威からわが国を守るのに、わが国のみで守り切ることはできない、(3)そのために、集団的自衛権を解禁して日米同盟が揺るぎないことを内外に示さなければならない——という安倍が安保法制を推進しようとするために苦心惨憺して構築してきた基本的なロジックが浮かび出ている。この(2)はなかなか問題で、本当に日本の自衛力だけで守り切れないのかどうかは必ずしも自明のことではなく、厳密な検証が必要である。また(3)は、日本がこの程度の法制で集団的自衛権の対米発動に踏み切ったからと言って、米国が尖閣やガス田ごときの日中間紛争の場合に大局的な戦略的利害を投げ打ってでも集団的自衛権を対日発動して米中戦争に突入してくれるのかどうかは全然保証の限りでないどころか、その可能性は私に言わせればゼロである。

その検討はまた別の機会に委ねるとして、ここでは(1)、いま中国は日本にとって本当に軍事的な脅威なのか、脅威であるとしてそれは軍事的手段によってしか抑止し得ない程度のものであるのかそうでないのかについて、素描的な検討を行うことにする。仮に軍事的な手段によってしか対応できない性質のものであるとなった場合に、そこで初めて、(2)の、それは日本単独では対応できないのかどうか、そして(3)の、対応できない場合に米国が助けてくれる可能性があるのかどうか、という検討に進まなければならない。(1)がノーなら(2)も(3)も問いそのものが成立せず、従って安保法制を構想したこと自体がナンセンスだったということになる。

このことは、私が昨年の安保国会についてまことに残念に思ってきたことで、安倍が剥き出しの「中国脅威論」を堂々と語り、野党と正面切って論戦を繰り広げてくれていれば、日本の安全保障にとって何が本当に大事なのかについての「国民の理解」は格段に深まっただろう。およそ安全保障論議の出発点は「脅威」の冷静な見積もりであり、それを欠いたまま「この国が恐い、あの国も危ないぞ」といった情緒的な煽動を政府やそれに追随するマスコミが振り撒いているようでは、逆に「この国」が危ない。

以下、尖閣海域への中国公船出没、中国の尖閣を含む防空識別圏の設定、東シナ海でのガス田開発、南シナ海での米中軍事緊張について考察する。

尖閣周辺では今何が起きているか

尖閣周辺海域の最近の情勢はどうなっているだろうか。安倍首相は一五年七月二〇日の「海の日」に海上保安庁の巡視艇「まつなみ」に乗船し、洋上でのテロ容疑船の捕捉や放水訓練などを視察した後、横浜海上防災基地で海保職員らを激励し、「離島、領海をめぐる環境はかつてないほど厳しくなっている。諸君が絶え間ない緊張感の下、その任務を果たしていることに改めて敬意を表する」と強調した。実際、マスコミのニュースでも時折「中国公船がまた尖閣周辺の領海に侵入、海保が警告」などと流れるので、中国が依然として活発な無法活動を続けているという印象が広まっているが、実態はだいぶ違う。

図は海上保安庁のホームページに掲載されている「尖閣諸島周辺海域における中国公船等の動向と我が国の対処」[注1]（図１）で、棒グラフが中国公船が尖閣周辺領海に侵入した月別の延べ隻数、折れ線グラフが領海に接する「接続水域」[注2]で確認された隻数である。中国公船の領海侵入は、一二年九月一一日に野田内閣が尖閣

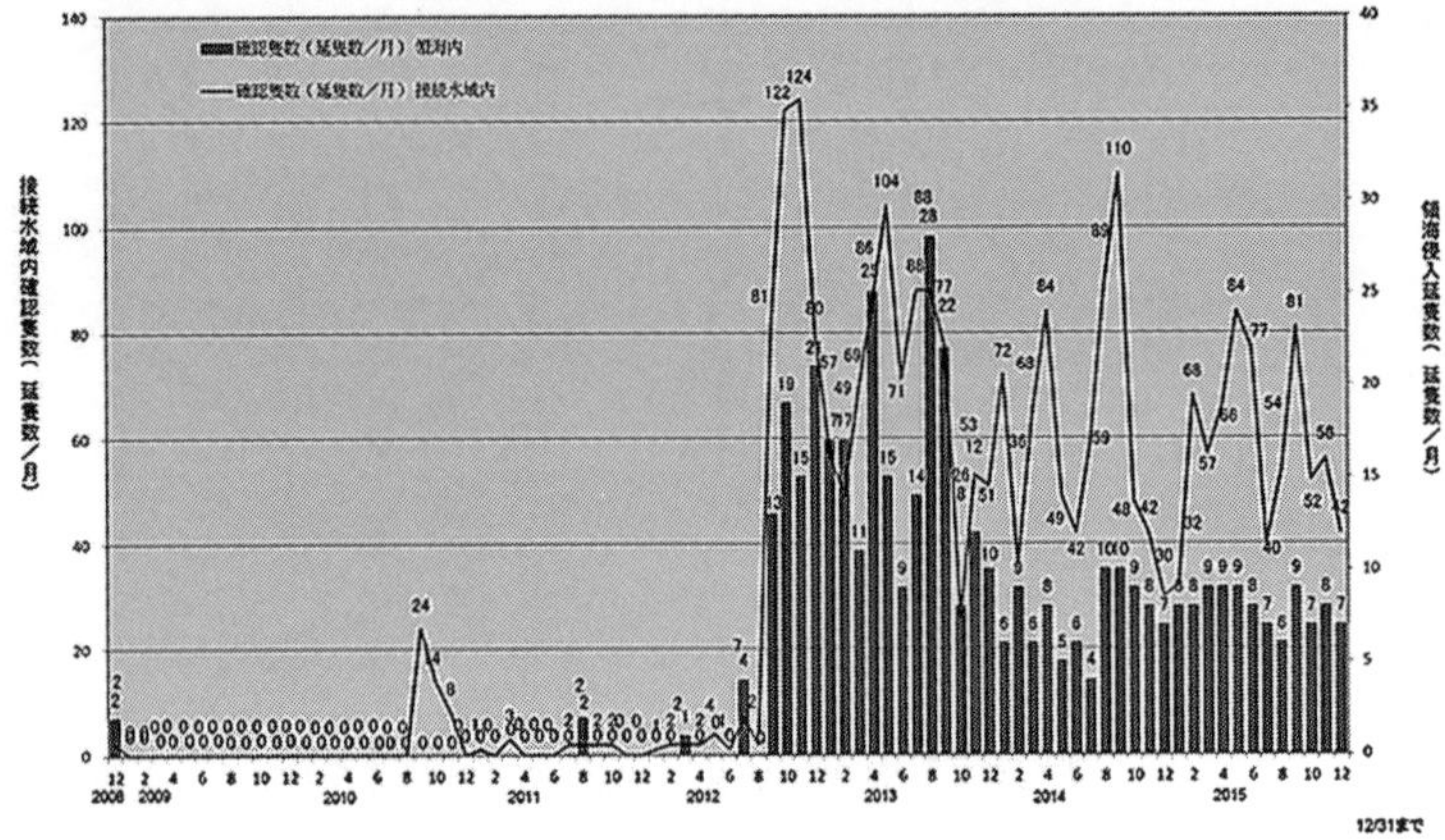

図１　尖閣諸島周辺海域における中国公船等の動向と我が国の対処

一部国有化という馬鹿げた挑発行為に出る以前にはほとんどなかったが、その直後から急増し、一年後の一三年八月の二八隻でピークに達する。しかしその後はかなり減って、一四年一月以降は毎月四～一〇隻の範囲に収まっている。それでも、このグラフだけ見ていると、「何だ、結構多いじゃないか」という印象を受けると思うが、このグラフの下に掲載されている月別の表から領海侵入分の数字を取り出して並べると、何やら不思議なリズムがあることが分かる。（図2）

毎月、標準で三回、たまに二回のこともあるが四回はない。一回につき標準で三隻で、二隻のこともあり、四隻は例外的で一回だけ。海保関係者に訊いても「領海侵入が常態化している」とだけ言ってこの意味を解説してくれない。ところが中国側の消息通に探りを入れると、次のような驚くべき答えが返ってきた。

「常態化ということは、一定のルールによるルーティーン化がなされているということだ。中国としては、日本の尖閣領有を認めるわけにはいかないという面子があるので、象徴的な意味で、月二～三回、一回につき二～三隻の海警船を日本が主張する領海内に入れるが、必ず二～三時間で外へ出る」

しかしなぜ標準三回なのか？

「中国の海警局は青島の北海分局、上海の東海分局、広州の南海分局に分かれていて、尖閣は東海分局の担当。東海分局の下の上海総隊、浙江総隊、福建総隊が順番で月に一回ずつ出ていくので、月三回になる。しかも一五年に入ってからだと思うが、その進入を日本の海保に〝事前通告〟しているはずだ。海保としては、いつ来るか分からないと常時一定の隻数を出して警戒しなければならないが、通告制になるとその時に出て行けばいいのだから、前よりだいぶ楽になったのではないですか。つまり、尖閣問題は事実上、〝棚上げ〟化が緒に着いているということですよ」と。

もちろん、たまにはこのルーティーン以外の事態も起きることがあって、一五年一一月には中国の情報収集艦が尖閣南方の海域でほぼ一日中、東西に往ったり来たりする謎の行動をとった。それに対して日本政府は、今後このようなケースについては海上自衛隊の「海上警備行動」を発令して退去を促すことを決め、その旨を中国政府に対して通告したと、読売新聞が一六年一月一二日に一面トップで仰々しく報じているけれども、その中国艦は領海はもちろんその外側の接続水域にも入った訳ではなく、大騒ぎすることなのかどうか。

また同年一二月には、ルーティーンに従っ

月別	回数	一回隻数	合計隻数
14年1月	2	3+3	6
2月	3	3+3+3	9
3月	2	3+3	6
4月	3	3+2+3	8
5月	2	3+2	5
6月	3	3+3+2	8
7月	2	2+2	4
8月	3	3+3+3	10
9月	3	3+4+3	10
10月	3	3+3+3	9
11月	3	2+3+3	8
12月	3	2+2+3	7
15年1月	3	3+3+2	8
2月	3	2+3+3	8
3月	3	3+3+3	9
4月	3	3+3+3	9
5月	3	3+3+3	9
6月	2	3+3+2	8
7月	3	3+2+2	7
8月	3	3+3	6
9月	3	3+3+3	9
10月	3	3+2+2	7
11月	3	2+3+3	8
12月	3	2+2+3	7

図２

て一時領海に侵入した中国海警局公船が機関砲を搭載していることが大きく報道された。まあ、機関砲くらい積んでいる海警船もあるだろうが、別に射撃したわけではない。問題は、こうしたちょっとした突出的な事実が一部メディアによって「大変なこと」であるかに誇大に報じられて「中国は恐い」という煽動的な宣伝が行われる反面、上述のような「月三回、二〜三隻、二〜三時間限定、事前通告制」というような〝領海侵犯〟のルーティーン化という重要な事実は（私が主宰する「インサイダー」以外では）どこでも報じられたことがなく、国民はバランスのとれた情報に基づいて冷静に物事を判断する機会を不当に奪われているということである。

この状態を「離島、領海をめぐる環境はかつてないほど厳しくなっている」（安倍）と言いくるめるのは、どう考えても無理である。もちろん日本の立場からすれば領海侵犯には違いないから、表向き「けしからん」と言うのは当然だが、実体的には、中国海警が一方的にこのようなルール化を持ちかけ、日本海保が暗黙の内にそれを受け入れるという形で危機管理協力が水面下で始まっている。とすると、これをもっと確かなものにしていく外交努力こそ大事になるわけだが、日本は尖閣に関して「領有権の問題は存在しない」、ということは一切外交交渉の余地はない、という立場だから、このようなルール化が始まっている事実を国民に知らせて、少しでも安心させるということは、敢えてしない。逆に、尖閣が今にも中国に盗られそうだという話にしておかないと、安保法制も辺野古基地建設も自衛隊による島嶼防衛戦略も成り立たなくなるので、読売や産経に「またも中国公船が侵犯」などと書かせて国民を洗脳しているのである。

中国が東シナ海の「防空識別圏」を突然設定？

中国国防省が一三年一一月二三日、尖閣諸島上空などを含む東シナ海の広い範囲に、戦闘機による緊急発進（スクランブル）の基準となる「防空識別圏」を設定したと発表して大騒ぎとなった。安倍首相は二日後の参院決算委員会で、中国が尖閣上空を含めて防空識別圏を設定したことについて「あたかも中国の領空であるかのごとき表示をしており、全く受け入れることはできない」と述べ、撤回を求めた。ケリー米国務長官も直ちに声明を発表し、「この一方的な行動は、東シナ海の現状を変えようとする試みである。事態をエスカレートさせる可能性のある行動は地域の緊張を高め、紛争のリスクを生むだけである」と非難した。以来、日本のマスコミも枕詞のようにこれを「一方的」かつ「突然に」と形容する慣わしが定着しているが、それは正しいのだろうか。

第一に、防衛識別圏を公空上や隣国の領土・領海内にまで拡張して設定するのは当たり前で、領空ライン以内で識別してもその時には不明機はすでに領空内に侵入してしまっているので、何の意味もない。

例えば、韓国の識別圏は北朝鮮の領内に深く広がって、北緯三九度のピョンヤンにまで到達しているが、これで北朝鮮が侵略だと騒いだり、このために何かトラブルが起きたという話は聞いたことがない。また、台湾の識別圏を見ると、東沙諸島辺りから北に向かって大陸内部に入り込んで福建省と浙江省の全域を含めているけれども、それが台中間の争いの火種になったことはない。

とすると、特に異常とは言えない中国の識別圏設定を、そのような説明抜きに「一方的」と形容することによって、何やら国際法も慣例も無視した力任せの乱暴な攻撃的行動に出て来たかのような印象を与えようとすることは、扇情的に過ぎるのではないか。

第二に、この一方的という表現にさらに「突如」とか「唐突」とかいう形容を重ねることで、中国が国際社会のルールを顧みないならず者であるという印象は一層強められる。しかし実はこれは突如ではなかった。

一四年一月一日付毎日新聞が「中国、防空圏三年前に提示」と一面トップで報じたところでは、一〇年五月に北京で開かれた、中国軍部と自衛隊の幹部を含む両政府関係者の非公式会合「日中安全保障問題研究会議」の席上、中国側が防空識別圏案を図示し、「尖閣諸島など東シナ海で日本の識別圏と重なる部分があるので、両国空軍機による不測の事態を防ぐためのルール作りを進めたい」と提案していた。中国側でこの提案をしたのは、中国海軍のシンクタンク・海軍軍事学術研究所に所属する准将と、中国三軍の最高学術機関である軍事科学院所属の別の准将の二人だった。

この問題は、一二年六月に北京で開かれた自衛隊将官OBと中国軍現役幹部との会合でも突っ込んで議論されて「日中海空連絡メカニズム」の基本合意に至り、翌一三年には中国の軍幹部が来日して調印する手筈まで整えられていた。が、一二年九月に野田政権が尖閣を国有化し、日中関係が一挙暗転する中で一二月には「中国脅威論」に立つ安倍政権が登場、さらに一三年一月には東シナ海で中国海軍フリゲート艦が海自の護衛艦に射撃管制レーダーを照射するという危険行為に出るなど、日中双方の愚行のぶつかり合いによって棚ざらしになってしまい、その膠着状態の下で、同年一一月、中国が識別圏の設定を〝一方的に〟発表するのである。

実は、毎日の記事中にある「一二年六月の会合」とは、日中間の海空連絡メカニズムに関する事務レベル協議の第三回だった。面白いことに、これを提起したのは第一次安倍政権で、[注3] 安倍は〇七年四月の日中首脳会談で温家宝首相に対して、「戦略的互恵関係」の一環として「海空連絡メカニズム」の協議を始めることを提案し、合意している。それに基づいて〇八年四月に第一回協議が開かれ、毎日の記事中の「一〇年五月の会合」がその第二回だった。

つまり日本政府にとっても安倍にとっても、識別圏は唐突でも何でもなく、二〇一〇年から分かっていて、日中間の協議事項だったことなのである。なのになぜ一方的とか唐突とかいう話になるのかと言えば、推測に過ぎないけれども、中国脅威論を強調したい外務省が記者クラブでそういうニュアンスで発表すると、勉強も取材もしていない記者たちが鵜呑みにしてその通りに書くからである。日本国民は、親米反中反ソの冷戦イデオロギーを引きずった時代錯誤の外務省が、マスコミの暗愚を利用して、このような情報操作＝マインド・コントロールを日常不断に行っていることを知っておくべきである。

他方、米国はこの問題を放置せず、東シナ海だけでなく南シナ海も含めて、米中双方が重大な軍事行動を行う場合に相互に事前通報するメカニズムの構築や、海上・空中での不足の事故を防ぐ危機回避ルールなどを盛り込んだ包括的な「信頼醸成措置」の交渉を進め、一四年一一月のオバマ訪中の際に基本合意を達成し、一五年九月の習近平訪米の際に正式調印した。それを見て慌てた日本の外務省・防衛省は、一一年一月以来途絶えていた日中の「安保対話」を第二次安倍政権になって初めて再開し、一五年三月に「海空連絡メカニズム」の調整作業を加速することで合意した。が、その頃すでに安倍は、中国と戦争しようかという安保法制の総仕上げに夢中になっていて、その合意を顧みることはなかった。

無用な対立や不測の戦争を防ぐためのメカニズム構築が米中間では進んでいて、日中間でもその協議がとっくに緒に着いているというのに、それを無視して日米同盟で中国と軍事的に対決するかの法整備や自衛隊の南方重視戦略に突き進んでいるのが安倍である。そして、マスコミはと言えば、米中間のみならず日中間でも、中国と戦争などしないで済むための関係構築の可能性が熟してきているのに、その基調を大事に育てようとする立場から安倍政権を根本的に批判することを避けて、結局のところ一方的とか唐突とか突如とか軽々しい言葉を発して安倍の中国脅威論妄想を助けているのが実情である。

中国も余りに無知・無神経だった

第三に、もちろん、中国の防空識別圏設定に何の瑕疵もなかったというわけではない。

中国側の当初の発表は余りに幼稚かつ非常識、無神経なもので、それは、識別圏を設定したことそれ自体や、それが中間線以東や尖閣を含んでいたことではなく、識別圏を飛行する航空機に対して「中国外交部または民用航空局に飛行計画を届け出ること」「識別圏管理機関またはそれにより権限を与えられた組織の指示に従うこと」「識別に協力しない、または指示に従わない航空機に対して、中国は武力で防御的な緊急措置を講じる」などと、その圏内での強制措置を公告したことにある。

既に述べたように、識別圏は公海＝公空上や場合によって他国の領土内にまで設定されるもので、そこを通過するすべての航空機に対して武力による強制措置などとれるはずもない。多くの専門家が、中国は「防空識別圏の意味が分かっていないのでは？」と疑問を表明したのは当然のことである。

冒頭に一部引用したケリー米国務長官の「中国の発表を非常に懸念している。この一方的な行動は、東シナ海の現状を変えようとする試みである。事態をエスカレートさせる可能性のある行動は地域の緊張を高め、紛争のリスクを生むだけである」という言葉も、それだけ見ると識別圏の設定そのものを非難しているように聞こえるが、実はそうではなくて、続けてこう言っている。

「海域・空域の上空通過、およびその他の国際法上合法的な使用の自由は、太平洋諸国の繁栄、安定および安全保障に不可欠である。米国は、いかなる国であろうとも、領空域内への侵入を意図しない外国の航空機に対し、防空識別圏に基づく手続きを適用しようとする行為を支持しない。また、米国の領空域内への侵入を意図しない外国の航空機に対し、米国は防空識別圏に基づく手続きを適用しない。我々は中国に対し、国籍不明または中国政府の指令に従わない航空機に対し措置を講じるという威嚇を実行に移さないよう強く求める」

注意深く読んで頂きたいが、識別圏は、領空域に侵入するかもしれない国籍不明機を早期に識別し、必要なら警告を発して退去を勧告し、トラブルを未然防止するためのものであるから、(1)国籍不明でない民間航空機が中国軍部が設定した識別圏を通過する度に「中国外交部または民用航空局に飛行計画を届け出る」必要などあり得ないし、(2)その民間航空機が「識別圏管理機関の指示に従う」必要もないし、(3)「指示に従わない航空機に対して、中国は武力で防御的な緊急措置を講じる」ことなどあっていいはずがない、――という、識別圏についての国際常識に照らして、中国の言動を「一方的」とケリーは言っている。

結局、防空識別圏を設定すればその範囲の公空＝公海上の自由航行権を侵害できるかのような中国の当初の発表は、無知のなせる業でなかったとすれば、粗雑な威嚇による駆け引きであったろう。仕方なく日本の民間航空会社も、安全確保のために、一旦は飛行計画を中国当局に提出する措置をとったが、日米などと中国とのやりとりの結果、その必要がないことを中国側に確認させることが出来たので、四日後の一一月二七日にはそれを取りやめた。また米日韓の空軍も二六日から二八日にかけて、それぞれ中国の主張する識別圏内にわざと爆撃機や戦闘機を進入させ、中国側が異常な反応をしないことを確認した。

それを受けて、二八日には中国国防部の幹部が記者会見を開き、次のように前言を事実上訂正して、この問題はひとまず決着した。

「防空識別圏は領空ではなくて、また『飛行禁止空域』でもない。国の領空の外に確定した空域の範囲で、それによって早期警戒の時間を確保し、国家の防空安全に努めるものだ。国際法と国際慣習によって、外国の航空機は他国の国防空識別圏に入ることができ、同時に、防空識別圏を設定した国は、他国の航空機を識別する権限があり、その飛行の意図や属性を明らかにし、状況に応じた対応をする」

「中国の防空識別圏の設定は国際慣習に合ったもので、中国側は一貫して国際法の各国の飛行の権利を尊重しており、防空識別圏の設定はこれを変えるものではない。国際フライトは防空識別圏で影響を受けるものではない。防空識別圏を飛行する未確認物体に対し、中国側は、直ちに識別、監視、管制等の措置を行う。具体的にどんな措置をとるかとなると状況により異なる」

ガス田基地が軍事施設になる?という妄想

安倍は、中国脅威論に立って安保法制を推進する一方で、米国からの強い圧力もあって日中関係の改善にも手を打たざるを得なくなって、一五年七月には官邸から谷内正太郎国家安全保障局長を北京に送って陽潔篪国務委員と会談させた。ところが外務省は、谷内が帰国した翌日に、わざわざ、中国が東シナ海の海底ガス田開発で新たに一二基のプラットフォームを建設中であるとして、一四枚の航空写真まで添えてホームページ上で公表した。[注4]安倍の対中国姿勢のブレが官邸と外務省の鞘当てという形で露呈した不様な有様で、中国外務省は直ちに「ことさらに対立を作る意図があり、両国の関係改善にとって建設的でない」と反発した。

外務省の行いは、中国のガス田開発のためのプラットフォーム建設が日本にとって〝軍事的脅威〟であるかに言い立てる極右勢力の主張に同調したもので、常軌を逸している。

第一に、中国が進めているガス田開発は、確かに最近、数が増えているのは事実だが、そのスポットは日本が主張する「日中中間線」の西側にほぼ限定されている。中国の前々からの権益主張は、その線を遙かに超えて南西諸島に近い大陸棚先端の「沖縄トラフ」までだが、そこまで出て来てはいない。ということは、一応、日本側の主張を尊重するというか、少なくともそれを無視して開発領域を広げないようにしている。

第二に、安倍は参院での答弁で「〇八年の日中間の共同開発合意が守られていない」と言ったが、〇八年六月の福田内閣当時に基本合意に達し、一〇年五月の鳩山内閣当時に温家宝首相が来日した際にもその具体化についての再確認があったにもかかわらず、同年九月菅内閣下での尖閣海海域中国漁船衝突事件の処理、一二年九月野田内閣下での尖閣国有化措置などを通じて、共同開発合意が履行不能に陥っているというのが本当で、別に中国側だけが合意を守らずに一方的に不当な行為に出ているということではなくて、日本もその合意を守る努力をしてこなかった。

この中国の開発行為に対処するには二つあって、一つは日本も日中中間線で活発にガス田を開発すればいいのだが、遠くて気体のままパイプラインで日本に運べないので、採算コストに乗らない。二つには共同開発に持ち込んで開発分は中国に供給し、分け前を受け取る方が遙かに利口。いずれにせよ軍事力で対抗・対処する問題ではありえない。

第三に、このガス田基地に軍事的意味があるとするのは、桜井よし子らがしばらく前から産経コラムなどを通じて振り撒いている幼稚極まりない妄想で、それにたぶらかされて中谷元＝防衛相が「プラットフォームにレーダーやソナーを配備する可能性があり、東シナ海における中国の監視、警戒能力が向上し、自衛隊の活動がこれまで以上に把握される可能性がある」などと答弁しているのは噴飯ものと言える。そんなところにレーダーを配備しなければならないほど中国の防空態勢はヤワではないし、仮に配備したとしても、海面上わずか数十メートルのところにあるレーダーはせいぜい五〇〜六〇キロメートル範囲の低空侵入機を探知できるだけで、ほとんど意味がない上、そのような海上に孤立して固定されたレーダーは簡単に攻撃目標になるので実戦的には無力である。ましてや、このプラットフォームに「弾道ミサイル発射措置などが備われば、沖縄、南西諸島すべてがその射程内に入ることが明確である」(桜井)などと言うのは妄想の極致で、どこの馬鹿がそんなところにミサイルを配備して真っ先に攻撃されるのを待つというのか。中国のミサイルは、そのつもりならいつでも南西諸島に限らず日本全土を撃つことができる。

「米中が南シナ海で一触即発」というのは本当か?

中国が南沙諸島の岩礁に人工島を造成し飛行場などの施設建設を進めていることに対し、米国は一五年一〇月二七日、イージス艦ラッセンを派遣してその近海を「自由航行」して見せた。「夕刊フジ」やスポーツ紙を見ると「米中一触即発」「開戦前夜」といったおどろおどろしい見出しが躍るが、そもそも両国は、尖閣にせよこのジョンソン南礁にせよ、こんな岩ころ一つのために世界第一と第二の経済大国の切っても切れない相互依存関係の全てを投げ打って戦争などする気など毛頭ない。米国にとっての関心事は、中国に「公海上の航行自由」が国際的な普遍原則であること、仮に中国がそこを領海と認識しているとしても軍艦の他国領海内の「無害通航」は妨げられないことを再確認させることであり、その旨を中国側に事前通告していたし、またそれを明証するために岩礁周辺ではレーダーのスイッチを切断し、ヘリコプターは格納庫に仕舞っていた。そのため、中国側の艦船も距離を置いて見張るだけにして、危険な接近は避けた。

これは、上述の中国による防空識別圏設定の後に米国が爆撃機を圏内に「自由航行」させて、中国が国際ルールに反した行動をとらないことを確認したのと軌を一にした一貫した対処の仕方である。しかも、この三日後の二九日には、米海軍ジョン・リチャードソン作戦部長と中国海軍の呉勝利司令官が南シナ海情勢を巡って米中ホットラインのチャンネルの一つであるテレビ会談システムを用いて意見交換し、さらに五日後の一一月三日には米中の国防相が北京で会談している。一一月七日には、前々から予定されていた中国艦の米大西洋岸への親善訪問が行われ、米中海軍によるフロリダ沖での合同通信訓練も実施された。一一月一六日には米イージス艦「ステザム」が上海を親善訪問して、交流と合同通信訓練、さらに乗組員によるバスケットボールの親善試合も行われた。二つの合同訓練がいずれも「通信訓練」であるのは、米中間の偶発戦闘予防のための現場艦長同士の「連絡メカニズム」の構築が具体化されつつあることを示す。

この一連の動向を見れば、「一触即発」とか「開戦前夜」とかいうのが戯言であることは明らかだが、安倍も政府も、それに追随するマスコミも、そのような米中の馴れ合いと言っていいほどの軍事交流の基調を正しく伝えて、それをベースにこの事態の全体の意味を啓蒙するのでなく、突出的な出来事のみを好んで取り上げて米中が今にも戦争に突入しようとしているかの虚構を撒き散らしているのである。

こうしてみると、ここ数年来の米中関係のみならず日中関係でさえも、実は対立よりも協調が基調であることが垣間見えてくるのではないか。日中の二国間関係を含む東アジアの面的な平和構築の構想を描くべき時である。

注

[注1] 海上保安庁・尖閣ページ：http://www.kaiho.mlit.go.jp/mission/senkaku/senkaku.html

[注2] 沿岸の基線から一二カイリ以内が「領海」であるのに対し、その外側に接するさらに一二カイリまでが「接続水域」で、通関・財政・出入国管理・衛生などに関する国内法に従って違反を取り締まることが出来ることが国連海洋法条約で定められている。なお「排他的経済水域」は基線から二〇〇カイリ。

[注3] 思い起こせば、第一次安倍政権は谷内正太郎外務事務次官の先導で真っ先に中国を訪問先に選ぶなど、対中関係の打開に強い意欲を示した。同じ谷内が今は国家安全保障局長兼内閣特別顧問として付いているのに第二次安倍政権がなぜ「中国脅威論」にのめり込んでしまったのかは謎である。

[注4] http://www.mofa.go.jp/mofaj/area/china/higashi_shina/tachiba.html

第３章　「東アジア共同体」形成の前提

大田昌秀（元沖縄県知事）

「万国津梁の鐘」

沖縄には、多くの人々が誇りにしている「万国津梁の鐘」というのがあります。この鐘は、室町時代の一四五八年（琉球では第一尚氏六代尚泰久王在位の時）に鋳造され、首里城の正殿にかけられていた大きな梵鐘で、高さ一五四・五センチ、口径九三・一センチ、重さ約七二一キロもあります。

筆者は、戦前、首里城の麓にあった沖縄師範学校に通っていたので、同校の生徒たちにとってはこの万国津梁（万国の橋渡し）の鐘は、馴染み深いものでした。さる沖縄戦で生徒たちの大半が犠牲になったにもかかわらず、奇しくもこの鐘は砲弾を受けながらも奇蹟的に焼失を免かれたのです。現在は国の重要文化財に指定されていて沖縄県立博物館に展示され、古琉球時代の貴重な遺品として重宝がられています。

この鐘の鋳造者は、藤原国善で、銘文の撰者は「住相国溪隠」という禅僧とのことです（高宮廣衞・他監修『沖縄風土記』）。

この鐘は、仏教の加護によって琉球国内を安定させることを祈念して鋳造されたもののようですが、とりわけ有名なこの銘文は、十五世紀の琉球が、舟を橋にして荒波をこえて中国・朝鮮・日本・東南アジアなど海外諸国と活発な貿易を展開した古代琉球人のたくましい気概を今に伝えています。

銘文を分かり易く書くと以下のとおりです。

「琉球国は南海のすぐれた土地で、三韓（朝鮮）の優れた文物を集め、大明（中国）を以て輔車となし、日域（日本）を以て脣歯となす（輔車・脣歯はともに非常に深い関係を意味する）。これら二つの国の間に湧き出した蓬萊島《ほうらいとう》（仙人が住む不老不死の理想郷）であり、舟と舵《かじ》を以て世界のかけ橋とし、異国の物産や財宝はあらゆる場所に満ちている。土地は霊にして人々は繁栄し、遠く日本・中国の仁風（学問文化や人徳美風）をふるいおこす。故に吾が王、大世主《おおよのぬし》（尚泰久の神号）は、ここに王位を高天に承《う》け、人民を良き土地に育《はぐく》む。仏教を盛んにし、四恩《しおん》に報いるために、新たに巨鐘を鋳造して以て本州（琉球）中山国王殿の前にゆきてこれを掛ける。

憲章《おきて》を三代（古代中国王朝の夏・殷・周）の後に定め、文武（前漢の文帝・武帝のような優れた人物）を百王の前に集め、下は三界（この世）のすべての生き物を救済し、上は万歳の宝位を祝す。（中略）須弥《しゅみ》（世界の中心にあるという山）の南に位置する世界（琉球）は洪宏《こうこう》なり。吾が王（尚泰久王）が出現して、苦しめる衆生《しゅじょう》（人間やすべての生き物）を救済する。鐘の音は四海にあふれ、長夜の夢を覚まし、感天のまごころを尽くす。堯舜《ぎょうしゅん》（政治の理想型とされた中国古代の皇帝）の時代のように、平和で良い政治が行われるであろう。」（真栄平房昭の執筆、参昭、高宮・他、前掲書）

何と気宇壮大な銘文ではないでしょうか。

筆者は、この馴染み深い銘文に刺激されてアメリカ留学から帰国後の一九六〇年代に、インドの他、東南アジアの八カ国を五回程、訪ね回ったことがあります。岡倉天心に「アジアは一つ」と言われてもその内実は余りにも多様過ぎていると思われたからです。また、アメリカに留学中に欧米の輝かしい繁栄と対照的にアジアの停滞振りが一際目立ったので、自分の目でその理由を確認すべく試みたのです。その際、アジアが文字どおり一つになりうるためには前提条件として何が必要で、どのような手法が求められるかについて、自分の関心領域の観点から探る必要を感じたのでもありました。

東アジア人としての特殊性と新しい普遍性

「東アジア共同体」の構築が唱えられてから長い年月がたっています。同名の著作が公刊されているだけでなく、東京と沖縄には同名の研究所も存在するにもかかわらず、依然としてその内容は、曖昧模糊としたままです。沖縄とアジアとの緊密な関係については、多くの論者が言及しているけど、「東アジア共同体」をどのような手法で作り上げることができるのか、一向に定かではありません。

筆者は、県に在職中に、沖縄国際都市形成構想を推進したり、わざわざアメリカからフェデックス社（国際宅配便会社）を誘致したり、香港に劣らない飛行機修理工場の設立を企画したりしたことがありましたが、種々の理由で成功させることはできませんでした。

現在、沖縄を含め日本では、「東アジア共同体」という言葉が独り歩きしているように思われます。と言うのは、この言葉が半ば普遍化しつつあるにもかかわらず、意外とその内容や手法が判然としないからです。むろん「東アジア共同体」というのは、漠然と日・中・韓＋ＡＳＥＡＮを指すことは把握できても、その中身に立ち入ると、意外と判然としなくなるのです。とりわけ「東アジア共同体」を作るとなると、日・中・韓の間でさえ、歴史認識が違っていたり、慰安婦問題や強制連行問題などのように、過去において日本側が犯した数々の加害責任が今以て未解決のままだけに、「東アジア共同体」の形成は、至難の業に思われてならないのです。なぜなら過去の諸課題の清算を通してでなければ、「東アジア共同体」の一員となるための共通の基盤、もしくは共通のコンセンサスが生まれようがないはずだからです。つまり、東アジアの人々は、世界の人々に何を提供できるのかについて真剣に考えてみる必要があります。東アジア人としての特殊性と同時に新しい普遍性を提示できるのかが問われているからです。

今、東アジアでは、「進歩」という言葉や「平和」という言葉も異なった脈絡で使われているのではないでしょうか。単に戦争の不在というような消極的な定義を超えて、軍国主義とか、貧困、環境破壊、家父長制などによって引き起こされるすべての構造的抑圧を取り除くことを以て、平和を規定しようとする傾向が強まってきています。すなわち東アジアの和解と平和に至る道筋として、最近は東アジア共同体への関心がいちだんと強まっています。一九九七年にＡＳＥＡＮ＋３（日・中・韓）体制がスタートして以降、二〇〇一年にＡＳＥＡＮ＋３の首脳会談において、平和、繁栄、発展を求める「東アジア共同体」ビジョンが採決されました。それと前後して、激流の中で変化する多様な東アジア共同体論議の現段階を、平和の観点で点検することに重点が置かれるようになりました。

ところで、寺島実郎氏によると、日本の近代史の中には、「アジア主義」という、アジアに対して深い共感をもって日本近代史に向き合った人たちの例がたくさんある、孫文の辛亥革命を支援した多くの日本人の辿った歴史には、大変心を打つものがある、とのことです。ただし、全体としての日本の政策は、結局は

「親亜」から「侵亜」に反転していく流れの中に吸い込まれたと言うのです。「脱亜入欧」という言葉が出てきて、アジアの混乱に巻き込まれるよりも欧米先進国に目を向けようという流れが出来上がる。戦後も、新しいタイプの「脱亜入欧」論として、たとえば高坂正堯氏の『海洋国家日本の構想』という本には、アジアに巻き込まれているよりも七つの海を広くとって世界に展開していったほうがいいという考え方が出てきている、というわけです（「東アジア連携への視座」『北朝鮮核実験以後の東アジア』〈別冊『世界』第七六四号〉）。

以上のような観点から寺島氏は、「アジア連携の必然性」は避けられない、と強調しています。すなわち地球自身が、現在実現している三パーセント成長の持続に耐えられるのかという設問を発しなければいけないような局面になっている、というわけです。日本海の生態系ということを考えても、これは日本だけで実現できるものではなく、中国、ロシア、韓国、北朝鮮、これらの国々と真剣にテーブルについて、一つのルールなり方向性を見つけ出していかなければ解決はできっこない。環境問題はボーダーレスなので、この環境問題に冷静に対処していくためにも、アジアの連携は必然だというわけです。そのためには、「東アジア共同体」という総論よりも、個別の課題ごとの実利的な連携の積み重ねこそが重要である、というのです。寺島氏の発言は、「東アジア共同体」を実現する上で、熟読玩味すべき貴重な提言だと思います。

北東アジア概念の誕生

「北東アジア共同体」という言葉は、「アジア共同体」とか「東北アジア共同体」としばしば混同して使われているので、どちらの呼称に正当性があるのか、紛らわしくなっています。

二一世紀は、「地域」が存立しうる条件が台頭しつつある時代と見做されているようですが、二〇〇九年八月三〇日の総選挙によって誕生した鳩山政権は、「東アジア共同体」構想を掲げて国境という枠組を超えた「地域」を重視する政策を打ち出しました。東アジアという「地域」の平和と安定を構築してゆくうえで、まず日中韓三カ国の経済連携を深めることで「アジア太平洋地域に駐留する米軍の軍事的プレゼンスを逓減させてゆこうとした」（目取真俊「アメで歪んだ認識」『沖縄タイムス』二〇一一年三月一八日付）というわけです。

東西冷戦体制の崩壊を受けてヨーロッパにおける地域統合が進展してゆくなかで、東アジアにおいても地域の安全保障に対する関心が高まってきました。このとき、日本本土のメディア報道の中に「北東アジア」という表現が氾濫し始めたのです。日本政府の外交文書における「北東アジア」の初出は、二〇〇二年九月一七日に現職の総理大臣として小泉純一郎氏が初めて平壌《ピョンヤン》を訪問し、金正日《キムジョンイル》総書記と日朝首脳会談を行った際に調印した「日朝平壌宣言」であったそうです。

この宣言のなかで「北東アジア地域の平和と安定のための協力」と「地域の信頼醸成を図るための枠組み」の整備が必要であるという画期的な認識が提示されたというわけです。そしてさらに、翌〇三年二月二四日、韓国の新大統領に就任した盧武鉉《ノムヒョン》大統領が就任演説のなかで、東北亜時代（朝日新聞では「東北アジア（北東アジア）時代」と翻訳併記）をくり返し強調するようになりました。

日本以外の漢字圏の国々では、「東南アジア」と並んで「東北アジア」という呼称と認識が確立しているようですが、漢字文化圏における方位は「東西」を前に、そして「南北」を後にする語順が自然であると言われています。ちなみに中央大学名誉教授の伊藤成彦氏は、『東北アジア平和共同体に向けて――今こそ、日米安保体制の転換を』と題する著書を刊行しています。

ところが、関東学院大学准教授の奥田博子氏によると、「英語圏の国々では、ケネディ米国大統領が就任演説のなかで、「このような人類の敵に立ち向かうにあたって北と南、東と西にまたがる地球上の結びつき見逃すことはできない」、と訴えたように、「南北」を入れ替えた「北南」が前に、そして「東西」を後ろにする語順が自然であるとのことである。つまり、英語表現を直訳すると「北東アジア」となる」というのです（奥田博子『沖縄の記憶――〈支配〉と〈抵抗〉の歴史』慶應義塾大学出版会、二〇一二年、三二三頁）。

奥田氏は、またこうも述べています。

「実際、日本が明治以降に欧米から一六方位の考え方を学んだ時には英語表現をそのまま「北北東」、「北東」、「東北東」、「東南東」、「南東」、「南南東」と直訳せざるをえなかった。そのため、方位をさす表現としては「北東」が定着し、気象情報では「北東の風」という表現が一般的に使われるようになっている。しかし、ことばの問題として捉えかえしてみると、代表的な日本の百科事典や国語辞典には「北東アジア」も「東北アジア」も見出し語にはなかったという。英米においても「東南アジア」という認識が確立したのは第二次大戦中および第二次大戦後のことと言われる。

これに対して外務省は、一九五八年五月にアジア局の第一、第二、第三、第四課をそれぞれ中国課、北東アジア課、南東アジア課、南西アジア課と改称した「東南アジア」という名称が確立しているにもかかわらず英語の直訳で「南東アジア」という表現を創り出し、そして韓国および北朝鮮を取り扱う課を「北東アジア」課と称したのである。」（前掲書、三二四頁）

冷戦終結から二〇年経ても、東アジアでは軍拡競争が続き、北朝鮮による核兵器開発をめぐる六者協議会談も停滞し、日本は文字どおりの閉塞状態に陥っていました。そんな状況下で、前述したように二〇〇九年八月三〇日に総選挙が実施され民主党政権が誕生しました。鳩山由紀夫民主党代表は、選挙活動中から、「緊密で対等な日米関係」の追求と「東アジア共同体」という二つの理念を掲げていました。

しかし、「東アジア共同体」という文言は、二〇〇四年の国連総会、さらに〇五年の施政方針演説のなかで小泉首相が用いて早くも日本外交の基本政策の一つに組み入れられていました。従来の米国一辺倒の日本外交から多様化する国際社会のなかで均衡外交を志向することが日本の国家政策としてまともだ、と繰り返し表明されていたのです。

そのため鳩山首相は、いまだに冷戦構造から脱却できずにいる東アジアにおいて、和解と平和を実現すべく「友愛」の価値観を中心にすえ、G8からG20へ多重心化する世界に適応してゆくためにも日本外交の方向転換を図ろうとしました。そして東アジア諸国の軍縮を図る政治課題の追求のための「東アジア共同体」構想は、米国の一方的な圧力もあって一時期、沙汰止みとならざるをえなかったのです。しかし、その後、鳩山氏は東京と沖縄にそれぞれ「東アジア共同体研究所」を開設していますが、その目的や活動などについては、詳細に公表されていないのでその実態については一般には定かではありません。

ともあれ、「東アジア共同体」とか「北東アジア共同体」、もしくは「東北アジア共同体」ということばは、多用されてはいますが、その共同体の範囲や理念は必ずしも明確ではありません。しかしその背景には、日中双方の平和創出に向けての熱心な取り組みがあったことは否めません。

日中平和懇談会と「東アジア共同体」論のはじまり

一九八六年の春に宇都宮徳馬参議院議員の事務所で宇都宮氏と岩波書店の雑誌『世界』の編集長安江良介氏と伊藤成彦中央大学名誉教授の三人が、日中・日韓・日朝関係を憂慮し話し合う過程で、日中両国の友好・連帯がアジアの平和の要で、そのために日中両国の政治家・知識人が民間レベルで自由に、忌憚のない意見の交換を定期的に行って相互理解を深めることが重要だとして、その年の一一月に国連の「国際平和年」にちなんで東京で第一回の「アジアの平和・日中懇談会」を開催しました。その後、同懇談会は、日中平和友好運動の原点に対する認識とアジアと世界の真の平和・繁栄への願いを基調として発足したことを踏まえ、一〇名余の代表者が東京と北京で交互に懇談会を実施して、二〇〇四年には一二回目を数えるに至りました。

同アジアの平和・日中懇談会には沖縄県代表も何度か参加しています。もともと中国と沖縄は、数百年に及ぶ緊密な歴史的関係があり、緊密な友好関係を戦後も保持し続けてきました。一九九〇年代には沖縄県が中国の福建省に地下二階地上一二階建てのビルを建設し、これを「福建・沖縄友好会館」と称して双方で利用しています。

しかし日本は、日米安保条約の再定義以後は、日米新ガイドラインや周辺事態法を制定するなどして、米国と一体となって戦争ができる体制を目指して改憲と集団的自衛権の行使に向かっているのが実情です。こうした日本や中国・東アジアの新しい状況をめぐる議論の中で土井たか子氏は、北東アジアの集団安全保障機構を創るという構想を踏まえ、日中二国間の安全保障の時代は基本的に終わったので、中国・日本・韓国・北朝鮮・モンゴル・ロシア・米国・カナダの八カ国で不戦地域宣言を行い、日本の平和憲法の精神に基づく国際協調主義によって北東アジアと北太平洋にわたる不戦の集団安全保障機構を作る考えを披瀝しました。

第二回アジアの平和・日中懇談会における中国側の主張は、〝アジア地域では、テロリズム、分裂主義と過激主義が活発化し、軍事同盟と軍拡競争が強まり、朝鮮半島の核問題の解決にはなお時間がかかる。しかも従来型の安全保障政策と新型の安全保障政策が混在して、アジアの安全と安定を脅かし、アジアの発展を制約している〟ということでした。

中国は、アジアの情勢を複眼的に見て、「希望と困難が共存している状況の下で、いかにして相互信頼と協力を拡大し、互恵共栄・共同発展を促進するかという課題に日中双方は、政治の知恵と政策措置と実際の行動で答えなければならない」と主張、その上で、中国は、「日本の指導者が何回も靖国神社に参拝することは、個人の問題ではなく、歴史に正しく対応できるか否かの重大な原則の問題だ」とそれに異を唱えました。そして日中「双方が〈歴史を鑑として未来に向かう〉精神で、有益な経験を吸収して、青少年に正しい歴史観を教えて、両国関係を発展させる推進力となるように、両国の政治家が歴史と政治への責任感を持つことを希望する」と訴えたのです。

これに関して伊藤教授は、次のように語っています。

「これに対して日本側の代表は、「アジアの平和の基本は日中の友好である」と日中平和懇談会の基本精神に言及すると共に、日本人が過去の歴史を正しく認識することが日中友好の原点で小泉首相の度重なる靖国神社参拝は歴史を無視する行為だと批判したのである。そして今後の日中友好のあり方として、日中を中軸として韓国、北朝鮮、モンゴル、ロシアなどで安全保障と経済協力の地域フォーラムを作り、また日本、韓国、北朝鮮、モンゴルで北東アジア非核地帯条約を締結し中国と米国に保証を求めることを提案したのである。」（伊藤成彦『東北アジア平和共同体に向けて――今こそ、日米安保体制の転換を』、お茶の水書房、二〇〇五年、二〇九―二一〇頁）

以上のような背景から中国は、日本側の問題提起を受けて東北アジア共同体の形成を構想すべきだと提案するに至ったのです。

それを受けて、二〇〇四年一一月、一九八六年の第一回懇談会以来、一八年に及ぶ一二回目の「アジアの平和・日中懇談会」（東京で開催）において、中国と日本が軸になって東アジア共同体の形成を構想しようという提案が中国側からなされました。

共同体創設のための課題

そのため日本では、「東アジアの平和共同体をいかにして創造するか」が重要な課題となって各界の注目を浴びました。実際、東アジア、具体的には伊藤教授の指摘するように、北の朝鮮民主主義人民共和国と南の大韓民国を中心に中国と日本列島を包摂する地域に平和の共同体を創設したいという願望は、この地域の大多数の住民の悲願であることは、否めません。そのことは、二〇〇三年一一月に沖縄の県都那覇市で開催された「アジア太平洋の平和・軍縮・共生」第五回国際会議で、アジア太平洋地域の一二カ国の人々が参加して「外国基地のない東アジアをいかにして創造するか」という討論がなされたことが示しています。そして特に、二〇〇三年八月以来北京で行われている「六カ国協議」の市民が集って、「朝鮮半島に平和を——市民による六者協議」というパネル討論も行われました。伊藤教授によると、これはまさしく東アジア平和共同体の創出を目指したパネル討論で、参加者はその創出を熱烈に求め、最近その記録が岩波書店から『東アジアの平和のために国境を越えたネットワークを』と題したブックレットとして出版されているとのことです。

さらに一二回目の「アジアの平和・日中懇談会」で、中国側から「東アジア共同体」への強い期待が語られたこと——。

このように東アジア諸民族のなかには、「東アジア平和共同体」への強い願望があるにも拘わらず、「東アジア平和共同体」は、いまだ実を結んでいないのです。

それはなぜでしょうか。

伊藤教授が指摘しているとおり、その原因は、日本側にあります。すなわち日本政府と国民が、「過去の真実」をまともに究明し、真に反省し謝罪していないからです。それと言うのも日本と米国のアジア政策に基づいているとしか言いようがないからです。伊藤教授の言葉を借りれば、日本と米国は、この地域で「平和共同体」とは正反対の「戦争共同体」を作っているからです。しかもその関係は、平等の関係ではなく、日本は米国の「属国」と評されるほど米国に従属していて、あたかも主人と奴隷の関係を維持して止まないのです。そんなことから在沖海兵隊がイラクのファルージャで大虐殺をやるなどして沖縄の人々の意志に反して加害者の役割をになわせている有様です。それにもかかわらず日本政府は、在日米軍に対し、膨大な条約外支援の「思いやり予算」をはずんでいる始末です。

したがって「東アジア共同体」もしくは「北東アジア平和共同体」を創出するためには、日本の古来からの帝国主義幻想から脱却して武力放棄の原則に立ってアジアの人々としっかりと手をつながねばなりません。つまり日本国憲法第九条を高々と掲げ、「東アジア平和共同体」の結実に向けて、尽力する必要があることは言うまでもありません。

幸いにして一九九八年のＡＳＥＡＮ第六回の首脳会議において、ＡＳＥＡＮ＋３（日本・中国・韓国）首脳会議の定例開催が決定されたので前途は明るいと期待を寄せる次第です。ＡＳＥＡＮ一〇ヵ国が「ＡＳＥＡＮ＋３」と拡大化することによって、東南アジアの地域機構だったＡＳＥＡＮが北東アジアに影響圏を拡げながら「東アジア平和共同体」の夢の構想の実現がおのずと浮かび上がってくるからです。

第4章　東アジア経済と沖縄

前泊博盛（沖縄国際大学教授）

はじめに＝沖縄とアジア共同体

いま、沖縄の経済発展の可能性に、アジア各国が注目している。二〇一六年三月現在、ヒルトン、シェラトン、マリオットなど世界的なホテルチェーンの参入が相次ぎ、マレーシア、シンガポール、台湾、韓国、中国などアジア各国のＩＴ、物流、航空、製造企業の立地がメディアを賑わしている。沖縄の可能性は「航空、エネルギー、製造業、知られざる先端ビジネスが動き出している。その潜在力に世界からヒトとマネーが流れ込む。もはや沖縄は日本の辺境ではない。アジアの中心に沖縄は近づいている」（「日経ビジネス」二〇一二年八月六日・八月一三日合併号）とメディアが絶賛するほどの地理的優位性、経済成長ぶりに対する評価は高まり続けている。

少子高齢化による人口減少が、日本経済全体に暗雲を広げる中で、国内でも有数の人口増加県として沖縄県は、国内でも数少ない成長発展地域として注目を集めている。

とりわけ沖縄観光は好調で、ここ数年、急成長を続けている。米軍統治下にあった沖縄が日本に施政権を返還された四二年前の一九七二年、沖縄の観光入域客数は四四万四千人にすぎなかった。しかし、二〇一四年には七〇〇万人を超え、さらに二〇一五年には七七六万三〇〇〇人で、前年比で七〇万四七〇〇人、率に

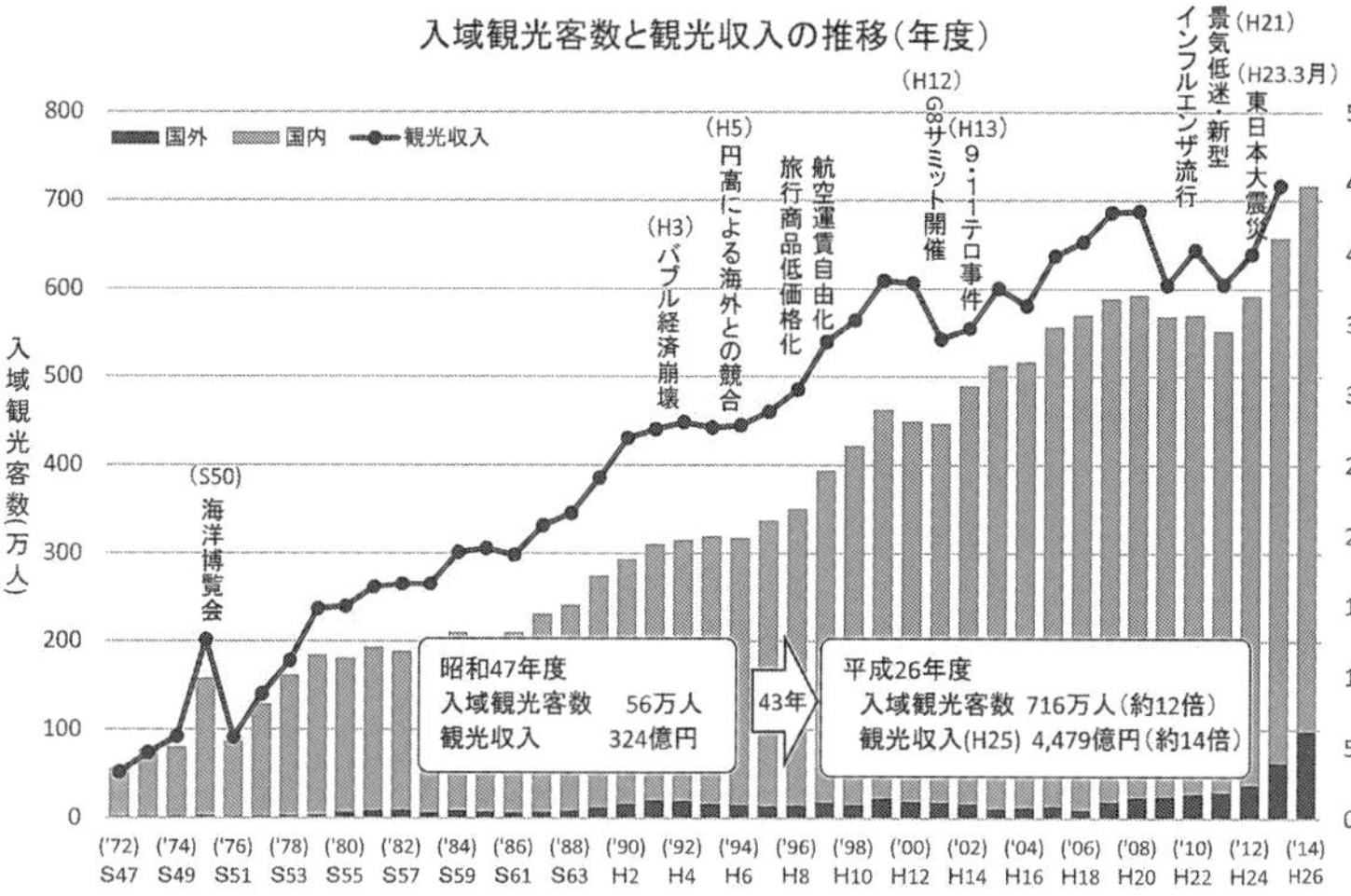

図１　沖縄観光の変遷　出典＝沖縄県「観光要覧」（2015）

して一〇%の増加。三年連続で国内客、外国客ともに過去最高を更新している。特に外国客は初の一五〇万人台を記録している。沖縄観光の急増要因は、特に外国客の増加にある。円安の継続に伴う国内および訪日旅行需要増、海外航空路線の拡充、クルーズ船の寄港回数増による外国人観光客の大幅増、国内外における官民上げての継続したプロモーション活動なども奏功している。

沖縄観光への観光客は二〇一六年度も各航空会社による航空路線拡充、台湾路線におけるLCC（Low Cost Career＝低運賃航空会社）航空路線拡充、クルーズ船の寄港回数の急増傾向の継続などもあり、引き続き大幅な増加が見込まれている。特にクルーズ船寄港回数は、ここ数年急増しており、二〇一四年（平成二六年）の一六二回が一五年（同二七年）に二二二回となっている。沖縄県は「入域客数一〇〇〇万人」の目標を掲げているが、那覇空港の沖合展開による滑走路増設も進めており、「数年後には一〇〇〇万人達成はほぼ射程に入りつつある」（平良朝敬・沖縄観光コンベンションビューロー会長）という。

好調な観光客増加の背景にある外国人観光客増加のほとんどが、近隣アジアからの富裕層である。二〇一五年の外国客は一五〇万一二〇〇人で、前年比で六〇万七七〇〇人、率にして六八%の増で、国内客同様過去最高となっている。円安が継続し、訪日旅行需要が高かったことに加え、重点市場である台湾、韓国、中国、香港において航空路線の新規就航や既存路線の増便があり、空路客が増加している。また、クルーズ船の例年より長い運航期間と寄港回数増により、海路客も大幅に増加している。台湾からは台北—那覇路線の増便やＬＣＣの新規就航に加え、クルーズ船寄港回数の増加で空路・海路客ともに増加し、過去最高だった二〇一四年を上回り、初の四〇万人台となった。韓国からもピーチアビエーションや韓国ＬＣＣ三社の相次ぐ新規就航などで航空路線が拡充し、空路客を中心に増加、過去最高を記録し、三〇万人に迫る客数となっている。中国本土からも天津や杭州などの相次ぐ新規路線の就航や中国発着クルーズ船の増加で空路・海路客ともに増加し、過去最高を更新している。香港からもピーチアビエーションの香港—那覇路線の新規就航や、香港発クルーズ船の寄港で空路・海路客ともに増加し、過去最高となっている。

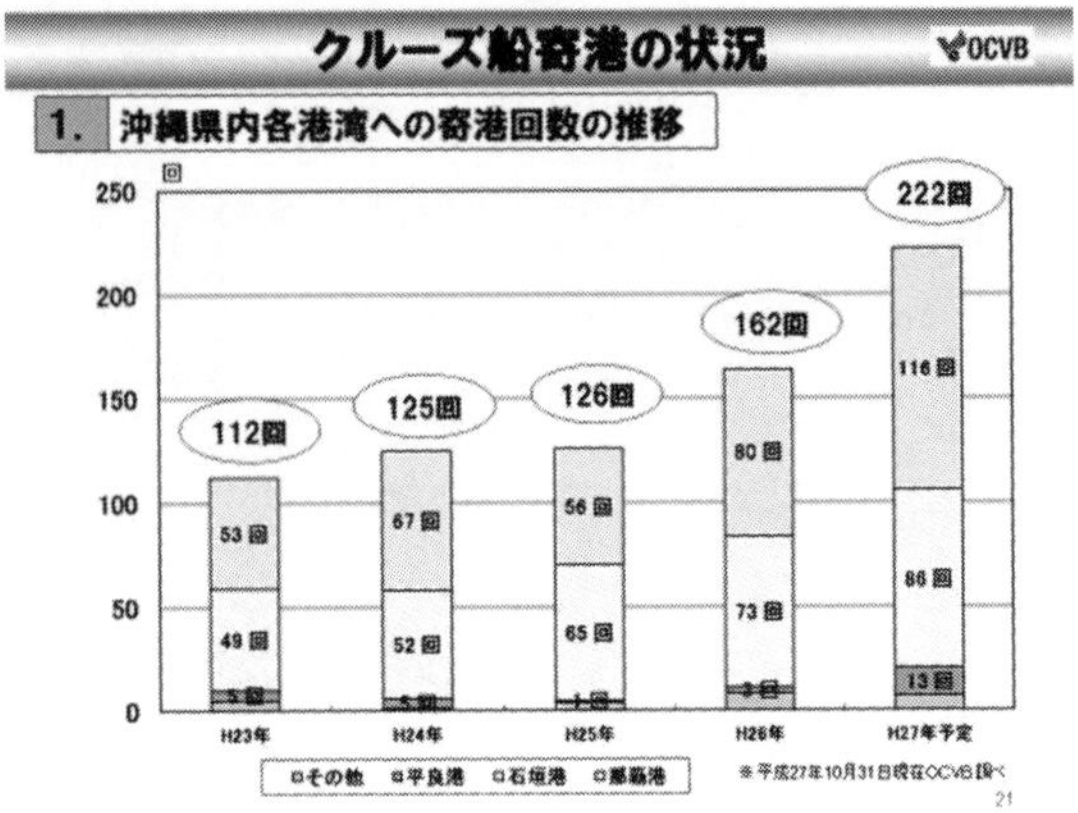

図２　クルーズ船寄港回数　出典＝沖縄観光コンベンションビューロー資料（2015）

沖縄の施政権が米軍から日本に戻った一九七二年に三二四億円にすぎなかった沖縄県の観光収入も、二〇一四年には五三四一億円と、五〇〇〇億円の大台を突破し、さらに増加傾向をみせている。観光客一人あたりの観光消費額をみると国内観光客が七万四〇〇〇円に対し、外国人観光客は八万六〇〇〇円で、中国人富裕層になると一人当たり一四万円にも上っている。国内観光客の二倍に上る観光消費額となっている。今後、沖縄観光はアジア富裕層の割合が増加することが見込まれている。

基幹産業の観光をはじめ、沖縄経済は東アジア諸国との交流を通して、今後も急激な成長と発展が見込まれている。アジア共同体による域内経済の自由化、人の交流促進が進めば、発展の度合いもさらに加速度を増す可能性がある。

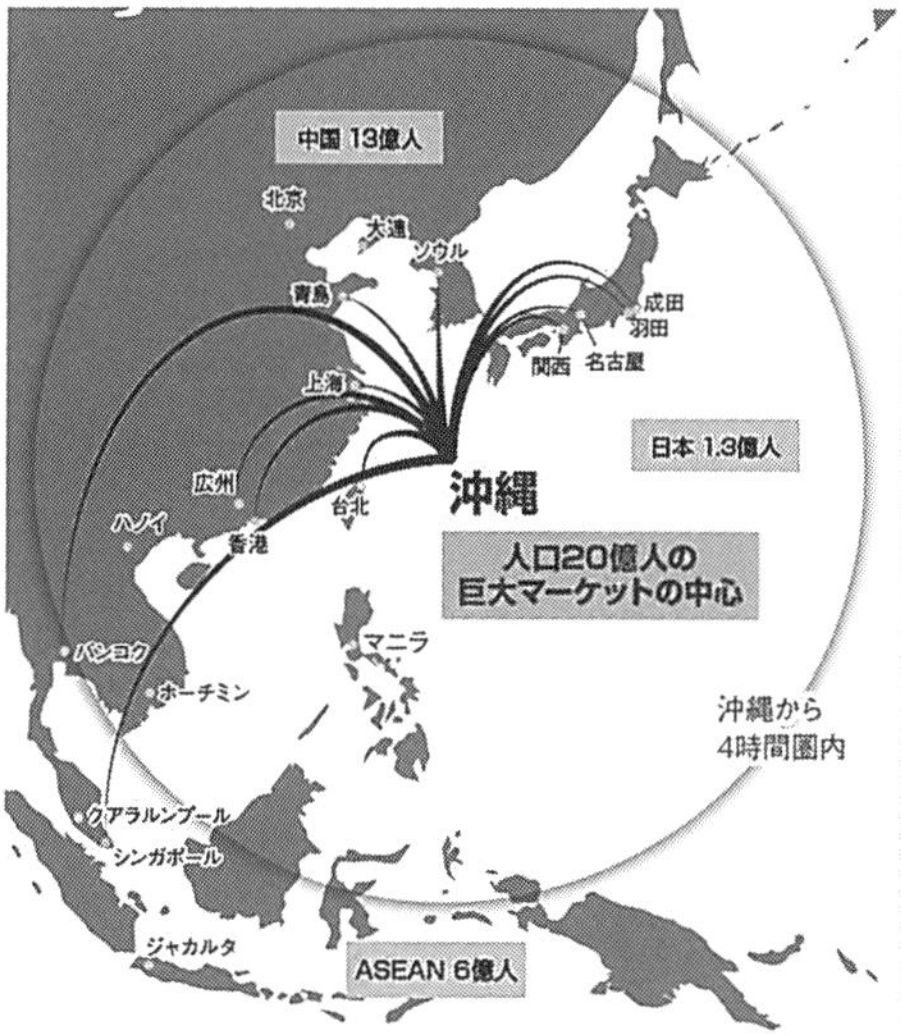

図３　沖縄は人口 20 億人の巨大マーケットの中心
出典＝「沖縄県アジア経済戦略構想」（2015）

課題は、日中関係を指して使われた「政冷経熱」と言われる政治的緊張関係と経済的連携強化の矛盾した関係の克服にある。経済交流は加速度的に拡大し、深化している。しかし、政治的には日中間にみる尖閣問題、日韓関係にみる竹島問題、中国と東南アジア諸国との外交的緊張関係を深めているスプラトリー（南沙）諸島問題など、複数の領土問題がアジア地域の安定と安寧、安心を阻害する要因となっている。

安全保障環境においても、核開発や核ミサイルの発射実験など「北朝鮮の脅威」が取りざたされ、日米中韓との緊張をさらに高めている。「彼らの行動は挑発的で、とても危険だ。北東アジアだけでなく、米国の安全保障上も大きな懸念材料になっている」（ウェンディ・

シャーマン前米国国務長官、『日本経済新聞』二〇一六年三月六日付）との見方もある。

東アジア地域の経済連携による地域経済の活性化と政治の安定に向け「東アジア共同体」の構築は、東アジア地域の持続的経済発展と安心、安寧、安全を実現する有効な手立ての一つである。

東アジアの経済発展とＡＵ（アジア共同体）

東アジア経済は、世界経済の「成長のエンジン」と言われている。中でも中国経済は、高い経済成長率による規模の拡大、量的拡大により世界経済全体への大きな波及効果を発揮している。中国の株式市場の乱高下は、世界同時株安や株高を生み、経済成長率の上昇や低下、鈍化が世界経済の成長率にも大きな影響を及ぼしている。

中国経済の牽引役を担う香港、小国ながら技術や物流で大きな役割を担うシンガポール、工業技術や造船・鉄鋼など得意分野で日本経済を席けんしつつある韓国、ＩＴ産業の発展において世界経済に影響力を発揮する台湾など、かつてＮＩＥｓ（Newly Industrializing Economies＝新興工業経済地域）と呼ばれ、世界の発展途上国の中で二〇世紀後半に輸出産業を軸に急速な工業化により経済成長を果たした四カ国・地域は、その後確実に成長を遂げ、先進国・地域の中核を担うまでに成長発展を遂げている。

一九七九年にＯＥＣＤ（経済協力開発機構）が発表したレポートで、貿易自由化や輸出加工区などをテコとして輸出指向の工業化政策を採用し、実際に製造業品の輸出を急増させると共に、生産と雇用に占める工業部門の比率を拡大させ、また一人当たり国民所得の先進工業国との格差を縮小させた国を「新興工業国（ＮＩＣｓ＝Newly Industrializing Countries）」と定義した。その振興工業国とされたのが、韓国、台湾、香港、シンガポールを中心に、メキシコ、ブラジル、ギリシャ、ポルトガル、スペイン、旧ユーゴスラビアを加えた一〇カ国・地域だった。その後、一九八八年に中国とマレーシア、タイの三カ国を加えて「ＮＩＥｓ」と呼ばれた。現在では、すでに「新興工業経済地域」という名称を超え、世界経済のホットスポットとなる重要な生産拠点、さらには消費大国に成長を遂げている。

沖縄を中心に航空機で四時間圏内の円を描くと、そこには東京、大阪、名古屋、福岡など国内の主要都市のみならず北京、上海、香港、ソウル、台北、マニラ、バンコク、ハノイがすっぽりと覆われる。中国だけでも一三億人の人口を抱えるが、インドネシアなど三億人を数える人口大国があり、「東アジア」の人口規模は二〇億人を数える。世界最大級の巨大マーケットがひしめき合っている。

年率一〇％前後の高度経済成長を続ける東アジア諸国の経済成長がこのまま続けば、二〇五〇年には世界のＧＤＰの半分以上を生み出す世界経済の中心地域になるとアジア開発銀行は予想している。

世界経済のホットスポットの中に、沖縄県はすっぽりと入っている。しかも、その東アジアの「Ｋｅｙｓｔｏｎｅ（鍵石）」として沖縄は注目されているのである。

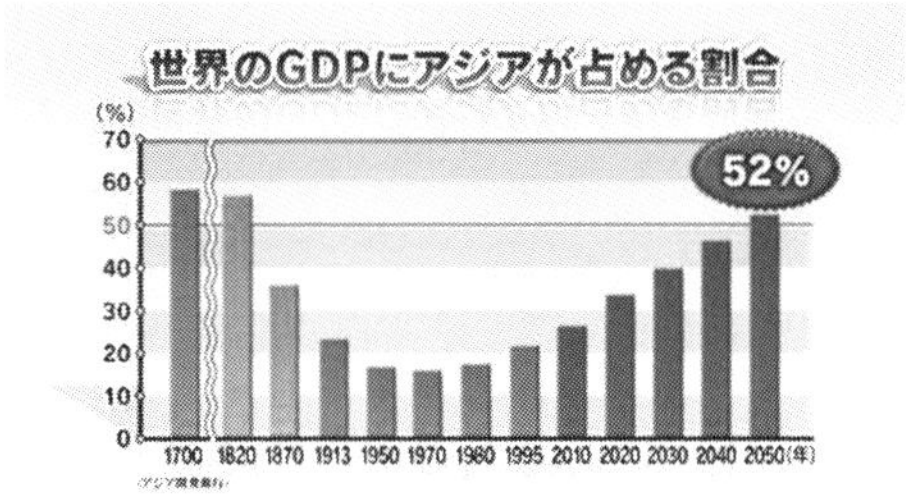

図４　アジア諸国の経済成長　出典＝「沖縄県アジア経済戦略構想」

沖縄県アジア経済戦略構想の検証

マイナス成長や少子高齢化、人口減少が進む日本国内にあって、沖縄県は経済成長と人口増加が続く「日本のフロントランナーとして経済再生の牽引役」にもなりえる（二〇一五年六月三〇日閣議決定「経済財政運営と改革の基本方針＝骨太の方針」）と政府も位置付けている。二〇一二年に策定された政府の「沖縄振興基本方針」（五月一一日、内閣総理大臣決定）では「人口減少社会の到来等我が国を取り巻く社会経済情勢が変化する中、沖縄はアジア・太平洋地域への玄関口として大きな潜在力を秘めており、日本に広がるフロンティアの一つとなっている。沖縄の持つ潜在力を存分に引き出すことが、日本再生の原動力にも成りえるものと考えられる」と示されている。

沖縄県は、「その独自の自然環境や文化、歴史等の魅力により人々を惹きつけるソフト・パワーを有し、さらに東アジアおよび東南アジアと日本本土の中心部に位置する地理的特性から、アジアと日本を結ぶ戦略的ビジネス拠点として発展の可能性が高い」という点に目を向け、経済振興ビジョンとなる「沖縄二一世紀ビジョン」を策定している。

二一世紀ビジョンの中で、沖縄県は「グローバル経済が進展し、世界経済成長の原動力がアジアにシフトしている状況を踏まえ、アジアや世界を大きく視野に入れ、本県の経済を担う移出型産業、域内産業に対する施策、魅力ある投資環境を整備し、県内投資を呼び込む施策、多様な産業の展開を担う人材、伝統文化、自然、生物資源など沖縄の様々な資源を活用し、涵養していく施策を戦略的に展開していくことが極めて重要」として、アジアの経済発展と沖縄県経済とのリンケージを図る経済戦略の構築を始めている。

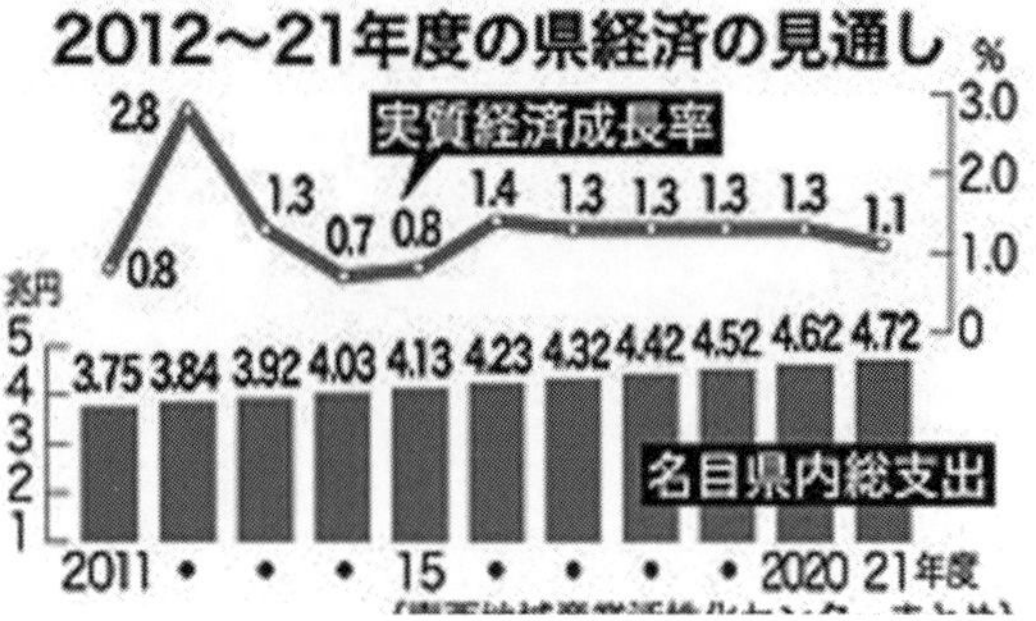

図５　2012～21年度の県経済の見通し

急速な発展、拡大を続けるアジア経済と連携し、アジアのダイナミズムを引き込むチャンスを生かすべく、新たな経済戦略構想として沖縄県は二〇一五年九月「沖縄県アジア経済戦略構想」を取りまとめている。構想は、アジア経済において最大の市場となる中国経済が、急成長から安定成長へと経済成長の鈍化や投資の抑制というマイナス局面もみられるようになっているとして、①高速成長から中高速成長へ、②経済発展パターンは規模拡大と速さ重視の粗放型発展から、質と効率を重視した集約型発展へ、③経済構造は、規模拡大・能力増強から、ストック調整へ、④経済発展の牽引役は、伝統的な成長リード役から、新たな成長リード役へ、と変化する「新状態（ニューノーマル）」を踏まえ、新たな経済発展戦略による対応を求めている。

具体的な対応として、①スピード感とスケール感、②ネットワークの構築、③独自の比較優位（コア・コンピタンス）の構築、④グローバルな人材育成、⑤スケール感のあるインフラ整備、⑥規制緩和の取り組み、の必要性を掲げている。その上で、沖縄が目指す未来像として、①モノ・情報・サービスが集まる沖縄、②国内外から企業が集う沖縄、③国内外からヒトが集う沖縄、④ＩＴは産業・生活・旅の基盤、⑤人材育成・確保——を追加している。

また、構想実現のための「五つの重点戦略」として、①アジアをつなぐ国際競争力のある物流拠点の形成、②世界水準の観光リゾート地の実現、③航空関連産業クラスターの形成、④アジア有数の国際情報通信拠点〝スマートハブ〟の形成、⑤沖縄からアジアへとつながる新たなものづくり産業の推進、を掲げている。

また、「四つの産業成長戦略」として、①農林水産畜産業、②先端医療・健康・バイオ産業、③環境・エネルギー産業、④地場産業・地域基盤産業の四つの調査と研究の強化を打ち出している。

これらの「五つの重点戦略」と「四つの産業成長戦略」を推進する「五つの推進機能」として①アジアに

おけるビジネス・ネットワーク拠点「プラットホーム沖縄」の構築、②ビジネス・コンシェルジュ沖縄の構築、③アジアを見据えたグローバル人材育成、④アジアのダイナミズムを取り込むための規制緩和、制度改革、⑤アジアのシームレスな海、空、陸の交通体系の連携――の構築を構想している。

沖縄周辺の東アジア・東南アジア地域が世界の製造、消費、流通の一大拠点として成長を続け、膨大な物流ニーズが発生している点に注目し、香港、シンガポール、上海、台湾、韓国などで多くのグローバルなハブ空港、ハブ港湾が成長を競い合っている。その巨大な国際物流拠点の間にあって、沖縄が新たな拠点として成功するために、これらと競合するのではなく、沖縄の強みを活かし、アジアの主要都市を結ぶ「リージョナル・ハブ」の構築を目指そうというのである。

構想を待つまでもなく、すでに沖縄では、那覇空港を拠点に全日空（ANA）がアジア国際航空物流ハブ事業を二〇一〇年から本格的にスタートしており、国際線航空貨物量は、ANA貨物ハブ開始前の二〇〇八年には一八〇九トンにすぎなかった那覇空港の国際線航空貨物量は二〇一〇年には一五万四〇〇〇トンに急増し、その後も順調に拡大し、直近の二〇一四年には一八万四九〇〇トンと、〇八年の一〇倍にまで膨らんでいる。沖縄県はさらに二〇二一年度には、現在の羽田空港（三〇万トン）を超える四〇万トンへの拡大を目指している。

那覇空港とアジア主要都市を結ぶ航空路線数は国内外一二都市を結ぶ六五路線（一五年九月現在）を数え、今後も路線拡大が予定されている。那覇空港は二四時間運用可能な沿岸空港で、迅速な通関と貨物上屋前に複数の貨物機が駐機可能な駐機場を備え、アジア主要都市を四時間圏内に収め、主要都市間の貨物を深夜一二時までに那覇空港に送れば、翌早朝には配達可能とする最も効率的な運用が可能な物流ハブ空港として注目され、活用されている。また那覇港湾にも隣接し、ＩＴ産業やハイテク部品、航空部品産業、ロジスティックスセンターなどの国内外の「臨空・臨港型産業」の立地も進みつつある。今後はモノとヒトの複合アジア・ハブ空港として、さらなる発展が期待されている。

「国益」と「東アジア共同体益」

東アジア共同体の構築にあたって、重要な課題となるのが、参加国の「国益」と東アジア共同体の「共同体益」の調整と統一であろう。「国益」論議は、アジアにおいてはもちろん日本においても十分に議論され、整理されてきたとは言い難い面がある。「国益とは何か」という問いに、明確に答え、かつ「共同体益」についての論議が今後重要という点で、ここでは「国益」研究と明確化について「米国国益委員会」（Commission on America's National Interests：アーミテージ元国務副長官ほか二三人で構成）の報告を基に問題提起しておきたい。

ここでは一九九六年版の米国国益委員会報告「アメリカの国益（America's National Interests）」と、同報告を基に二〇〇〇年七月に更新された報告書を紹介する。防衛省も入手・翻訳し、日本版「国益委員会」の設置も省内で検討されたが、「不発に終わった」（防衛省首脳）とされる。米国国益委員会は、アメリカの国益について以下の四段階に分け、整理している。

①死活的国益（vital interests）、②極めて重要な国益（extremely important interests）、③重要な国益（important interests）、④重要性の少ないまたは二義的に重要な国益（less important or secondary interests）。

四分類は、さらに以下のような具体的な記述で整理されている。

１：死活的国益（Vital interests）

死活的に重要な国益とは自由かつ安全な国で米国民の福利を保障し、強化するために絶対的に必要な諸条件である。米国の死活的重要な国益とは次のようなものである。

①米国に対する核兵器、生物兵器および化学兵器（ＮＢＣ）攻撃の脅威を防止、抑止および低減すること。

②欧州またはアジアにおける敵対的な覇権国の出現を防止すること。

③米国と国境を接する、また制海権を有する、敵対的大国の出現を防止すること。

④貿易、金融市場、エネルギー供給および環境における主要な世界的システムの破局的崩壊を防止すること。

⑤米国の同盟国の生存を保障すること。

方法論として、米国の単独主導権、軍事的能力、国際的信頼（他国へのかかわり方や他国を公明正大に取り扱うといった米国の努力に関する評価を含む）および重要な制度・施設を強化すること。

２：極めて重要な国益（Extremely important interests）

極めて重要な国益とは、万一、譲歩した場合、自由かつ安全な国で米国民の福利を保障し、強化する米国政府の能力を著しく侵害する恐れがあるが、それを決定的に危うくするほどではないといった諸条件である。

米国の極めて重要な国益は次のようなものである。

①場所を問わず、核兵器または生物兵器の使用の脅威の防止、抑止及び低減。

②ＮＢＣ兵器の地域的拡散および運搬システムの阻止。
③紛争の平和的解決のための国際法および機構の受け入れの促進。
④ペルシャ湾等重要地域における地域的覇権国の出現の阻止。
⑤米国の友好国及び同盟国を重大な外部からの侵略から守ること。
⑥欧州およびアジアにおいて、敵対的な大国の出現の阻止。
⑦重要な地域における主要な紛争を防止し、または可能ならそれを妥当な費用で終わらせること。
⑧主要な軍事関連とその他の重要工業技術（情報およびコンピュータを含む）でのリードの維持。
⑨大量かつ無秩序な移民の流入の防止。
⑩テロ、従来型犯罪および麻薬の抑制と封じ込め、およびそれらとの戦い。
⑪ジェノサイド（集団大虐殺）の阻止。
方法論として、米欧および米日の戦略的パートナーシップの推進、強化。

３：重要な国益（**important interests**）

重要な国益とは、万一、譲歩した場合、自由かつ安全な国での米国民の福利を保障し、強化する米国政府の能力に対する大きな否定的結果を及ぼすような諸条件である。米国の重要な国益とは次のようなものである。

①政府の政策の一つとして、外国における集団的人権侵害をやめさせること。
②安定を損ねることなく、可能な限り、戦略上重要な諸国における多元的文化、自由および民主主義を促

進すること。
③戦略上非重要な地域の紛争を防止し、または可能ならそれを低費用で終わらせること。
④テロ集団の人質の標的とされた、または人質に取られた米国民の生命と安全を保護すること。
⑤（市場が不完全な場合は、計画的な産業政策が必要となる）重要な戦略的産業及び分野の国内生産を増加させること。
⑥外国の米国所有資産の国有化の阻止。
⑦アメリカの価値が引き続き諸外国の文化に積極的影響を与えることを保障するため、情報の国際的配分に優位を保つこと。
⑧長期的に生態学的要件と整合性を保つような国際的環境政策を推進すること。
⑨米国への不法入国者問題及び麻薬問題を減少させること。
⑩国際貿易および投資によって米高のＧＤＰを最大限成長させること。
これらを達成するための方法論として、国連その他の強力な地域的および機能的協力機構を維持すること。

4：重要性の少ないまたは二義的に重要な国益（**less important or secondary interests**）

重要性の低い、もしくは第二次的な国益とは、本来、望ましいものではあるが、自由かつ安全な国で米国民の福利を保障し、強化する米国政府の能力に大きな影響を及ぼさないような諸条件である。重要性の少ないまたは二義的に重要な国益とは、次のようなものである。
①二国間貿易赤字の均衡をとること。

②他の国で、または米国自身のために民主主義を発展させること。
③他の諸国の領土保全、および政治形態を維持すること。
④集団的人権侵害や米国内への移民の流入は除いて、他の諸国を民主化すること、またはそれを維持すること（例えば、ハイチ、キューバ、チベットなど）。
⑤特定の経済分野の輸出促進。

米国国益委員会の報告には米国と主要国間における「米国益」の整理もなされている。防衛省首脳によれば、「例えば日本については自由民主党以外の政党の政権掌握は国益に反する、などの記述があるとされ、日本の核武装の禁止、核開発の禁止も米国の日本に対する国益として整理されている」という。事実関係の確認のため、米国務省幹部に確認したところ、国務省幹部は、日本の核武装、核開発、核管理のため「米国政府は日本の核査察を毎年実施している」と証言した。

このほか、米国国益委員会報告には、以下の国益戦略も網羅されている。

〔世界的公共財に基づく戦略〕
1：重要な地域での勢力均衡の維持
2：国際経済体制の開放性の推進
3：国際共有地の維持
4：国際法と国際機関の維持
5：経済開発の支援

6：国際会議の招集と紛争の調停

〔人道的介入を賢明なものにするための原則〕

1：関心の程度と介入の程度を明確にする

2：目的が正当で成功の確率が高いことを確認する

3：人道的関心を他の関心で補完すること

4：地域の主要国に主導権を握るように求める

5：民族大虐殺の定義を明瞭にする

6：民族自決権をめぐる内戦には慎重に対応する

〔多国間主権戦術と単独主義戦術の選択基準〕

1：国の存続にかかわる問題か

2：軍事と平和に与える影響はどうか

3：単独主義行動で公共財は強化できるか

4：アメリカの価値観に一致しているか

5：本来的に国際協力によって解決すべき問題か

6：各国間の責任分担の手段になるのか

7：ソフト・パワーにどのような影響を与えるか

〔国際機関の説明責任を強化する方法〕

1：国内の国内民主主義過程が機能するように設計する（たとえば世界貿易機関）

2：議員を代表団や顧問団に加える
3：間接的な説明責任を利用する（評判、市場など）
4：民間セクターの説明責任を強化する
以上の内容を踏まえ、東アジア各国の国益分析と整理を行い、その上で東アジア共同体参加国による「共同体益」の調整と整理を行い、対立を回避し、融和を図る政策の構築を図りたい。同時に欧州共同体と同様に経済連携や地域通貨統合、関税撤廃、人の行き来の自由など域内自由化の検討も進めていく必要がある。

提言

①アジアにおける「沖縄」の優位性

沖縄県の強みは、美しい海、白い砂浜が随所に点在する海浜、豊かなサンゴ礁、亜熱帯気候の過ごしやすい風土、独自の歴史と文化、伝統など豊富な観光資源に恵まれた島々の魅力にある。地理的にもアジア主要都市と四時間圏内にあり、定時制と誤配送の少ない超高速物流の拠点として六五路線が結節するハブ空港を擁している。航空機需要が拡大するアジアの中心にあり、アジアの航空機整備需要を取り込む有利な地理的条件を備えている。那覇空港は羽田空港に次ぐ国内航空ネットワークを有し、航空機整備を社外に頼るＬＣＣや海外路線の急増など豊富な航空機需要が見込まれる位置にある。那覇空港周辺にはロジスティックスセンターや産業集積施設を配し、スピード性を活かせる物流環境にある。

アジア有数の国際情報通信拠点としても、国内有数の経済特区による税制優遇措置や人材育成などの行政、政府支援に加え、若くて豊富な労働力にあふれ、アジアの近接性や快適なリゾート環境が誘因となり、年々企業の立地件数が増加している。情報通信インフラの整備も進み、「ＩＴ津梁パーク」施設の整備でＩＣＴ企業の立地支援も充実し、公設民営のクラウドデータセンターの建設、県内の主要データセンター間を接続する高速・大容量のネットワーク基盤も構築され、アジア―沖縄―首都圏および北米を結ぶ国際海底ケーブル網も陸揚げされ、アジア高速情報ハイウェーも備えている。三九の有人離島を結ぶ光ファイバー網もループ状に整備され、アジア圏の人件費高騰をはじめとするカントリーリスクの顕在化に伴うＩＴ企業の日本国内回帰の受け皿拠点としても注目を集める地域となっている。

ものづくりの観点からが、亜熱帯気候の特色ある農林水畜産物に恵まれ、まぐろやヤイトハタ（ミーバイ）、もずくの沿岸養殖、海洋深層水を使用した海ブドウの生産や低温海水を利用した蠣養殖、マンゴーやシークヮサー、タンカン、パイナップル、島バナナなど熱帯果樹、長命草、ウコン、ノニなど健康食品の原材料栽培、月桃など防虫、薬用成分の抽出が可能な植物の宝庫ともなっている。

ものづくりを支える研究・教育機関もノーベル賞級の研究者を抱える沖縄科学技術大学院大学や国立沖縄工業高等専門学校など先端的な研究・教育や高度なモノづくり技術者を育成する環境も整備、形成されている。沖縄本島中部のうるま・沖縄市にまたがる中城湾港工業団地には国際物流拠点産業集積地域が指定され、素形材産業振興施設となる金型センター、３Ｄプリンターによる多品種少量生産の素形材企業、初期投資を抑え企業立地や工場立地をサポートする賃貸工場なども整備され、アジア市場に向けた新たなモノづくりを展開できる環境が構築されている。

「ナンバーワン」政策ではなく、「オンリーワン」製品の開発・製造・販売をターゲットにサポーティング産業の立地を促進するなど、競争より共生、競合より連携（アライアンス）をキーワードに、高付加価値型のアジアのものづくり拠点形成が推進されている。アジア共同体を支える経済拠点のひとつとして、活用が大いに期待される。

②基地依存経済からアジア共同体依存経済へ

沖縄にとって県土面積の一〇%を占める米軍基地の返還・跡地利用は、地域経済振興の鍵となる新たな経済拠点形成と産業振興の起爆剤として注目されている。

戦後七〇年を過ぎ、在沖米軍基地の過重負担に対する県民の反発も高まっている。その中で、人口九万人超の市街地のど真ん中にある米海兵隊の普天間飛行場（四八〇ヘクタール、年間借料七一・七億円、基地従業員数二〇四人）をはじめ、県都・那覇市に隣接する浦添市の海兵隊牧港補給地区＝キャンプ・キンザー（二三七・七ヘクタール、年間賃借料四九・六億円、基地従業員数一〇三一人）、キャンプ瑞慶覧（五九五・七ヘクタール、年間賃借料八五・四億円、基地従業員数二四〇八人）、キャンプ桑江（六七・五ヘクタール、年間賃借料一〇・九億円、基地従業員数三七人）、那覇空港に隣接する那覇港湾施設＝那覇軍港（五五・九ヘクタール、年間賃借料二〇・六億円、基地従業員数八四人）、など一九九六年のSACO合意で返還が決定している嘉手納基地から南の五基地の返還後利用が注目を集めている。

沖縄県の試算によるとすでに返還された米軍基地のうち那覇新都心（旧・米軍牧港住宅地区）は、返還前の経済効果（五二億円）に対し、返還後（一六三四億円）は三二倍に膨らみ、小禄金城地区（米海軍施設）は三四億円が四八九億円と一四倍に、桑江・北前地区（ハンビー飛行場、メイモスカラー射撃場）も三億円が三三六億円と一〇八倍の経済効果を上げている。今後返還が予定されているキャンプ桑江は現行四〇億円が返還後は三

基地返還前後の経済効果

返還済みの土地	返還前	返還後
那覇新都心地区	52億円	1634億円（32倍）
小禄金城地区	34億円	489億円（14倍）
桑江・北前地区	3億円	336億円（108倍）
合　計	89億円	2459億円（28倍）
返還予定地		
キャンプ桑江	40億円	334億円（8倍）
キャンプ瑞慶覧	109億円	1061億円（10倍）
普天間飛行場	120億円	3866億円（32倍）
牧港補給地区	202億円	2564億円（13倍）
那覇軍港	30億円	1076億円（36倍）
合　計	501億円	8900億円（18倍）

図６　基地返還前後の経済効果
出典＝「琉球新報」（2015年２月）

三四億円と八倍に、キャンプ瑞慶覧は一〇九億円が一〇六一億円と一〇倍に、普天間飛行場は一二〇億円が三八六六億円と三二倍に、牧港補給地区は二〇二億円が二五六四億円と一三倍に、那覇軍港も三〇億円が一〇七六億円と三六倍の経済波及効果が見込まれている。

返還による経済効果の大きさは、アジア経済とのリンクによってさらに拡大が見込まれている。すでに沖縄では中国や韓国、香港、台湾、シンガポール、マレーシアなど東アジア諸国からの資本投資が、観光業や流通、ＩＴ分野を中心に始まっている。

航空機産業については、手狭になっている那覇空港に加え、宮古島市の下地島空港が国際物流基地に向けた利用転換を模索しており、さらには四〇〇〇メートル級滑走路二本を擁しながら離着陸回数四万～五万回という米軍嘉手納飛行場の軍民共用による活用も地元嘉手納町を中心に検討が始まっている。実現すればアジアＬＣＣの新たなハブ空港化も可能となる。沖縄の米軍基地は、軍事基地から経済基地への転換の時期を迎えつつある。

③亜州連合＝ＡＵの時代へ（国連アジア拠点）

対立から融和へ。一九七九年に中国がベトナムに侵攻して以来、アジアでは国家同士の全面戦争は起こっていない。対立から融和へと、平和な時代を過ごしてきたが、ここ数年、北朝鮮による核開発問題やミサイル（人工衛星）発射実験、中国による南沙諸島進出、尖閣諸島問題など、国家対立が表面化してきている。

国境紛争の激化を背景にアジアにおける大型兵器の国際市場取引が活発化し、世界の武器市場の半分をアジアが占めるまでになっている。その量は、戦争で荒廃する中東の二倍、欧州の四倍にも上っている。ストックホルム国際平和研究所（ＳＩＰＲＩ）によると重火器の十大輸入国のうち六カ国がアジア太平洋地域に集中している。インド、中国、オーストラリア、パキスタン、ベトナム、韓国である。二〇一一年～一五年にはこの地域全体で世界全体の武器輸入の四六％を占め、一〇～一四年の四二％からさらに拡大していることが明らかになった（英エコノミスト誌）。

■地理的優位性は
軍事的優位 から 経済的優位へ
■抑止力は
軍事的抑止力 から 交流と物流へ
（アジアの交差点）
基地は経済発展の阻害要因である
図７　沖縄の地理的位置　出典＝平良朝敬「沖縄経済の変容と展望」資料

アジアはいま軍隊の近代化競争に躍起になっている。その最たる国が中国である。中国は一二年以降、尖閣諸島をめぐる日本との対立の中で、船舶や航空機を派遣し、対立を煽る行為を続けている。南シナ海では、南沙諸島（スプラトリー諸島）で小さな島や岩礁、砂州を埋め立てて、空港や港湾、産業施設を備えた巨大な人工島を構築し、ベトナムやフィリピンなど周辺諸国の反発を買っている。フィリピンやベトナムでは武器輸入が激増し、その量は前五年間の八倍にまで上っている。ベトナムは戦闘機八機、高速戦闘艇四隻、潜水艦四隻などを購入し、さらにフリゲート艦六隻と潜水艦二隻を発注している（英エコノミスト誌）。

インドがフランスに潜水艦六隻を発注し、対抗するパキスタンは中国から八隻購入、バングラディシュも二隻を中国から購入している。シンガポールはドイツから二隻、韓国もドイツから五隻を購入する一方で、インドネシアに三隻の韓国製潜水艦を売却、豪州は八〜一二隻の潜水艦をフランス、ドイツ、日本などからの購入を進めている。

アジアは今、際限のない軍拡競争に突き進みつつあるようにみえる。他国の軍拡に対抗するため「抑止力」を理由に軍拡を進め、さらにその軍拡を受け、他国がさらなる軍拡を進める。北朝鮮の核開発問題は、韓国の核武装論議に火をつけ、米軍の地上配備型ミサイル迎撃システムの配備協議を促し、その配備に中国が強行姿勢を示すなど、不信と対立のスパイラルが起きている。中国の拡張主義はアジア各国の警戒と反発を煽り、武器輸出国や軍需・兵器産業の活性化を促し、新たな軍拡合戦に油を注ぐ悪循環を招いている。

地球上をみれば、歴史上、絶えずどこかの地域で戦争や紛争、テロや殺戮が起きている。人類はなぜ、戦争や殺人を止められないのであろうか。武力に依存し、武力行使によってしか国益を追求できないリーダーが次々に誕生するのは、なぜであろうか。対話力の欠落か、それとも殺戮や戦争による経済利益を貪る「軍産官学〝報〟複合体」（報とはメディア）の制御不能な存在の大きさにあるのであろうか。

このままでは、アジアは中東に次ぐ新たな戦場と化す危険性がある。軍拡競争の停止、外交と対話による紛争の解決、国境や民族の壁を超えた国際交流の促進、紛争地域の共同開発や共同利用など、個人間では解決できる問題が、国際政治の世界では偏狭なナショナリズムや民族主義の呪縛から解決を困難なものにしている。

今こそ、「アジア人の手で、アジア人の血は一滴も流さない」という血の誓いとともに、アジアは一つという亜州連合（Asia Union ＝ＡＵ）の構築を急ぐ時期に来ている。戦争の時代を繰り返してきた欧州が、経済連携と欧州連合（Europe Union ＝ＥＵ）を構築することで、域内における紛争の撲滅に成功したように、アジアも新たな共同体の構築で、紛争抑止を図りたい。そのためには、各国リーダー（政治リーダーのみならず経済、文化など多分野の各種リーダー）による亜州連合の立ち上げを急ぎたい。

そのための「対話の場」として、沖縄は最もふさわしい場所である。なぜなら、戦争による犠牲をアジアの中でも最も受けた地域（住民の四人に一人が戦死＝沖縄戦）であり、戦後も他国軍隊による異民族支配を二七年間受け、土地や財産を奪われ、人権を蹂躙され、民主主義から見放された経験をし、「共生」の思想の重要性を最も強く認識してきた地域だからである。

今も沖縄は、「日本とアジアの安定のため」（日本政府）に広大な米軍基地を背負い続けている。いざ戦争になれば「軍は民を守らない」という教訓も、沖縄戦で二〇万人余の犠牲の上に刻まれている。「日米同盟」の重要性を強調する人々が、日本には圧倒的に増えている。鳩山由紀夫は『終わらない〈占領〉』の序言で、次のように述べている。

「多くの国民は『対米依存』、『対米従属』は当り前と思っている。日米安全保障条約によって、万一のときにはアメリカが日本を守ってくれるのだから、アメリカの言うことを聞くことは当然であると思っている。日本を守るために米軍基地が存在することも当り前で、地理的な状況から米軍基地は主として沖縄にあることが必然で、自分の故郷には置いてもらいたくないと考えている。これが平均的な日本人の思考である」（同書、ⅰ頁）。

日米安保が大事だとしても、他の国とはなぜ安保や同盟を結ばないのであろうか。一国よりも多国間の方が安全保障の安定感は増す。「ＡＵ」の検討は、新たな日本の安全保障環境の構築にも寄与するものと期待したい。

参考文献

沖縄県アジア経済戦略構想策定委員会「沖縄県アジア経済戦略構想」二〇一五年九月
米国国益委員会「国益委員会報告」一九九六年版、二〇〇〇年版
英「エコノミスト」誌（日本経済新聞）
沖縄県知事公室基地対策課「沖縄の米軍及び自衛隊基地」（統計資料集）平成二七年三月
平良朝敬「パワーポイント資料　沖縄経済の変容と展望」二〇一五年一二月
孫崎享・木村朗編『終わらない〈占領〉』法律文化社、二〇一三年六月

第5章 沖縄と「地域から成る東アジア」——スコットランドと欧州統合からの示唆

島袋　純
（琉球大学教授）

はじめに

現在英国の一部であるスコットランドは、高度な自治権を有する議会及び政府を持ち、独立を唱えるスコットランド国民党（ＳＮＰ）が政権党である。スコットランド国民党は、一九八〇年代初頭「ヨーロッパ共同体の中の独立スコットランド」という標語を掲げ、党勢を伸ばしてきた。これは、欧州統合のための標語「地域から成るヨーロッパ」と無関係ではない。八〇年代欧州共同体は、「欧州共同体の設定した「地域《リージョン》」という欧州地域政策展開の単位を全加盟国に設定し、その単位への補助を開始したが、スコットランドはその重要な受取先であった。主権国家の加盟国から構成される欧州ではなく、その下の単位、「地域」の連合体として構成される欧州を目指すという欧州政策にスコットランドは共鳴した[注1]。

そもそもスコットランドは、イングランドとは別の独立王国である。一七〇七年に、両王国は連合して連合王国になった。買収といわれるが形としてはスコットランド議会が賛成してイングランドと合併したことになっている。武力併合はされていない。

一九世紀の後半になるとスコットランドの民族的・文化的な伝統を尊重しようというスコットランド・ナショナリズムが台頭し、独立の議論も起こってくる。独立の議論は、一〇〇年以上前から継続している。最初は文学や詩という側面から始まり、やがて政治運動になっていく。しかし、経済的には連合王国に完全に組み込まれていたので、独立主義政党の運動は細々としたものにとどまらざるを得なかった。

スコットランド国民党（SNP）は、一九三四年に発足したが、支持が広がらないことと資金不足、人材不足に常に苦しみ、地方議員が少しいる程度で、国会議員はいない状態が続いた。独立どころか、スコットランド自身の議会と政府を持ち高度な自治権を獲得しようという運動すら存続が危ぶまれるような状況に追い込まれていた。

そのスコットランドにおいて、一九九九年スコットランド議会（スコティッシュ・パーラメント）と政府が創設され、高度な自治権が付与され、そして一五年しかたたない二〇一四年九月一八日には、スコットランドが英国から独立するか否かの住民投票が行われた。国際法的には前文の前段を内的自決権の表れとすれば後段は外的自決権の追及ということができる。なぜ、スコットランドにおいては、このような自決権の追求が可能となったのか、そこから沖縄あるいは日本及び東アジアは、どのような示唆を受け取ることができるのか、本論はそれを検討する。[注2]

一九七〇年代の分権運動と八〇年代の苦闘

スコットランドの自己決定権の確立の出発点として重要なのは、一九七九年三月に行われたスコットランド議会及び政府設立を問う住民投票である。賛成が五一・六%と過半数を占めたが、有権者総数の三二%にとどまり、有効とはならなかった。これに憤慨する意見はかなり強く残った。

世界的に見てもこの時期は、自治議会とか自治政府がつくられるリージョナリズムの勃興の時期だった。

スペインでは、一九七八年に新憲法を制定したが、この新憲法は、すでに認められていたカタロニアやバスクの自治を条文として明文化し、自治州の制度が憲法規定となった。また、カナダでは一九六〇年代にケベック党が結成され、一九八〇年にはカナダ連邦政府とケベック州の関係を問う、初めての住民投票が実施された。スコットランドも、基本的には同じ時期に最初の分権改革の住民投票をして、失敗したということになる[注3]。

この失敗の後、英国は、マーガレット・サッチャーによる新自由主義、サッチャリズムの時代になる。サッチャーがまた、スコットランドにきわめて厳しい政策を強行した。

スコットランドは長年労働党の地盤であった。造船業、石炭、鉄鋼業など、産業革命以来の産業が、第二次世界大戦後に国有化され多くが残っていた。サッチャーは、そうした国有企業をすべて民営化・合理化していった。合理化により失業率は二〇％近くに達して、スコットランドの都市には失業者があふれた。スコットランド人が選ばなかった保守党によって、スコットランド人が望む政策とは全く違う政策を押しつけられてきた。

当時、スコットランドではサッチャー政権に反対して、大規模なデモやストライキで対抗したが、結局、国際世論的にも国内世論的にも負けてしまって、国有企業の合理化は進み高い失業率のままであった一九八〇年代は、スコットランドにとって悲惨な時代といえる。しかし、そうした時代を経ることで、世界中に新自由主義が広がるなかで、スコットランドでは社会民主主義を重視する社会を作っていくという社会的合意が形成されていったのである。

それに対してサッチャーは、新自由主義の理念をスコットランドにおいても徹底しようとする。そして次にサッチャーは、一九八九年スコットランドにだけ一年前倒しで、人頭税（コミュニティ・チャージ）を課した。四〇〇年ぶりの人頭税の復活であった。これで、保守党はスコットランドでの支持をほぼ完全に失うことになる。

このようにして、スコットランドとイングランドの社会的亀裂が、取り返しがつかないぐらい大きくなっていく。この亀裂は、海外の人々が想像しているよりはるかに大きい。

イングランドでは今も保守党政権であり新自由主義が最も重要な政治的な主張ということができる。しかし、スコットランドが目指すのは社会民主主義、福祉国家による社会統合である。もはや、社会を支える根本的な原理が異なってしまっている。

サッチャリズムが生み出したのは貧富の差の拡大という格差社会と、それによる社会的な分裂だが、根本的な統治原理が異なってしまったイングランドとスコットランドの亀裂はもっと深かった。日本のマスコミは、そういう亀裂について言及しないが、知らないと、スコットランドの独立の機運の原因が理解できない。[注4]

自己決定権の回復——パーラメントの復活

一九七九年の住民投票の失敗を受けて、スコットランドには議会設立運動（Campaign for Scottish Assembly/Parliament）という少人数の市民運動がつくられた。それが、分権の火を絶やさないように活動を展開しているうちに、サッチャリズムの嵐が吹き荒れ、それに対するスコットランド人の怒りや反感を追い風に徐々に徐々に力をつけていった。一九八八年には全スコットランドの政治勢力が結集した憲法制定会議（Scottish Constitutional Convention）の設立に至る。この会議は、フランス革命時の憲法制定国民会議、あるいはアメリカ独立時の大陸会議に相当する。こうした会議のメンバーは、普通は投票で選出されるが、スコットランドの場合にはすでに投票で選ばれた国会議員がいるので、保守党議員を除いた労働党議員など国会議員の大半が参加し、それに自治体の代表、商工会や労働組合の代表が入って構成された。

スコットランドの憲法に相当する基本法の制定会議である。その会議の最初の取り組みが、一九八九年の第一回大会において、参加者全員の署名入りの権利章典（Claim of Right for Scotland 1989）の宣言である。スコットランド人民には自由に政府をつくる権利がある。その権利に基づいてわれわれは集まって基本法を制定すると宣言した。いかなる選択を含めて自分たちに自分たちの望む権力を持つ政府をつくる権利があるという宣言である。既存の国家の制度の中に留まる、その範囲の中でなどと書いていない。主権はスコットランド人民にあるという宣言である。

それを宣言して、合意形成できたのが現在の基本法の原案である。なによりも重要な提案は、新しく作る議会の名称を、三〇〇年前、主権国家時代の議会の名称であるパーラメント（Parliament）としたことである。これは通常、主権国家の議会、国会を意味している。

一九九七年の総選挙になるが、労働党は総選挙の公約として、この基本法案を採択するとした。そして総選挙で労働党は勝利してブレア政権が発足し、この公約が実現することになる。

まず、一九九七年九月一一日に、スコットランドに主権的な権限を持つ議会及び政府をつくることについて住民投票が行われ、圧倒的賛成多数でスコットランド議会及び政府をつくることが決まった。

基本的な統治構造については、英国国会の制定法として「一九九八年スコットランド法」がつくられた。スコットランドの人々が人民主権論に基づいてつくった基本法案を、そのまま英国国会が承認したということである。つまり間接的にではあるが、スコットランド人民は政府をつくる人民の自己決定権を持つことを認めたということである。

日本のメディアでは、この基本原理が説明されていないが、これがわからないと、なぜ英国の中央政府がスコットランドの住民投票の結果に従わざるを得ないのか、わからない[注5]。

スコットランド議会は、スコットランドに適用される国法の制定権限を大きく委譲された。スコットランドは、法律について自分たちで自己決定する権限を持っている。

中央の議会に残された立法権限というのは、外交、防衛・安全保障、通貨・貿易などのマクロ経済政策、それから福祉の一部である。それ以外はほぼ全部、スコットランド議会に立法権限が委譲されている。国民党はさらなる権限移譲、分権化を常に要求し、さらには残された権限もスコットランドに移譲せよ、つまり、独立を公約として掲げてきた。

デイビッド・キャメロン首相に対して、二〇一二年、スコットランド政府が住民投票の協定をもし出たとき、独立について①「賛成」、②「反対」か、という二者択一ではなく、第三の選択肢、③「最大の分権化」の選択肢を含む、三問立ての住民投票でさせて欲しいという要求があった。キャメロン首相は、当時独立反対が圧倒的に勝つと信じ、第三の選択肢「最大の分権化」は必要ない、それを落としどころとさせないということで、賛成か、反対か、二者択一にするよう要求を突き返した。そうすることによって「最大の分権化」、つまりこれ以上の分権化を阻止することができると踏んでいた。ところが投票が近づくにつれて、意を決した独立派は、徹底的な草の根の戦術を徹底し賛成派が伸長した。キャメロン首相は投票の三日前になってスコットランドを訪れ、「最大の分権化を確約する」として、その確約を文書化してサインし、スコットランドの人々に反対への投票を懇願した。国民党は、投票の前に、二年前想定していたスコットランド政府の自治権の拡大をもはや勝ち取ったのみならず、もし今回、賛成多数だったら独立させざるを得ない状況までもっていくことができたということになる。[注6]

帝国の解体――グラスゴーの原潜基地撤去問題

スコットランドの独立に対して自覚しないまま、既存の体制の護持を信奉する多数派の大半は全く無意識に、許せていない。なんとなく、恐怖心を感じている。沖縄との比較でわかりやすいのは、基地の問題である。具体的には、英国で唯一の核基地、スコットランドのグラスゴーの原子力潜水艦（原潜）基地の撤去問題である。

イギリスは、第二次世界大戦後も国連安保理の五大常任理事国の一国として、現実の国の大きさ、国力、経済規模に比べると、遙かに大きな、世界のリーダー的な国として存在してきた。その自負心もある。この存在感と自負心とは、イギリスの国家威信にとって重要である。国連安保理の常任理事国であるのは、軍事大国でもありそれは核を保有していることが一つの根拠とされてきた。実際に、核を持っていない常任理事国はない。それで、核兵器を放棄したら常任理事国も放棄せざるを得ないのではないか、という恐怖心がある。

アメリカ軍の要請に応えて核も持ち、自分たちも国家威信を保ちたい。そしてアメリカの戦争に積極的に貢献することによってアメリカの軍事的覇権を維持する。そうすることで大英帝国としての威信が継続できる。したがって、英米の軍事帝国にとって原潜基地は不可欠となる。

しかしながら、スコットランド政府が要求するように、もしグラスゴーの原潜基地を撤去すると、残りの連合王国内には代替する施設はつくれない。他の場所では水深が浅いので移れないという事情のほかに、軍港は桟橋があればいいだけの話ではなくドックなど付随施設の問題がある。グラスゴーは造船業が発達しているところで、原子力潜水艦の修理やメンテナンスが可能である。しかしイングランドにはほかに造船業をはじめその他の関連工業が発達しているところはない。そういう問題があって、原潜の代替基地がない。国内においておけないとすれば核ミサイルを放棄するか、である。

しかし、スコットランド国民党は、独立する重要な目的として核基地を撤去するといっており、これは国民党の絶対に譲れない線である。そうなると今のままでは英国は核兵器を放棄しなければならず、そうすると、グラスゴー原潜基地の撤去はアメリカの軍事的覇権の弱体化のきっかけになりかねない。また、大英帝国は常任理事国の地位も失うかもしれない。アメリカ主導の軍事的な覇権体制という世界的なシステムに非常に大きな衝撃を与えかねない。大英帝国は終焉し、世界帝国の解体をもたらす可能性もある。[注7]

近代主権国家解体の可能性

同時に、スコットランド独立の問題は、近代主権国家のシステムに対して、これを解体していくプロセスにもなりうるということである。近代主権国家を当たり前の前提として、これに貢献しようと思っているメディアは、スコットランドの独立に立腹し危機感を持つ。

メディアの多くは、一時の感情で民族主義がパッと勃発して、独立賛成派が増えたという報道を行っていた。慎重な、熟慮を求める的な言説に満ちていた。英国でもスコットランドにおいても、主要メディアは全部「独立反対」である。さらに、英国主要メディアから情報をもらっている日本のメディアは、もっと否定的な報道しかしない。二重三重にネガティブな抑圧の構造がメディアの空間にでき上がってしまっている。

　スコットランドの独立住民投票を調査に行って非常に感心したのは、そういったメディアの言説空間においてネガティブキャンペーンが完全に支配するだろうとわかっていながら、ではそれにどう対抗するかということで徹底的に草の根で独立賛成運動を組織化していることであった。

　メディアはネガティブキャンペーンしかしないので、メディアに依らない、自分たち中心の草の根レベルの独立運動をつくり直していった。今回の住民投票の特徴は、八五％という高い投票率だったことだ。独立賛成の側から仕掛けて、草の根での組織化をはかっていき、投票率を底上げした。

　さらに有権者数が、二〇一一年の総選挙に比べて約一〇〇万人増えた。有権者数というのは、日本のように戸籍と住民票が一体化していて自動的に有権者名簿がつくられるのと違い、スコットランドでは投票権を持っているのは誰か調査し、投票のたびに有権者名簿をつくる。英米系のシステムである。

　したがって、スコットランドにも、有権者として登録しない貧困層などが多く存在した。その人々を掘り起こして、有権者登録を書かせて投票させたのは独立賛成派の運動である。草の根で掘り起こしながら独立によるさらなる福祉国家の建設を訴え、そのために有権者登録を行い投票の動機づけを行う運動を住民投票の実施が決まってから二年かけて、延々とやってきたという。それはメディアに対抗する方法でもあった。さらにネットを徹底的に活用することによって有権者を掘り起こし、また、タウンミーティングという集会・討論会を、各市町村ごとに、また各地域ごとに、賛成派は何百回も何千回もやってきた。したがって、独立の流れというのは、もう引き返せないところまで来ていると思われる。もはや地方自治や分権という

レベルの問題ではなくなっている。[注8]

争点のすり替え

スコットランドについて、日本のマスメディアでは、民族感情が急激に上がって、それで賛成派が増えたかのような分析が多かったが。しかし争点はナショナリズムではない。スコットランド国民党の原語、Scottish National Party を、日本の研究者の多くは「国民党」と訳すが、日本のメディアは意図的に「民族党」と訳す。しかし、スコットランドの人々が真剣に話し合っているのは、社会民主主義的な社会、政策をどうつくっていくかという話であって、民族の話でもナショナリズムの話ではない。

先述したように、スコットランドでは社会民主主義が信頼を得ている。スコットランド議会の一二九議席のうち、保守党は一五議席しかない。大半は労働党と国民党である。国民党は社会民主主義の政党であり、したがって、労働党よりもさらに〝左〟側に位置すると考えてよい。つまり、ほぼスコットランド国民の総意としては、社会民主主義が大前提ということになる。[注9]

社会民主主義的な社会を守り発展させるためにはどうすればよいのか、これが独立か否か、さらなる分権でなにができるかの論争の中心にある。経済についてはいわば水掛け論のようなものである。どちらがいいのかは、よくわからない。しかし現状維持というのは、説得力がある。しかし、独立派は独立したらよくなるといい、否定派は独立すれば悪くなるという。はっきり言えば、誰も確定した答えを出すことはできない。

英国の中央政府がかなり卑怯だったのは、本質的な、福祉国家論や主権国家システムの崩壊の問題はあまり題材にあげずに、スコットランドが独立した場合ポンドは使わせないなどと脅したことである。スコットランド政府が、独立しても英ポンドの使用継続を打ち出すということは、独立しても通貨政策や公定歩合、為替などマクロ経済の権限はすべて英国政府が担う、ということに等しい。たとえ独立したとしても経済政策の要をロンドンに残し続けるという申し出であり、断る理由はない。にもかかわらず、独立したスコットランドにポンドは使わせない。つまり英国のマクロ経済統制の主権の下からスコットランドを追い出すと、わざわざ拒否を表明した。その拒否により、スコットランド経済の衰退は当然予測されることである。そうすることによってスコットランドが独立した場合にはポンドが使えず、スコットランド経済が崩壊するという論理を打ち立てて独立否認を支持するよう働きかけた。嫌がらせとしかいいようがない。しかし、スコットランドが独立して別の通貨を採用するとすれば、イングランド経済もきわめて大きく縮小する。実際に独立した場合は、イングランドはスコットランドのポンド使用を容認せざるを得ないと思われる。ユーロ危機前、二〇〇六年ぐらいに住民投票があれば、ユーロへの切り替えによりおそらく賛成派が勝っていたかもしれない。

賛成派に不利な状況は軍事問題にもある。二〇〇三年三月にアメリカのブッシュ大統領が、イラクの大量破壊兵器の保有というまったくの大嘘を大義名分にして始めたイラク戦争に、英国は有志連合という形で派兵した。そして多くのスコットランド兵士が亡くなった。

ブッシュ政権は、戦争を繰り返し、スコットランドではアメリカの軍事的へゲモニーに貢献するような現在の英国の国家体制のもとでは、スコットランド人の命を危険にさらすという主張が、そのとき、かなり説得力を持った。しかし今は、イラク戦争時のようにアメリカは有志連合を形成して動員することができず、また、アメリカは軍事予算を削減しており、単独でも戦争ができる可能性は低くなっている。「イスラム国」の出現で、イラク、シリアから手を引くことは難しくなったが、地上軍の派遣だけは避けようとしている。ここしばらくは英国も地上部隊を投入する戦争に加担する可能性が低くなって、アメリカの軍事的ヘゲモニーへの嫌悪感も薄れた。ユーロの危機がなければ、また大義なき戦争に加担させられるアメリカとの同盟に嫌悪が強かった時期に住民投票をしていれば、独立派はより勢いを増していたであろう。

しかし、ユーロはいまだに危機にあり、アメリカの戦争への参戦の可能性も低くなり、情勢からすれば、独立賛成派は圧倒的に不利な状況で住民投票を迎えたということができる。

にもかかわらず、英国政府はもしやというところまで追いつめられた。したがってデイビッド・キャメロン首相は住民投票承認の失政を批判された。しかし、キャメロンが賛成・反対の二者択一にさせて投票を承認したとき、あの時点ではたしかに賛成派をつぶせる可能性があった。したがって、注目すべきはむしろ、スコットランドの独立賛成派の巻き返しのすさまじさである。

スコットランド独立問題の世界への波及

独立投票の時期、スコットランドに、カナダのケベックやスペインのカタロニア、バスクなどから、多くのメディアや研究者が取材や研究に集まってきた。メディアと同時にケベックやカタロニアの市民運動からも多く来ていた。スコットランド独立派と交流を持ち、そういう地域間のネットワークができ始めている。こうした動きは、アメリカの覇権にとっても、既存の主権国家システムにとっても重大な挑戦である。パンドラの箱は開かれた。これを閉じることは、もうできない。

スコットランドの住民投票から、沖縄に大きな示唆があるとしたら、ひとつは自分たちの権利として自分たちの政府をつくる、そういう権限が沖縄の人々にはある、つまり「人民の自決権」があるということを、一般市民と同時に、政治家のレベルでもほんとうに明白に認識ができるかである。

人々が権利章典を元に結集し憲法を制定し国家を形成していくという国際的な常識からすれば、沖縄の人々には、分離独立も含めて自由に政府をつくる権利があることになる。国際人権法の規定を用いて国連諸機関が、沖縄の人々をして、人民の自決権を有する存在として認めている。したがってスコットランドの論理というのは、沖縄にとっては、自分たちの自己決定権を拡充する手続きとして、また論理として参照できる。日本では、人民の自己決定権を宣言できるのはアイヌと琉球沖縄だけではないか。人々の自決権に基づいて政府を作る、あるいは独立することができるかとなると、住民の大半が琉球王国時代に遡って出自を特定でき、沖縄出身者が沖縄県民のほんどを占める沖縄の場合はそれが可能である。そうなると、もはや「自治」の問題を通り越して、自治というよりも自己決定権という主権的な権限の問題になる。[注10]

今後、沖縄の政党の中で、そういった自己決定権がわれわれにはあるということで党内合意、政党間合意、そして社会的な合意ができるかにかかっている。もし合意していくことができれば、沖縄の「自治」という限界を超えた、自分たちの政府をつくる権利があって、それに基づいて沖縄の政府をつくっていくという議論も可能になる。

英国は不文憲法の国であり、憲法の中に手続きが明記され独立するというプロセスが規定されることはあり得ない。これまで述べてきたように、基本法の制定過程が現実の政治に組み込まれていって、それでいま独立の住民投票が実現していると言える。しかしながら、スペインの場合は制定された成文のスペイン憲法があり、スペイン憲法の中にはカタロニアが独立する手続はない。カタロニア自治州は、二〇一四年一一月九日にスペインからの分離独立を問う住民投票が実施されたが、スペイン政府は、スペイン憲法はカタロニアを独立させる権限を認めていないと主張しその効力を認めていない。

しかしカタロニアは、スペインが主権国家となる以前は独立国家であった。それゆえそういう地域に関しては主権相当の権利があるはずだという論理がどんどん強くなっていく。そうなると、既存の近代主権国家の論理と、特定の地域や人民に主権国家を形成する権利があるという論理とが対立することになる。それが今後どう整理されていくのか。

国際人権規約が制定されたのは一九六六年である。一九四八年の世界人権宣言や一九六〇年の植民地独立付与宣言などを踏襲していると言える。しかし、植民地の独立ではなくて宗主国の内部、先進国の一地域からでも、一定の条件があれば独立を望む人々が多くいる場合は独立できるとして、世界の人権法の発達の中で解釈がどんどん拡大している。軍事的な問題、国民国家解体の深刻な問題を含みつつも、まったくの無血で平和裏に、自己決定権を相互承認し、民主的法的な手続を経て人民の自決権に基づく自由な政府を作り出すプロセスについてはスコットランドが先鞭をつけたということである。

まとめ――「地域からなる東アジア」

スコットランドが示唆するもう一点は、欧州連合（EU）の「地域からなるヨーロッパ」という標語である。つまり、主権国家からなるヨーロッパ（EU）ではなくて、主権国家の代表ではなく地域という単位の代表がブリュッセルの欧州委員会と直結する。直結して、地域（「ユーロ・リージョン」）にEU補助金を給付する、あるいは国家を横断する地域と地域の連携協定を結ばせる等、様々な取り組みを行っている。

ＥＵという超国家レベルの政策領域が増大するなかで、より市民に近い声を反映していこうという動きである。そういうＥＵの枠のもとで、スコットランドやカタロニアが力をつけてきたという背景がある。

ＥＵはいま、新しくヨーロッパ市民権というのを確立しつつある。ヨーロッパの権力機構を支えるのはヨーロッパ市民であり、ヨーロッパ市民権を基盤に新しく育つヨーロッパ社会を形成し、ヨーロッパの統治機構を形成していく体制をつくりつつある、それを監視するヨーロッパ市民というのをつくっている。それが非常に重要である。

スコットランドが独自の政府を作る場合スコットランド市民と、ヨーロッパ市民は重なる。例えば今回の住民投票は、スコットランドに一定期間住んでいるヨーロッパ市民も投票できた。

ヨーロッパの統合と、「地域からなるヨーロッパ」が歩調を合わせて発達してきた。確かにヨーロッパの統合の方は、通貨危機があり、ＥＵ内の国家間の格差があまりにも激しいなど、多々問題がある。しかしこの「ユーロ・リージョン」、「ヨーロッパ市民」というこの流れは、不可逆的なものであろう。[注11]

そういった欧州連合的な組織が東アジアにできれば、沖縄のような地域や少数民族は域内に多く存在するので、その自治権や自己決定権を拡大しながら統合をはかっていくシステムはつくり得るのではないか。

北アイルランドの武力闘争が終わったのは、欧州連合という枠組みと通貨統合が大きな要因である。欧州統合でアイルランドが経済発展してきて、そこに地域の権限を強化するというヨーロッパの枠組みが機能し英国政府が北アイルランドに大きな権限移譲を実現し武力闘争を沈静化させてきた。スペインのバスク地方も高度な自治権を与えながら紛争が沈静化していったという形で、欧州統合をはかりつつ地域の権限を強化するという流れが一貫してある。こうした分離独立運動をある程度コントロールしながら、平和裏に民主的に着地点を見出していくということだと思われる。漸進的に自治権を拡大していき、独立しても現状とほぼ変わらない状況にもっていく。これは重要なヨーロッパモデルである。ＥＵをモデルとし「地域から成る東アジア」を標語として、少数派や先住民の人民の自決権を承認し、「アジア・リージョン」を設定して結びつきを強め、さらに同時に「東アジア市民」が育っていき、東アジア共同体を主体的に支える。そういう方向で東アジア共同体をつくっていければ、共同の資源管理と同時に、地域の自治や自決権を強化し紛争を解決していくという方向性が一定程度見えてくるのではないかと思われる。

沖縄の問題もそうだが、台湾の独立や香港の民主化の問題、済州島の基地建設の問題、チベットやウイグルの問題など、多くの問題の解決は、自決権を認めつつ東アジアをそういう地域を重要な単位としつつ統合していけるかにかかっているのではないか。そういう国際的な市民、市民社会組織及び自治政府からなる共同体をつくりながら、中国と日本の関係もコントロールできるようにしたほうが良い。

東アジアでそのようなイメージを我々が共有できるであろうか。ただ、東アジア共同体をつくる主体が今、まだ見当たらない。日本の政権はいま、「戦後レジーム」、国際的に言えば、サンフランシスコ体制を破壊するというような方向なので、戦後秩序はむしろ逆の方向に変わりつつあるのではないかと懸念される。韓国や中国でもナショナリズムあるいは、国家主義的な煽動が目立つような状況であり、「国民」が国家間の対立の矢面にいる。「東アジア市民」の姿はなかなか見えない。東アジアの共同体を創造する方向がますます見えなくなっている。それを乗り越えることできるかにかかっている。

注

［注1］島袋純『リージョナリズムの国際比較』啓文堂、一九九九年二月を参照。

［注2］自治・分権ジャーナリストの会編『英国の地方分権改革ブレアの挑戦』日本評論社、二〇〇〇年九月、二三一頁～二六〇を参照。

［注3］前掲書、前掲頁。

［注4］前掲書、前掲頁。

［注5］スコットランド「権利の請求」及び権利章典については、沖縄県議会議員経験者の会編『沖縄自治州――特例型沖縄単独州を求めて』琉球書房二〇一三年六月、一五頁～二一頁を参照。

［注6］スコットランド独立投票の経過に関する具体的情報は、二〇一四年九月一三日～一七日の現地において琉球新報記者と同行した聞き取り調査に基づく。詳細は、琉球新報社・新垣毅『沖縄の自己決定権』高文研二〇一五年六月、一八二頁～一九四頁。

［注7］前掲スコットランド調査に基づく。

［注8］前掲スコットランド調査に基づく。

［注9］前掲スコットランド調査に基づく。

［注10］沖縄県議会経験者の会編、前掲書を参照。

［注11］島袋純前掲書を参照。

第6章　「人間のための経済」に基づく琉球独立

松島泰勝（龍谷大学教授）

琉球における労働問題

近代経済学が想定する、市場社会における主体は「ホモ・エコノミクス（経済人）」と呼ばれ、合理的に自らの利益を求めて市場で他の経済人と競争する人である。市場のために生産をしない乳幼児や学童、心身障がい者、長期入院の病人、介護を要する老人、自給自足で生活をしている人などは、経済人には含まれない。市場において経済的利益の獲得を求めて互いに競争し合う者だけが、人としての存在が許される。そのような世界は架空のものであり、現実の人間や世界には非市場的な要素が多くあり、全て合理的に解決できないことは、誰もが知っている常識である。しかし、資本主義は、人間の常識的世界を市場主義世界に転換することをその中心的使命としており、琉球（沖縄県と称せられる地域内にある島々）においても経済人が増え、社会的な影響力を及ぼすようになった。

企業は人間を「労働者という商品」として買い、その人に対する支配権を掌握する。労働者が自らの労働やその労働の成果をどのように使うかに関する自己決定権は、企業によって奪われる。労働者は、企業の経営が傾くと自由に切り捨てられるモノとして扱われる。そうすると人は生活の糧を得ることができなくなり、自らを支配する他の企業での働き口を探し求めるという「奴隷的境涯」を余儀なくされる。人は企業が利潤を獲得するための部品として位置付けられる。人の社会的関係、人と自然との関係も企業の利潤獲得という至上の目的に従属させられる。つまり、資本主義のシステムに沿って人の社会や自然との関係が形成されるのである。

資本主義社会の企業にとって一人一人の労働者は、代替可能な機械の部品のような存在となる。経営者にとって労働者はコストとして認識され、その削減が「良い経営」とされ、株価の上昇要因にもなる。正社員よりも、派遣労働者、契約社員等、制度的にも容易に取り替え可能な労働者を多く雇用できる法制度が日本でも整備されてきた。労働者を大量に解雇して「経営をスリム化」した経営者が誉め称えられるような社会になった。

労働者にはノルマ等の数値目標が示され、その達成が強制される。また賃金が支払われないサービス残業を強いられることもある。その労働成果は数字で明確に把握・管理され、労働過程も上司や他の社員等によって監視され、労働者の会社内での昇進や降格が決定される。

人はなぜ働くのであろうか。近代経済学は、労働の苦痛（限界非効用）と、給料で購入できる商品やサービスがもたらす限界効用とを比較しながら、後者の獲得を目指して働くと説明するだろう。人は限界効用を追い求め、消費するために生きているとも言える。人には様々な欲望があるが、その中で最も高い優先順位が付けられているのが消費活動によって充たされる欲望である。自らの欲望を極限にまで満足させるために消費し、消費活動を可能にするために人は生産活動に従事する労働者となる。商品やサービスの価値も「顧客の満足度」によって決定される。それらの市場を拡大するには、人の「消費欲望」をいかに刺激するのかがカギとなる。

経済人は限界効用の極大化を目指し、企業は利潤の極大化を追い求める。効用や利潤の獲得という欲望を経済人が飽くなく追求するのが、資本主義社会の特徴となる。そのような社会の仕組みに疑問を持ち、立ち止まり、会社や組織の一部として生きることを止めて、自分の頭で考えながら生きようとすると、市場社会から追い出され、「敗者」としての烙印を押されるという過酷な運命が待っている。

しかし、人は欲望を追い求め、消費すればするほど、欲望への渇仰度は深まり、いつまでたっても心が充たされることはない。飽くなき、終りなき人間の欲望への渇仰が、消費や生産の回転を加速化させる資本主義の原動力となる。

日本において、「労働力」は一五歳以上の就業者と完全失業者を合わせた人々と定義されている。完全失業者とは、労働の対価としての賃金が支給される近代的な仕事を積極的に探しながらも、職が見つからない人をいう。職探しを諦めた人は不完全失業者と称せられる。就職活動をしない人は、労働力と見なされず、資本主義社会では「不完全」な存在として見なされるのである。

琉球でも失業問題を解決するために、一九七二年の「復帰」以降、市場の拡大、開発の推進が正当化されてきた。カール・ポランニーが分類した市場経済以外の経済形態である再分配や互酬を用いて生きる人々の選択の道を封じ、市場社会で生存することが強制されるという社会状況が厳然としてある［ポランニー一九七五年］。

完全失業には、摩擦的失業や循環的失業があるが、若年者の失業者が多い琉球の場合、若者の「地元志向の強さ」や「親や社会への甘え」が失業の原因として指摘されることが多い。琉球の失業問題が、日本による植民地支配や資本主義の結果として議論されるのではなく、琉球人の若年者やその親に責任が転嫁され、問題の本質を見えにくくさせている。

労働者は勤勉に仕事をすれば、格差社会の富裕層の位置に上昇することができるのであろうか。資本主義の誕生以来、世界において格差が解消され、平等社会が実現した例はない。近年益々、世界的規模において国内の不平等状況が拡大するようになった。富裕層による自らの経済力の維持や発展、貧困層の階層上方への移行、新たな貧困層の出現という、人間同士の競争、対立を動因として、資本主義は成長してきた。経済の成長や衰退の山や谷という各局面において社会的な不平等は深まり、格差はいつまでたっても是正されることはない。これは日本と琉球との間に存在し続ける「経済格差」についても言えることである。

「格差是正」を目標に掲げた沖縄振興開発計画は日本政府が主導して策定され、実施されてきた。しかしそれは琉球内に新たな格差を作り出した。失業率は二〇一四年において五・四％（全国三・六％）であり、全国平均を大きく上回っている。特に若者の失業者が多く、一五〜一九歳が一〇・〇％（全国六・三％）、二〇〜二四歳が一二・二％（六・三％）、二五〜二九歳が七・五％（四・六％）である［沖縄県企画部二〇一五年：九頁］。

二〇〇九年の琉球のジニ係数（一に近づくほど地域内の経済的不平等が大きい）を項目ごとに示すと、収入が〇・三〇三（全国〇・二五九）、住宅・宅地資産額が〇・七〇二（〇・五六六）、貯蓄現在高が〇・六八七（〇・五六六）、耐久消費財資産額が〇・四二一（〇・四〇九）となる［沖縄県企画部二〇一五年：五〇頁］。全ての項目で琉球のほうが全国平均より高い。

また二〇一二年において、雇用者（役員を除く）に占める非正規雇用者の割合を琉球と全国平均で比較すると、それぞれ四四・五％、三八・二％となる［沖縄県企画部二〇一五年：五一頁］。

琉球で非正規雇用者が増えてきているのは、切り捨てられる者、つまり絶望者の増大を意味している。

日本政府から提供された振興開発事業費は琉球の経済自立、格差是正に役立たず、琉球内の格差を広げた。さらに高失業状態が公共事業への期待を生み、振興開発で環境が破壊されるという悪循環に陥った。振興開発によって沖縄島周辺の珊瑚礁の約九〇%が破壊された。

琉球内における格差の拡大は、新たな階級分裂を生み出すことになった。例えば、観光業において、日本の本社から派遣される支配人等の日本人幹部クラスと、室内清掃や敷地内のゴミ拾い等を行なう不安定・低賃金・重労働の琉球人労働者との越えがたい壁が存在している。活発な投資が見られる情報通信産業においても、少数のクリエーター、専門家、経営者と、多数のマニュアルにしたがって働く非正規労働者という二極化が進んでいる。恒常的に失業率が高い琉球において、非正規労働者は日本企業にとって安価で、雇用調整しやすく、それが琉球への投資要因の一つとされている。琉球人は不安定・低賃金・重労働を受け入れることが期待され、日本企業が利潤を獲得するために都合のいい存在として認識されるようになった。

経済学と琉球との関係

エコノミーとは、ギリシャ語のオイコス（家）とノモス（法）が結びついてできた言葉であり、人の暮らしや生活のルールを意味する。「経済」という漢字は「経世済民」に由来している。それは「世を治め、民を救うこと」を意味している。つまり生活上の問題を抱えている地域の人間を救済し、それによって地域や国に平和をもたらすことが、経済学の本来の役割であったと考えられる。他方、近代経済学は、モノやサービスの価格がどのように決まり、経済成長が実現されるのかという市場経済のメカニズムを明らかにすることが学問の大きな柱になった。

経済成長とは、一人当たりの平均実質所得や一人当たりの財やサービスの生産量の増大を意味する。経済成長を実現するには、地域の市場化が不可欠となる。経済成長が毎年続くことで地域経済が自立するとの仮説が示された。しかしその際、見落とされがちなのが「主体の問題」である。琉球の振興開発計画において、インフラを整備すれば日本企業が投資し、琉球に経済成長や経済自立が実現すると想定されてきた。しかしその結果、琉球在来の中小零細企業は倒産し、また日本企業に吸収・合併され、多くの琉球人失業者が路頭に投げ出された。琉球の経済過程において本来、発展の主体であるべき存在は琉球人、琉球の企業である。経済学において経済成長の担い手とされる「経済人」は、主体の民族性に関係なく、資本・労働・土地等を有し、合理的に行動し、市場競争に参加できる存在であれば誰であっても構わないのである。

近代経済学の主要概念の一つに「希少性」の考え方がある。それは、人間の欲望が無限であるのに対し、資源が限定されていることから生じる状態である。経済学とは希少な資源をどのように効率的に所有し、使用し、管理することができるのかを明らかにする学問でもある。開発が進むほど資源は少なくなり、新たな資源の発見や開発が必要となる。人間の欲望（資源を所有・使用・管理したいという欲望）が企業によって刺激されることでも、希少性が拡大する。しかし、商品やサービスが陳腐化し、その利用価値がなくなれば、希少性も減退する。資源をモノとサービスの生産のために効率的に使用することが、経済学的視点で見ると合理的な行動となる。社会全体において市場経済の論理を貫徹させることで、効率的な社会になり、消費者の効用や企業の利潤が最大化するだろうと仮定されている。

例えば、日本、中国、台湾が領有権を巡って争っている尖閣諸島（魚釣島、釣魚台）の希少性が近年高まってきた。一九七二年に日中間で国交が樹立された際、尖閣諸島の領有権問題は棚上げにされ、同諸島に関して大きな問題は生じなかった。しかし、二〇一二年に東京都が尖閣諸島を購入し、そして日本政府が国有化して以降、同諸島に対する日中間の対立が深刻化し、一触即発の事態になった。つまり尖閣諸島の東京都による購入、日本政府の国有化という「市場化」措置が、同諸島を希少な資源へと変えたのである。

希少性は人工的につくられる。マスコミによっても新たな欲望の対象が作られ、それらが満ちあふれているのが都市である。常に人を欲求不満に陥らせるような社会制度や組織が、近代社会の形成とともに都市を中心にして拡大するようになった。あるモノやサービスを手にすることができないことに対する「欠如感」や「劣等感」を持つ人が存在するようになった。都会の人々が享受しているモノやサービスが、琉球の島々にないことに劣等感や疎外感を覚えて、多くの人が都内に流れ、島の過疎問題を生み出した。また島の開発、市場化を推し進め、環境破壊、競争の激化等の問題が発生するようになった。与那国島では人口減少に歯止めをかけるため、日本政府の「島嶼防衛」政策に基づく自衛隊基地の設置を受け入れるまでに追い込まれた。

数字や数式を多用するのも経済学の特徴である。「需要の価格弾力性」等のように、物理学の用語や概念を用いて説明することが経済学の学問的手法とされた。現実の世界には、「均衡」などという状態は存在しないにもかかわらず、非現実的な仮定が概念構築の中心に据えられている。市場において需要と供給が均衡してモノやサービスの価格が決定されると経済理論では説明されている。しかし、税制や財政投融資等の政府政策、価格決定力（資金や資産の保有量）を有する企業や個人の経済行動、国内外の政治変動、戦争や紛争の発生等が、モノやサービスの価格決定過程に大きな影響を与える場合が多いのが現実である。

市場の自動調節機能は次のような原因で失敗する。市場を介さずに経済主体の行動が他の経済主体に影響を与える外部効果（外部経済と外部不経済がある）、共同消費される公共財の存在、情報の非対称性によって将来に対する不確実性が大きい場合、そして市場支配力をもつ大企業の存在等である。市場が失敗した結果、環境問題、貧困問題、失業問題、大企業による市場支配等が発生する。琉球は「復帰」後、これらの市場の失敗に常に晒されており、米軍基地が存在することで将来に対する不確実性も高い。

琉球における「政府の失敗」

「市場の失敗」だけではなく「政府の失敗」も琉球では顕著になった。「復帰」後、琉球では日本ナショナリズムを土台とする開発政策が実施され、政治経済的、社会的な日本への同化が促された。沖縄振興開発特別措置法（沖振法）という琉球に限定された法律が施行され、東京にある沖縄開発庁が琉球の開発計画を作り、実施した。

沖縄開発庁が開発調査、各省庁との調整、計画の策定をし、一括計上方式という各省庁の琉球に関する振興開発予算をまとめて計上し、高率補助を実現させた。沖縄開発庁の開発実務は琉球にある沖縄総合事務局が担当した。構造的に日本政府が決定権をもつシステムであり、琉球側の主体性が奪われた開発政治である。沖縄開発庁は、二〇〇一年から内閣府沖縄担当部局に名称や機能を変更した。沖縄開発庁は主に開発行政を専管とするが、内閣府沖縄担当部局は、開発とともに基地、政治も含めて、総合的に琉球を管理する性格を有し、琉球を統治する日本の国家体制がさらに強化された

「復帰」前後、観光業ではなく、石油化学コンビナートを設置して、琉球を発展させようと日本政府、琉球政府（後に沖縄県庁）は考えた。しかし平安座島の海が埋め立てられ、ＣＴＳ（Central Terminal Station 石油備蓄精製基地）が建設されると、海が汚染され漁業が衰退した。日本の重厚長大産業が衰退するとともに、同

島の石油精製が中止となり、多くの労働者が解雇された。開発側の当初の見込みは全くはずれ、発展の約束は嘘となった。地域も潤わず、環境も破壊された。大規模な企業の進出はなく、計画が目指した製造業の発展や、高失業状態の解消は実現しなかった。その後、琉球全体の経済のなかで製造業のシェアーは低下し、観光業が主要産業になり、日本政府の開発計画は完全に破綻した。

その後も日本政府は、自由貿易地域、特別自由貿易地域、金融特区等の拠点開発主義で琉球経済が発展すると期待をもたせたが、失敗に終わった。失敗の最大の原因は、琉球の自治や内発的発展に基づかないで、上から経済開発を推し進めたことにある。拠点開発主義は、琉球人という主体なき開発であり、琉球人が本来もっている自治や内発的発展の可能性を発揮させなかった。

一九九五年に琉球人少女が三人の米兵にレイプされた事件をきっかけに、反米軍、反基地闘争が激しくなった。そのような動きを抑えるために日本政府は基地と振興開発とを結びつける政策を実施した。基地関連の振興開発に依存させて、住民が基地を容認するように日本政府はしむけた。これによっても「政府の失敗」が生じた。

このような「アメとムチ」の政策は、橋本龍太郎元首相が一九九六年に設置した沖縄政策協議会から始まる。同協議会は琉球の産業振興や雇用の確保など、琉球に関する基本政策の協議を目的とし、閣議に準じる組織とされた。主宰者は沖縄担当大臣であり、首相を除く全閣僚と沖縄県知事が構成メンバーであった。しかし、大田昌秀知事が米軍基地の辺野古移設案を拒否すると、日本政府は同協議会を開かず、補助金の一部を提供せず、琉球を締め付ける圧力の道具として同協議会を利用した。

本来、振興開発は琉球の経済自立、格差是正を目的としており、日米の安全保障とは関係がないにもかかわらず、基地存続のために振興開発が利用されており、「振興開発の軍事化」と呼べる。

日本政府の基地押し付け政策と直接結びついた振興開発として次のものがある。普通交付税の算定項目に安全保障への貢献度を反映させる基地補正、米軍基地所在市町村活性化特別事業、北部振興事業、ＳＡＣＯ補助金、ＳＡＣＯ交付金、駐留軍等の再編の円滑な実施に関する特別措置法等である。

米軍基地所在市町村活性化特別事業は「島田懇談会事業（島懇事業）」とも称される。それは、たとえ市町村に米軍基地があっても経済発展ができる、つまり「基地と琉球人は共存できる」ことを示すために、補助率も高く、ハード事業だけでなくソフト事業にも利用可能な、使い勝手の良い補助金である。しかし振興開発は「アメ」ではなく「毒、麻薬」であり、基地と関連する振興開発によって地域の経済は自立しなかった。インフラや施設の建設は高率補助でなされるが、その維持管理費は自治体の負担になり、財政が圧迫される。

日本政府による「政府の失敗」において最大のものは米軍基地の琉球への押し付けである。「復帰」後四四年たっても、日本全土の〇・六％しかない琉球に、米軍専用施設の七四％を押し付け、辺野古新基地建設を強行している。二〇一五年から沖縄県と日本政府は辺野古新基地建設を巡り互いに訴訟をするようになった。

「家畜化」される琉球人

経済学の中で登場する「経済人」は、自分にとって利益が最大になることを常に考えているエコノミック・アニマルである。このような人間になることで、市場という競争社会において最大の効用を達成することができるという仮定が経済学の前提になっている。しかし経済人のような自己中心的な人間は、現実社会の中では疎まれてしまい、社会や仲間から孤立してしまうだろう。孤独な経済人にとって、「顕示的消費」を行なうための対象となる身近な他者が多くおらず、その消費の効用も限られてこよう。経済人は現実社会においては例外的存在でしかない。

次のような精肉される牛と琉球は、構造的に同じような位置にあると言える。

市場効率の名のもとに、近代蓄牛複合社会はウシ、精肉工場労働者、消費者を、あらゆる本来的価値や神聖な価値を剥ぎ取られた生産、消費、効用、利用目標の単なる記号——高度技術を駆使した畜舎、流れ作業解体工程、ファーストフード店のテンポに合わせて踊らされる人形——に変えてしまった。(中略)人間は有機体を機械に、精神主義を功利主義に、社会的規範を市場価値に置き換え、自らを人間から資源に変えた［リフキン一九九三：三七〇－三七一頁］

経済学は、市場効率を最優先にする価値観を基盤とし、人間を「生産、消費、効用、利用目標の単なる記号」に変えたのである。経済人は常に合理的選択を行なうと経済学において想定されている。しかし人間は生活の中で必ずしも経済利益だけを追求しているわけではない。家庭は経済人を再生産し、このような利己主義者の満足を充たす場でしかないのか。生命、人間関係、信仰、政治等、非経済的な活動を優先して生きる選択肢を人間は持っているはずである。

琉球人は近代経済学が措定する経済人として、経済的に合理的に行動することが、振興開発計画の中で期待されている。学校、職場において「人材教育」という形で琉球人の産業生産性の向上が図られてきた。その際、世界的にも勤勉な民族と言われている日本人がロールモデルとされ、日本全国の経済水準に追いつくことが琉球の振興開発計画において最大の目標とされた。産業生産性を向上させるために、琉球人の生命力が犠牲にされたのである。産業生産性は他者、つまり日本政府や日本企業によって管理され、操作されるものでしかなく、琉球の植民地主義がさらに深刻になった。日本政府は振興開発を通じて、琉球や琉球人を操作可能な対象にし、常に自らの補助やケアーを必要とする、従属的な存在に変えようとした。それによって琉球に米軍基地を押し付けることが可能になると考えたのであろう。また琉球の主要産業となった観光業を通じて、琉球、琉球人は日本、日本人によって日常的に消費される市場化の対象になった。

一八七九年の琉球併合によって琉球国は日本政府によって滅亡させられたが、日本政府が重点を置いた政策が教育である。会話伝習所を設置し、日本語を普及させるとともに、学校制度が導入され、皇民化教育が実施され、琉球諸語は撲滅の対象となった。

「復帰」後も、振興開発計画に基づいて「本土並み」に学校が琉球中に建設された。日本とは異なる歴史、文化を有し、独自の言語を話す民族が生活する琉球に対して、日本式の全国画一的な教育が行なわれた。共同体の人間であった子供達はそこから切り離され、学校で学ぶ過程で日本国民の一人として再編成された。学んだ成果は、絶えず行なわれる様々なテストによって数値化、序列化され、競争的な市場社会に耐える「経済人、企業戦士」が養成された。

琉球の小中学校は毎年実施される学力テストにおいて下位の位置にあることが公表され、子供達や学校関係者に劣等感が刻印され続けている。全国最下位の県民所得、全国平均よりも高い失業率の改善が開発の目標とされた。同じように、学力テストの上位成績という数値目標が子供達に示され、それに向かってどこまでも走らされるようになった。偏差値の高い大学への進学、株式市場一部上場企業への入社や中央官庁への入省等が成功の証とされる日本社会への琉球人の同化が教育の現場において進行している。

他方で、市場が発達しない「周辺島嶼」は、「遅れた地域」として位置付けられ、子供達は生まれ島を離れ、都会に集まるという「地方の衰退」が学校によって引き起こされた。

経済学は、効用、利潤を飽くなく追求する経済主体の存在をその理論の中心に据えている。経済学の学問としての影響力は大きく、単一の目的しか持たない存在を所与として理論が構築されたために、利益や利潤を優先し、競争を促すような画一的な社会が琉球中に増殖するようになった。

「人間のための経済」に基づく琉球独立

人間は市場において、どれだけ消費し、生産したのかによってその価値が計られるのではない。家族、地域、民族等という、他者との間で形成される関係性によって人間は自らの存在意義を認識することができる。失業した琉球人の若者が、島を離れ、日本で季節労働者となり、島に帰っても定職がなく、アルコール依存症となり身体を衰弱させ、就職活動を止めた場合、その若者は人間として価値のない人生を送ったと言えるのだろうか。その若者が築いてきた人間関係において、自らを支えてくれたとして他者の記憶に残るならば、人間としての価値は確かにあったと言えよう。世界の中で人間は孤立して存在しているのではなく、他の人、生物、神や仏によって生かされていることに、人として生きている意味がある。

琉球では、自らが失業者であることにもがき苦しみ、「引きこもり、アルコール依存症、長期の療養、自殺」をする若者が少なくない。琉球における資本主義化、市場経済化、日本政府による「政府の失敗」の犠牲者である。

資本主義化、市場経済化は地域共同体を破壊し、不安で孤立した個人を生み出してきたが、そのことで権力や資本は支配力を強化することができた。「分断して統治」するのが、権力支配者や植民地支配者の常套手段である。日本政府による「振興開発と米軍基地」のリンク策は地域共同体を分裂させ、利己主義的で、不安な個人を生み出し、米軍基地、振興開発、市場主義的法制度に依存させようとするものであった。日本政府、基地、開発、市場等、人間から遊離したシステムが琉球人を支配する状態が拡大するようになった。日本政府の掌中にある開発システム、軍事システム、政治システムによって琉球人が管理される。抵抗せず、自らの頭で考えない「システム依存型の人間」が増えるほど、日本政府は自らの欲望を琉球に押し付けることが可能になる。

「復帰」後、振興開発計画の中で琉球は「後進地」として位置付けられ、「先進地」であるとされた日本の背中を見て走らされてきた。しかし、そのようなキャッチアップ型の開発政策を介して米軍基地が押し付けられたが、どんなに琉球が走っても日本に追いつくことはできなかった。そもそも「先進地」と「後進地」という二分法は、琉球の現在や未来を認識し、展望する上で有効な方法であったのだろうか。市場経済メカニズムが社会に浸透した度合いや、経済成長の進展度をもって社会のあり方を評価する方法は、「後進地」とされた地域にとって正当化されることなのであろうか。

琉球の開発が成功して「先進地」になったとして、琉球人は本当に幸せになれるのだろうか。琉球が「先進地」になると、時間や数値目標や無限成長に常に追われ、他者との間で利益を巡る対立が深まり、コミュニティでの交歓よりも個人主義的な孤立した生活が主流になるだろう。市場メカニズムが島や海に張り巡らされ、琉球人が自由に自然の豊かさを享受することもできなくなる。「後進地」と呼ばれる地域には、市場経済以外の経済である再分配や互酬の仕組みが存在し、人間や自然との濃密な関係性が多く残っている。琉球の島々の中でも、沖縄島周辺の島々、宮古・八重山諸島には、人間が本当の豊かさを享受し、安心して生きることができる可能性を見出すことができる。現代社会において市場経済全てを否定することはできない。しかし、西川潤が提唱する「人間のための経済学」［西川二〇〇〇年］に基づいて琉球の市場経済をその社会の中に埋め込むことは可能であろう。

琉球において、経済の原義である経世済民を実践することができる主体は琉球人である。国連憲章、国際人権規約、植民地独立付与宣言等の国際法において、「民族の自己決定権」が明記され、植民地はこの権利に基づいて独立できることが保障されている。琉球人は経済人ではなく、歴史と文化を共有する独自な民族であり、祖先とつながることができる土地において主体的に生きる権利がある。

近年、琉球では民族独立運動が台頭するようになった。未だに在日米軍基地の七四％が有無を言わさず押し付けられ、危険で爆音を撒き散らすオスプレイの配備や、辺野古や高江への新たな米軍基地建設を日本政府は強行している。鳩山由紀夫元日本国総理大臣による在琉米軍基地の「県外移設」の公約が、全国知事会、大半の日本国民によって拒否されて以降、琉球人は「沖縄差別」を公然と主張するようになった。つまり、「被差別の主体」、「抵抗の主体」という政治アイデンティティを琉球人は獲得し、それに基づいた脱植民地化運動を展開するようになったのである。

それと軌を一にするように、琉球では琉球諸語の復興運動が活発になった。琉球各地で「しまくとぅば（琉球諸語）」を学び、話すための組織が次々に設立された。「しまくとぅば連絡協議会」が誕生して、琉球全体で自らの言葉の復興運動が展開されている。新聞やテレビ・ラジオでも琉球諸語を読んだり、聞いたりする機会が多くなった。

琉球諸語は、日本語の方言ではない。ユネスコも認めるように、独自な言語であり、琉球大学で言語として琉球諸語を研究する人も増えてきた。那覇市役所においては琉球諸語で市民に話しかけ、職員採用試験の口頭試問では琉球諸語による面接が求められており、公的空間においても言語復興の取り組みが行なわれている。

琉球併合後、琉球社会の植民地支配、近代化過程は、琉球諸語の撲滅と日本語の普及過程と連動していた。琉球人が日本語を流暢に話すことが労働者としての重要な条件となった。「琉球人お断り」の看板を掲げたアパートや食堂に象徴されるように、差別の対象となった琉球人は日本資本主義社会の底辺に位置付けられた。沖縄戦において、琉球諸語を話すとスパイ容疑者とされ日本軍に虐殺されたこともあった。

「復帰」の年、私が琉球の小学校で学んでいた時、琉球諸語を教室内で話すと「方言札」を首から掛けさせるという罰を教員が生徒に与えた。琉球諸語を話す時に、心身に傷を負った歴史と記憶が蘇ると考える琉球人は少なくない。現在の琉球諸語復興運動は、政治経済的、社会的、法的な主権を回復する運動とそのまま直結している。市場メカニズムの部品としての経済人ではなく、人間として、民族としての琉球人になって、脱植民地化を進めるという政治アイデンティティを土台にした言語復興運動が展開されているのである。

一つの発展モデルを全ての島々に適用する、資本主義の原理に基づいた単系的発展ではなく、島ごとに様々な発展の形をみとめる多系的発展である、内発的発展を通じて琉球の「ゆいまーる社会」が実現される。島の社会発展を担うのは、家庭、地域社会、職場、国境等を横断して、経済活動、文化交流、自治活動、文化活動、祭祀活動等の多種多様な「仕事」をしている琉球人自身である。琉球人が主体となって発展過程に参加し、地域毎の文化や歴史、生態系を基盤にした社会発展が内発的発展である。経済発展の担い手が琉球人であるという点が、「復帰」後の「経済人による開発政策」とは大きく異なる。

地域の歴史、文化、生態系、慣習をよく知る琉球の人間、企業、団体、NPO等が社会発展の過程に参加し、地域が直面する諸問題の原因を明らかにし、解決していく。

地域の人間同士の連帯、協力、協働、相互扶助関係を強化して社会的弱者を守り、相互の力を出し合えば地域全体の社会発展が可能になる。人間の関係性を重視する「連帯経済」は世界中にみられる発展の方法でもある。

日本では、国家の周辺としての地域、中央政府から地方交付税や国庫補助金が提供される対象としての地域、国土開発計画の部分としての地域など、地域が国の下部組織に位置付けられてきた。国主導の財政計画、国土開発計画を通じて、中央政府に地方自治体が財政的に依存し、大都市に人口や政治経済的機能が集中し、地域が疲弊し、「限界集落」が増加するという、歪んだ国と地域との関係が生まれた。

琉球独立後、中央集権的な国家体制に依存せず、各島が財政・経済主権を持ち、島嶼内の内発的発展の実践を積み重ねて琉球全体の発展を導いていく必要がある。

東アジア共同体の中の琉球国

琉球は約六〇〇年、東アジア、東南アジアの中で独立国家として存在した。琉球人の世界的ネットワーク、琉球人の政治・経済能力の向上、経済活動の脱国境化やIT化、アジア経済の発展、東アジアのセンターに位置する地理的有利性等を考えれば、琉球独立後の方が経済自立の可能性が高まるだろう。

かつて琉球国の貿易相手国であったアジアの国々では民主化や経済発展が著しく進んだが、琉球には基地が押し付けられ、日本に従属した奴隷的境涯におかれたままである。

モナコ公国の人口は約三万人であり、同国には所得税、市民税、固定資産税、相続税が存在しない。そのような国や地域が琉球内にあってもいい。その領土の人々が自己決定権を行使すれば、自由に税制度をつくることができる。モナコだけが例外ではなく、世界にはそのような国がいくつもある。

非武装国家のリヒテンシュタイン公国の人口は約三万人である。スイスと関税同盟を締結し、通貨はスイスフランを利用している。琉球も隣国と関税同盟を結び、他国の通貨を利用することもできよう。モナコやリヒテンシュタインは、約五万人が住んでいる宮古島や石垣島よりも人口が少ないのである。

独立すれば、独自な税制を導入し、通貨や国債を発行できる。デフレやインフレから国を守るために通貨の流通を調節する金融政策を、連邦政府と中央銀行が協力しながら実施する。将来はアジア共通通貨の創設を琉球がイニシアチブをとって進める。ＥＵのユーロに匹敵するアジア共通通貨が流通すれば、琉球はアジアにおけるブリュッセルのような役割を果たすことができる。関税や輸入数量制限の撤廃を行い、アジア内での貿易、投資、生産、消費を増大させる。

琉球は世界経済第二位の中国、第三位の日本に隣接しており、韓国、台湾、東南アジア諸国のように経済発展が著しい国々とも近く、これらとの経済的ネットワークを拡げ、深めることが可能となる。

琉球はアジア諸都市へのアクセスもよく、さまざまな言葉を話せるバイリンガルの人も多く、アジア経済のセンターになる潜在力がある。預金利息税ゼロ、法人税・所得税・相続税の軽減または廃止などの優遇措置によってアジア富裕層の琉球移住を促す。また金融業、物流業、情報通信業等を中心とした企業に対する支援策を実施して、琉球を、かつての琉球国のような中継貿易地、スイスのようなオフショア金融センターにする。

琉球がアジアの経済的なセンターになれば、アジア各地の優れた技術や人材そして資金を集めて、世界が注目する新たな商品やサービスを開発、輸出できるようになるだろう。ＩＴ、バイオ、研究開発、プライベート・バンク、投資信託商品の開発、健康食品加工、医療ツーリズム等の多様な観光業、アジア諸国を迅速につなぐ物流業など、琉球が発展する分野は数えきれないほど存在する。

中国に「人民は国家の根本であり、根本が強固であれば国家は安泰となる」（『尚書』「夏書」五子之歌）という格言がある。琉球の中で次から次に沸き起こる数知れない諸問題を抱える人々の声を聞き、具体的な解決方法をともに考え、励まし合い、民の苦しみを少しでも和らげ、救えるのは琉球人しかいない。地域のことを最もよく知っている琉球人自身が、地域の政治経済、社会、文化の発展に直接参加して自らの力で地域や組織をつくりあげる。

その際、地域共同体にすでにある、人と人との濃密な相互扶助関係が自治社会政策の柱となる。自治の担い手である民が地域の福利や平和のために集い、力を合わせて問題を解決し、地域を平和に、豊かにする団体や組織を生み出した。例えば、各種の協同組合、少年団、青年団、ＮＰＯ、ＮＧＯ、婦人会、老人会、自治会、隣組、公民館、共同売店、社会福祉団体等を自治的組織と呼べよう。行政・地元企業・自治組織間の協働関係を促進させる。琉球内で産物とカネを循環させ、地域資源を有効に活用し、農・水・商・工の産業連関を強化し、アジア経済との連結を深める。

琉球の平和と発展は、民の自治的な自覚と実践によってしか実現しない。民族の意志が日本政府によって無視されてきたのが近現代の琉球の歴史である。琉球人は侮辱される民族のままでいいのだろうか。尊厳ある豊かさを実現するために、琉球は独立しなければならない。

琉球は非武装中立国として独立すべきであると考える。東アジア共同体が「友愛」の理念に基づいた関係を柱にして形成されるには、琉球国による平和創出のための活動が欠かせないだろう。琉球は国連アジア本部や世界的なＮＧＯ機関を誘致し、世界的な和平会議を開催して、平和や人権のセンターになるだろう。それが琉球の平和を守る最も有効な安全保障策となる。アジアの平和や発展と、琉球のそれとは一心同体の関係になるのである。

参考文献

イバン・イリイチ、桜井直文監訳『生きる思想（新版）――反＝教育／技術／生命』藤原書店、一九九九年
沖縄県企画部編『経済情勢（平成二六年度版）』沖縄県企画部、二〇一五年
カール・ポランニー、吉沢英成他訳『大転換――市場社会の形成と崩壊』東洋経済新報社、一九七五年
ジェレミー・リフキン、北濃秋子訳『脱牛肉文明への挑戦――繁栄と健康の神話を撃つ』ダイヤモンド社、一九九三年
松島泰勝『沖縄島嶼経済史――一二世紀から現在まで』藤原書店、二〇〇二年
松島泰勝『琉球の「自治」』藤原書店、二〇〇六年
松島泰勝『ミクロネシア――小さな島々の自立への挑戦』早稲田大学出版部、二〇〇七年
西川潤『人間のための経済学――開発と貧困を考える』岩波書店、二〇〇〇年

西川潤・松島泰勝・本浜秀彦編『島嶼沖縄の内発的発展――経済・社会・文化』藤原書店、二〇一〇年
松島泰勝『琉球独立への道――植民地主義に抗う琉球ナショナリズム』法律文化社、二〇一二年
松島泰勝編『民際学の展開――方法論・人権・地域・環境からの視座』晃洋書房、二〇一二年
松島泰勝他編『琉球列島の環境問題――「復帰」四〇年・持続可能なシマ社会へ』高文研、二〇一二年
松島泰勝「琉球の独立と平和」日本平和学会編『平和研究』第四二号、早稲田大学出版部、二〇一四年
松島泰勝『琉球独立論――琉球民族のマニフェスト』バジリコ、二〇一四年
松島泰勝『琉球独立――御真人《うまんちゅ》の疑問にお答えします』Ryukyu 企画、二〇一四年
松島泰勝『琉球独立宣言――実現可能な五つの方法』講談社文庫、二〇一五年
松島泰勝編『島嶼経済とコモンズ』晃洋書房、二〇一五年
松島泰勝『琉球独立への経済学――内発的発展と自己決定権による独立』法律文化社、二〇一六年

第７章　暴力に抵抗する主体・沖縄
──記憶をつむぎ、アジアを構想する

新垣　毅（琉球新報東京報道部長）

「交流の記憶」を蘇生する

二〇一五年一二月一五日、念願がかない、その地を初めて訪れた。

経済大国となった中国の北京には、陽光を浴びてきらめく高層ビルが林立する。その中心街から南東へ車で約四〇分走らせた所にある通州区張家湾は、高度な経済成長前の中国を思わせる、古い雑多な平屋が広がっていた。その一角、枯れ木や粗大ゴミが所々に散在した空き地に琉球人が眠る土地がある。

一八七九年、約五〇〇年続いた琉球王国は帝国日本によって飲み込まれた。その直前から琉球士族らは、中国に亡命し援軍を求めた救国運動を激しく繰り広げた。一八九四年に中国（清）が日清戦争で日本に敗れるまで続いた。通州区には、道半ばで命尽きた琉球士族らが眠る。琉球の救国運動をめぐって沖縄では、文明化＝日本化の抵抗勢力による既得権保守運動としてさげすまれる見方が強かった。

しかし一九九〇年代より、対話や交渉で他者との対立を避け、生き延びる平和的な生き方や琉球の自立を模索した国際的な運動として評価する見解が出始めた。琉球併合を単純に沖縄の文明化の契機とみるのではなく、琉球の主権の喪失と捉え、琉球併合を日本の植民地拡大の初歩段階として位置付ける見方だ。これに

より、沖縄人の日本人への同化＝臣民化を、大和民族を頂点とする皇国日本の位階序列の中で位置付け、相対化する知見が得られるようになった。その知から紡ぎ出される「過去」とは、琉球自体が日本、中国、東南アジアの中心的場所あり、それらとの関係（交流）においてはじめて〝自律〟を維持していた歴史であり、その関係が皇国日本によって切断され、やがて琉球自体が併合されたという「記憶」である。

現在、交渉の担い手であった琉球人が眠る地もまた、北京市の首都機能を通州区に移転する計画や大規模テーマパーク建設計画などの開発によって飲み込まれようとしている。この「記憶」を保存し、発信し、現在という地点から関係性を蘇生させる動きが中国、沖縄双方で始まっている。双方の研究者らは、遺骨・遺品の発掘調査と、建設中の通州博物館への保管を求めている。

交流と併合の歴史を記憶にとどめる行為そのものが、現在の地点の状況＝文脈において、中国と沖縄の人々による関係性を再生するという未来志向への礎となる。

琉球人が眠る地で手を合わせ、祈りをささげた日の前日、私は北京師範大学で開かれた琉球フォーラムに参加し、沖縄は東アジアの対話・交流の拠点となるのにふさわしいと訴えた。そのために戦争で沖縄人が日本人への同化（臣民化）志向の結末として加害者となり、また地上戦で被害者ともなった両面ある過去に向き合う重要性も指摘した。日中韓首脳が定例化に合意した首脳会談の沖縄開催も提起した。

出席した中国側識者の中心的人物である劉江永清華大教授は、東アジアの平和を志向する「沖縄の自己決定権」を「私らは尊重し、支持する」と強調した。中国の歴史学や国際法、国際関係の専門家らが次々と発言し、アジアの平和を築く上で「沖縄の果たす役割は大きい」として経済や文化、教育の交流推進を促すべきとの考えを表明した。

私はその場の体験から、「沖縄は東アジアの平和の要になれる」という確信を得ることができた。沖縄の人々には、平和や命を大切にするアイデンティティーがある。一方で日本政府は、宮古・八重山への自衛隊配備など軍事強化を進めている。尖閣問題などをめぐり紛争が起きれば、真っ先に犠牲となるのは米軍・自衛隊基地が集中する沖縄の人々だ。生き残るためにも、東アジアの対話・交流の場を模索・実現させる資格が沖縄にはある。

辺野古新基地建設は植民地主義の象徴

沖縄県名護市辺野古沖への米軍新基地建設をめぐって、建設を強行している日本政府と、建設断念を目指す沖縄県が激しい裁判闘争を繰り広げ、現在、和解協議を進めている。二〇一六年秋ごろ、再び裁判が始まる見通しだ。そもそも、この対立はなぜここまで深まったのか――。それは、日米同盟とその下での安全保障政策を「国益」あるいは「公益」として、沖縄の民意など聞く必要はないと考える日本政府と、自己決定権がないがしろにされてきた沖縄の歴史を踏まえ、未来を切り開こうとしている沖縄の覚悟に基づく行動が、激しくぶつかり合っているからだとみることができる。

言い換えれば、日本の植民地主義と沖縄の自己決定権への主張が鋭く対立しているのだ。その象徴が、辺野古の問題ということができよう。植民地主義とは、分かりやすくいえば、「国益」や「公益」の名の下で、特定の地域を道具のように扱うことだ。

これに対し沖縄が自己決定権を主張している背景には、「国益」や「公益」の名の下で、琉球・沖縄がずっと国の道具にされてきた歴史がある。

一八七九年に明治政府が軍隊や警察を伴って強行した暴力的併合(「琉球処分」)では、日本が沖縄を日本の領土として組み込んだ。その発想には、沖縄を国防の「要塞」と位置付け、日本本土の防波堤とするとともに、国土拡張の犠牲にする考えがあった。約五〇〇年続いた琉球王国は消滅し、琉球人は土地と主権を剥奪された。

一八八〇年には、日清で琉球諸島を分割する条約に合意するに至った。調印されなかったが、日本が欧米列強並みの地位や中国市場から利益を得るという「国益」のために、琉球の宮古・八重山諸島を中国に差し出す内容だった。

一九四五年、第二次世界大戦における沖縄戦で、沖縄は日本本土決戦に向けた時間稼ぎのために「捨て石」にされた。住民も陣地構築作業や戦闘に動員され、約一二万人が犠牲になった。

一九五二年発効のサンフランシスコ講和条約では、日本の独立と引き替えに沖縄は米国の統治下に置かれ、反共防衛のための島「不沈空母」として軍事要塞化された。

一九七二年の日米による沖縄返還協定では、沖縄の人々が望む「基地のない平和な島」は無視され、広大な米軍基地は残った。沖縄の米軍基地を「自由使用できる」「有事には核兵器を持ち込める」とする密約の存在も指摘されている。日米同盟という「公益」や「国益」の名の下、東アジアの「軍事の要」にされ、今日に至る。

日本は一貫して日米同盟を「公益」・「国益」とし、「基地の島・沖縄」を米国への、いわば〝貢ぎ物〟にしてきたのだ。

一九九五年、沖縄県内で米兵三人が小学生の少女を輪姦した事件が起き、沖縄の人々は強い抗議の声を上げた。これが現在の普天間基地問題の発端だ。しかし、日米政府は、移設先の条件を沖縄県内とし、普天間基地から直線距離でわずか約三六キロメートルしか離れていない名護市辺野古に移設することを決めた。これではほとんど沖縄の負担軽減にはならない。

一九九六年当時、橋本龍太郎首相とともに普天間基地返還に合意したウォルター・モンデール駐日大使は二〇一五年、琉球新報のインタビューに応じ、普天間基地の移設先について「われわれは沖縄とは言っていない」と述べ、移設先は日本側による決定であったことを強調した。このことは、普天間の代替基地の場所が沖縄でなければならない、地政学などの軍事的理由などではなく、政治的理由（二〇一二年、当時の森本敏防衛相が明言）で決められていたことを物語る。いわば〝差別政策〟だったのだ。

「基地・軍隊を許さない行動する女たちの会」が新聞や書籍、琉球政府文書、証言などを基に一九四五年四月以降、最新の二〇一二年までの六七年間で確認できた米兵による性犯罪事件（判明分のみ）をみると、発生市町村が確認できた三一〇件のうち、最も多かったのが那覇市の六三件、次いで沖縄市五五件、うるま市四六件、宜野湾市二二件と続く。これらの統計から分かるのは、発生地は広範に及び、特に人口密集地で多く起きていることだ。基地の有無に関係なく米兵が動き回り、人が住んでいる所で事件を起こしている。近年は那覇でも住居侵入や強盗致傷事件などが相次ぐ。事件は、いわば住民と〝同居状態〟といえる。基地が三六キロ動いただけで、兵士数の規模がそのまま残るのならば、この傾向は続くだろう。

二〇一二年に米軍普天間飛行場に垂直離着陸輸送機MV22オスプレイが強行配備された。同機は、事故率が高く、米国メディアから「未亡人製造機」「空飛ぶ恥」と言われてきた。配備は、日米政府が言う「普天間の危険除去」と逆行している。

オスプレイは本島中北部の米軍施設周辺でも飛行する様子が頻繁に確認されている。普天間から辺野古に基地を移しても、墜落の危険性が本島全域に及ぶ状態は変わらない。

こうした状況から、沖縄の人々は普天間基地の「県外移設」など「自己決定」を求めているのだ。

普遍的価値の追求

日本政府が沖縄振興策をちらつかせ、「アメとムチ」で分断されてきた沖縄社会はいま、「オール沖縄」を掲げ、自己決定権を強固に主張するにまで強くなった。この闘いは、戦後、米軍と鋭く対峙し、時には弾圧を受けて挫折しながらもはい上がり、自治権を拡大していった戦後沖縄史の延長に位置付けることができる。沖縄の人々は、日本本土の高度経済成長を目の当たりにしながら、米軍の圧政に対する「抵抗の旗印」として「日本復帰」を掲げた。平和や人権擁護を高らかにうたう「平和憲法」への〝復帰〟を目指したのだ。この運動の核心には、人権や自治権、平和といった普遍的価値の追求があった。今の沖縄の自己決定権の追求は、「日本復帰」で実現できなかった沖縄の課題を解決する、一つの要求として登場したといえる。

一方、日本政府は名護市辺野古への新基地建設をめぐり、地方自治体を通さずに地元名護市の久辺三区（辺野古、久志、豊原）に対して直接補助金を交付できる制度を創設した。そのうち補助金受け取りで賛否が分かれる久志区は交付対象とならなかったが、カネで地元社会を分断したり、一部指導層を取り込んで抵抗者と対立させたりするやり方は、植民地主義者の常套手段だ。しかし沖縄の人々は、これに対抗するために党派を超えて団結することの重要性に目覚め始めている。

一連の日本政府による植民地主義的な施策への批判的視座が県民に根付き始めている。私は、沖縄の主張が強固になった一因がそこにもあるとみている。

　見方を転じて、日本本土の人々からみれば、辺野古新基地建設はどのような象徴的な意味を帯びているのだろうか。

　沖縄の主要選挙で明確に出た「辺野古新基地建設ノー」の民意を無視することは、前述した植民地主義とつながっている。沖縄を、人間が住んでいないような所、国防の道具として扱うに等しいからだ。もし、建設を強行する政権がこのまま続くのなら、それを支持した国民の責任も問われる。日本人は沖縄に対する植民者として批判されても仕方がない。

　しかし、逆に、本土の日本国民が、沖縄の民意や自己決定権を尊重し、新基地建設を日米政府に断念させることができれば、基地を集中させて沖縄を道具とする植民地主義をやめる第一歩にすることができる。辺野古問題に向き合い、基地建設を断念させることこそ、植民地主義との決別につながるのである。

　アジアの人々に対する戦争責任、歴史認識問題を抱える日本にとって、日本人の「無意識の植民地主義」（野村浩也広島修道大教授）との決別は、アジアと共生する関係を築く上で不可欠な要件といえるだろう。その意味で、いま、沖縄で起きている問題は、日本がアジアと共生できるか否かが試される登竜門といってよい。日本人がアジアの人々と真の信頼関係を築けるかどうかは、いまの沖縄に向き合い、沖縄への植民地主義をやめること、これが試金石なのだ。

　ちなみに、一八七九年の琉球併合は、一九一〇年の朝鮮併合のモデルとなった。実行した中心人物は、いずれも伊藤博文だ。その後、日本帝国は琉球や朝鮮を踏み台にしてアジアを侵略していった。今度はその反省を生かし、逆に、現在「第五の琉球処分」といわれている辺野古新基地建設を断念し、沖縄を米国への

〝貢ぎ物〟とすることをやめ、日本が真の意味で植民地主義と決別すれば、アジアとの共生の道が開けると考える。

世界の趨勢

日本と中国・韓国の関係改善を阻む歴史認識問題や尖閣など領土紛争の火種をめぐって、「沖縄は対話の場になれる」という見方がある。対話が実現できれば、沖縄だけでなく、日中韓はじめ東アジア全体の平和構築にとって有益という考え方だ。人、モノ、情報のグローバル化の進展に伴い、経済・政治などの分野でEUや東南アジア諸国連合（ASEAN）のような国境を越えた地域統合が進むなど国家の壁は低くなりつつある。

しかし、日本では、中国脅威論などナショナリズムをあおり、国家間の壁を高めているのが現状だ。それは世界のすう勢に逆行しているといえよう。

日中間の摩擦が激化すれば、真っ先に危険な状況に置かれるのは沖縄だ。沖縄の人々は、そうしたことへの危機感を肌感覚として持っている。

スイスの平和活動家クリストフ・バルビー弁護士は、世界でイスラエルとパレスチナの問題の次に危険なのは東アジアであり、北朝鮮問題や日中関係が紛争の火種になると指摘している。「危険の中だからこそ沖縄の立場は非常に重要だ。平和は沖縄だけの問題ではない。沖縄が平和になれば、東アジア全体への影響は非常に大きい」と述べている。

沖縄はいま、東アジアにおける日米の「軍事の要」の役割を負わされているが、そうではなく、琉球王国時代にアジア太平洋地域に展開した交流・交易の歴史的経験を生かし、人や文化、観光・物流などの文化・経済交流を促進してアジア諸国の懸け橋となることこそ、沖縄の将来像として期待される姿だ。人やモノ、経済の交流が進めば、それ自体が安全保障になるとの考え方もできる。グローバル化によって国境が低くなるにつれ、沖縄が「交流拠点」になれるチャンスは大きくなっている。

沖縄はいま、アジアからの観光客が街にあふれている。米軍基地の跡地利用で国際機関を誘致するなど国際情勢を踏まえ、沖縄がどのような東アジアのビジョンと自分らの将来像を具体的に提起できるかが問われている。

沖縄の自己決定権

そのビジョンを実現していくには、沖縄の自己決定権の行使が不可欠だ。沖縄では、この自己決定権の主張は、もはや憲法だけでなく、国際法に基づく形で表れている。国際法が保障する自己決定権は、土地の権利や人権など自らに関わる重要政策を中央政府が決定する過程に参加できる権利だ。国際法である国際人権規約（自由権規約、社会権規約）は各第一部第一条で、集団の権利として「人民の自己決定権」を保障している。この権利が両規約の冒頭に据えられているのは、集団が抑圧されると、集団に属する個人一人一人の権利も侵害されかねないからだ。いわば「人民の自己決定権」は、全ての人権保障の大前提となっている。外から加えられる圧力や搾取への法的壁となって、集団のメンバー個々の権利を守る役割を担う。

国際法学者の阿部浩己神奈川大学教授（国際人権法学会理事）によると、自己決定権は今や国際人権規約の範囲を超えて国際法の基本原則の一つとなっており、いかなる逸脱も許さない「強行規範」と捉える見解も有力という。自己決定権は全ての人民が有する自然権ともいえる権利で、マイノリティー（少数者）や先住民などの集団も「人民」の概念に含まれて主張されている。

自己決定権の主体である「人民」は一義的な定義はなく、エスニック・アイデンティティーや共通の歴史的伝統、文化的同質性、言語的一体性、領域的結び付きなどが目安になるが、その集団の自己認識が最も重視されるという。

沖縄の場合、ウチナーンチュ（沖縄人）というアイデンティティー（自己認識）が強く、琉球王国という歴史的経験、固有性の強い伝統芸能や慣習、しまくとぅば（琉球諸語）という言語的一体性、琉球諸島という領域的結び付きもある。

歴史的にみると、外部からの一貫した抑圧や差別を受けてきた人々が被抑圧・被差別者として「人民」を名乗る場合が少なくない。いわば政治的概念との見方もできる。

沖縄には琉球併合（「琉球処分」）や同化政策、沖縄戦、米統治、現在の過度な米軍基地集中などの被抑圧・差別の歴史的経験と現状がある。その意味で沖縄の人々は「人民」を名乗る主体たり得る。

自己決定権は日本語では一般に「民族自決権」と訳されているが、血のつながりや文化的同質性などを共有する、いわゆる「民族」は目安になっても、前提とはしていない。日本では「民族」「先住民」に付随するさまざまなイメージが誤解を生んでいるが、権利の主体はあくまで「人民」（People）だ。沖縄では沖縄戦における住民の「集団自決」（強制集団死）を連想する「自決」という言葉が含まれているため「自己決定権」という言い方が一般的になっている。

自己決定権には内的側面と外的側面がある。内的側面は既存国家の枠内で政治・経済・社会・文化の発展を自由に追求できる権利だ。その行使が著しく損なわれている状況では、さまざまな人権が重大かつ広範に侵害され続けられることにつながるので、外的側面として独立の権利がある。その行使は救済的分離の意味も含まれる。そのためには人民の半数を超える支持が必要とされている。

歴史的根拠

沖縄の自己決定権の歴史的根拠を考える上で注目したいのは、琉球王国が一八五〇年代に、米国、フランス、オランダのそれぞれと結んだ修好条約だ。これら三条約を根拠に、琉球国が当時、国際法の主体であったことが確認できる。

明治政府の命を受け、随行官九人、内務省官員三二人、武装警官一六〇人余、熊本鎮台兵約四〇〇人を伴った松田道之処分官が、琉球国の官員たちを前に「廃藩置県」の通達を読み上げた出来事が狭い意味での「琉球処分」だ。兵士らは首里城を占拠して取り囲み、城門を閉鎖した。このとき琉球王国は約五〇〇年の歴史に幕を下ろした。

「処分」の理由は、中国との外交禁止と裁判権の日本への移管に琉球が従わなかったことだった。琉球にとって中国との外交や裁判権は国権の根幹のため、明治政府に抵抗した。明治政府はその七年前、天皇の下へ琉球の使者を呼び、琉球藩王の任命を抜き打ちで一方的に実施した。天皇は琉球の王と「君臣関係」を築いたことにして、天皇の名の下で琉球国の併合手続きを着々と進めた。その併合手続きの過程が、広義の「琉球処分」とされている。琉球国からさまざまな権利を奪い取る「命令」に琉球が従わないとして、最後は軍隊で威嚇しながら一方的に「処分」を実施した。それが一八七九年の出来事だった。

琉球国の国家としての意思を無視して一方的に併合し、国を滅ぼした明治政府のやり方、すなわち「琉球処分」は後々、現在まで、沖縄の重要な歴史的出来事の節々で、沖縄に対する日本政府の態度を批判する言葉として生き続けることになる。「第二の琉球処分」「第三の――」「第四の――」……がそれだ。

複数の国際法学者によると、一八七九年の「琉球処分」の在り方は、ウィーン条約法条約第五一条「国の代表者への脅迫や強制行為の結果、結ばれた条約は無効」とする規定に抵触するので、琉球併合の無効を訴えることができるという。加えて日米両政府に対し、謝罪、米軍基地問題の責任追及などだけでなく、主権回復を訴える戦略が描けるという。

ウィーン条約法条約とは、条約に関する慣習国際法を法典化した条約のことで、一九六九年に国連で採択され、八〇年に発効された。日本は八一年に加入している。琉球併合当時、すでにこの条項についての国際慣習法は成立しており、それを明文化した条約法条約を根拠に、事実上、さかのぼって併合の責任を問うことが可能だというのだ。その歴史的根拠は、国際慣習法が成立していた当時、琉球国が米国、フランス、オランダと結んだ三修好条約であり、すなわち琉球が国際法上の主体＝主権国家と見られていた事実なのだ。

沖縄の苦難の歴史的原点が指摘されるときには、よく四〇七年前の薩摩侵攻までさかのぼっていわれることが多い。しかしこの三条約と琉球併合の関係に焦点を当てると、それらの歴史は決して単なる過去ではなく、現在の沖縄が置かれた状況を国際法の中に位置付けることが可能となり、さらに国際法を生かして主権回復や自己決定権行使を主張する議論の地平が開かれる。

アイデンティティーの変容

琉球併合以降、日本帝国の大和民族を中心とする差別的な位階序列の中で、琉球・沖縄人は差別を逃れようと、日本人への同化に向かう。日本国の辺境に位置し、海を介して外国と接している沖縄は、皇国日本のアジアへの植民地化政策の中で、日本の内となるか、外となるかの瀬戸際の位置にあるため、日本の他の地域よりも差別や暴力の対象から逃れようとする動機のエンジンは強く働いた。「文明人＝日本人＝天皇の臣民」という癒着の構図の下で、琉球の風習や固有の文化を「野蛮」と位置付け、同化政策を「生活改善運動」と称して自ら捨て去っていった。その究極的な同化の結末が、沖縄戦での戦場動員だ。多くの住民が「立派な日本人」として死ぬことを叫び、「集団自決」（強制集団死）を遂げていった。

戦後、沖縄の組織的な日本復帰運動は一九五一年から始まった。一時停滞したものの、一九六〇年四月に祖国復帰協議会が発足してからは一九七二年の日本復帰まで活発に展開された。米軍の圧政下で基地建設のために住民の土地は奪われ、基地から派生する事件事故の被害も深刻化していく〝米軍のやりたい放題〟の下、「祖国復帰」は、米軍に対する抵抗の旗印となっていった。

その二〇年余の間に、運動の中で目指すべき「祖国復帰」の概念と力点は変容する。終戦直後から五〇年代初めは「沖縄人は日本人だから、子が親の家に帰るがごとく」という民族主義的な色彩が強かった。その後、米軍用地の強制接収をめぐる住民の土地闘争を経て、住民の権利意識は高まり、沖縄の軍政に比べてさまざまな権利を保障している日本国憲法への復帰が強調された。人権や自治権などの権利獲得を目指すようになる。それに加え、六〇年代中盤以降はベトナム戦争の激化を背景に「反基地」を明確にするとともに、日本国の枠組みを超え、アジアの平和や共生も志向する「反戦復帰」へと発展する。

このように、「復帰」の意味は、素朴な日本ナショナリズムから、人権、自治権、平和、共生などの普遍的価値の獲得を目標とする内容に重点を移していった。この過程で運動の要求は、単に「日本に帰る」のではなく、人権や自治などの権利を保障し、かつ基地も撤去せよというものに高まりを見せた。このため、基地を残したままの施政権返還に対し「沖縄の要求が反映されていない」と批判が噴出し、七〇年前後には「祖国復帰」を根本的に問い直す議論が活発化した。

その問い直す議論では、沖縄のアイデンティティーの〝書き換え〟が起こる。特に、大半の基地が残ることが判明した六九年以降、復帰論・反復帰論者の間に「沖縄人」を再定義する言説が広がった。「未開」「野蛮」「劣った民族」など劣等感を起こさせる表象だった「沖縄人（ウチナーンチュ）」は「命どぅ宝」をうたう「平和愛好の民」「海洋民族」「アジアと共生する民」など誇れる存在として意味付けされた。

これらの言説は、主に米軍基地を由来とする暴力・戦争・人権侵害に対する拒否感から自身の存在を問い直し、平等や平和などの普遍的価値を希求する中で生まれた「抵抗する主体」として「沖縄人」を表現したのだ。それは「暴力に抵抗する主体」であり、命や人権、平等、平和を大切にする普遍的価値と共鳴する主体だ。

否定的な存在から肯定的なアイデンティティーへの転換は、その後、沖縄の自立論や自立に向けた政策の言説に転移していく。一九八〇年代以降、若者の音楽や「笑い」にも沖縄らしさの表現が活発化した。現在のしまくとぅば（琉球諸語）の復興運動も沖縄人の自信や誇りにつながっている。

東アジア共同体

二一世紀は成長率から言ってアジアが躍進する世紀だといえる。日中の経済における依存関係は既に不可逆的な関係にあり、深化の一途をたどっている。あとは安全保障の問題を含め信頼関係を築き、人材の交流を一層進めれば、お互いさらに関係を深める好機が生まれるだろう。

小泉純一郎氏は首相時代にＡＳＥＡＮ（東南アジア諸国連合）プラス日中韓、いわゆる「東アジア共同体」を提唱したが、中国の力が強すぎるということで、オーストラリア、ニュージーランド、インドを入れた東アジア地域包括的経済連携（ＲＣＥＰ）を進めることになった。ところが、日本は尖閣問題や「従軍慰安婦」問題など歴史認識問題で中国、韓国を怒らせ、なかなか関係修復に至っていない。いまわずかに緊張緩和の兆しは見えてきたものの、信頼関係はいまだ築ききれていないといえよう。

日中韓の信頼関係こそが東アジア共同体実現の鍵を握る。民主主義や人権など欧米の価値観で見ると、確かにアジアではいろいろな問題があるが、アジアの国々と真の信頼を築かなければ、日本の未来はないと考える。中国や韓国と向き合わないと発展の限界が必ず来るだろう。

東アジア共同体は米国からの圧力への抵抗力にもなる。その基盤として信頼関係が最も大切だ。ＴＰＰ（環太平洋戦略的経済連携協定）の本質は、米国が中国の地域統合の動きをけん制する狙いがあるといわれている。その一方で米国は自国の将来発展のためにはアジアが必要と考えている。アメリカは東アジア共同体ができたら困るので東アジアに影響力を持ち続けるためにＴＰＰを主導しているとの見方ができる。

他方、中国は、シルクロード構想やアジアインフラ投資銀行（ＡＩＩＢ）を次々と打ち出し、周辺国への影響力を拡大しようとしている。

こうした情勢の中で日中韓だけでなく、米国との関係を取り結ぶ可能性を秘める歴史や政治の経験を持つ沖縄は、対話の場として最適とみることができる。沖縄は既に米国との自治体外交を展開してきた長い歴史があるほか、最近は翁長知事が中国を訪問し、中国要人と会談し、中国とのパイプを築きつつある。

沖縄は、太平洋戦争の激戦地となった経験をしたため、戦争の怖さをよく分かっている。米軍からの圧政も受けた。前述のように、普遍的価値観と共鳴するアイデンティティーを持ち、命を大切にし、平和を強く希求する志向性も持っている。国際会議場などインフラ整備、中国語や英語を話せる人材の育成など課題は多いが、自ら東アジアの平和構想と基地返還行動計画を策定し、それに伴う国際機関立地などの軍事基地の跡地利用を提起すれば、日本国内のみならず、国際社会から理解を得る「道義」は十分あると考える。それには、自己決定権の拡大が不可欠だ。辺野古新基地建設阻止は、その第一歩といえる。

愁眉の課題として、日中韓で定例化に合意した首脳会談の沖縄開催を実現することから始めてはどうか。

沖縄人は〔中略〕自分の運命を自分で決定できない境遇におかれてゐる〔中略〕帝国主義が終りを告げる時、沖縄人は「にが世」から解放されて、「あま世」を楽しみ十分にその個性を生かして、世界の文化に貢献することが出来る（伊波普猷著『沖縄歴史物語』、一九四七年）

「沖縄学の父」と称される伊波普猷は沖縄に苦難（「にが世《ゆ》」）を背負わす帝国主義の終わりとともに、その後に沖縄の「あま世《ゆ》」が来ると予言した。その道標は、沖縄の現実に沿った具体的目標として、ウチナーンチュの目に見え始めている。

第８章　植民地支配犯罪論から見た東アジアと琉球

前田　朗（東京造形大学教授）

1　問題意識

「大和民族の方は手を挙げてください」

二〇一五年九月二三日、都内で「沖縄からの問い　応答する責任――県外移設を考える」をテーマに沖縄シンポジウムが開催された。主催は同シンポジウム実行委員会と琉球新報社。

シンポジウムは、琉球新報連載記事をまとめた新垣毅『沖縄の自己決定権』（高文研）の出版記念会であり、「沖縄に対する基地押しつけをどう考えるのか」、「それは日本人の植民地主義の現れではないのか」、「植民地主義をやめるために基地を本土に引き取る必要がある」と議論した。このテーマを正面きって掲げて議論したのは、東京では初めてと言ってよいだろう。

筆者は集会冒頭に「大和《やまと》民族の方は手を挙げてください」と呼びかけた。二〇〇名を超える参加者の八割くらいが挙手した。沖縄基地問題に対する本土・日本人の責任を問う議論を始めるので、その主体が誰であるのかを可視化する試みであった。複数の参加者が「驚きました」「大和民族は手を挙げてなんて言葉を、生まれて初めて耳にしました」と口々に語っていた。

新垣毅（琉球新報編集委員）は、沖縄民衆の平和と自立を求める闘いを強調した。「沖縄の二紙を潰さないといけない」などと暴言を吐いた作家がいるが、新垣によれば、長年の差別と抑圧にもかかわらず、むしろ差別と抑圧と闘うことによって、沖縄の二紙は民衆の支持を得てきた。翁長知事が国連に訴えに行ったのも負の抑圧の連鎖を断ち切るための自己決定権の行使である。沖縄の民衆は命、人権、平和、共生を実践してきた。辺野古問題は厳しい状況にあるが、沖縄は諦めない。基地押しつけは植民地主義であることを本土・大和民族は自覚し、差別者であることから解放される必要がある、と話した。

阿部浩己（神奈川大学大学院教授）は、翁長知事の国連演説は、マイノリティや先住民族の自己決定権に対応して日本のシステムが機能していないから、行われなければならなかった、と述べた。植民地主義に対する自己決定権の主張は国際社会に受け入れられる論理である。自らの土地や海域を勝手に取り上げられない自己決定権を日本も米国も守る義務がある。米軍厚木基地爆音訴訟における飛行差止めの法理から言っても、基地建設は難しくなるだろう。沖縄の自己決定権の尊重は大和側の責務である、と述べた。

上原公子（元国立市長）は、小泉政権の有事法制から安倍政権の安保法制に至る経過を厳しく問い直した。有事法制、国民保護計画など「戦争ができる国」にした上で集団的自衛権に踏み込んだ。沖縄の自己決定権を行使する一つの方法として憲法第九五条の住民投票を考えるべきである。基地は政府の一方的な措置で決まるものではなく、自己決定権をあらゆる手段を用いて訴え、沖縄自立の長期的ビジョンを提示して日本政府に迫っていくべきだ、と述べた。

高橋哲哉（東京大学大学院教授）は、著書『沖縄の米軍基地』（集英社新書）で提起した県外移設論を敷衍した。

植民地主義の象徴が米軍基地であり、辺野古基地建設問題である。世論調査では八六％が日米同盟強化を支持している。にもかかわらず、基地が自分のところに来るのは嫌だから沖縄に押し付けても構わないというのは構造的差別である。日米安保条約は本土の政策選択であって、沖縄に基地を押し付けるのではなく、本土が選択の責任を引き受けて、基地を引取る必要がある。大阪や福岡で基地引取りの運動も始まっている、と述べた。

憲法九条と日米安保条約を同時に支持するニセの平和主義はすでに賞味期限が切れていることをくっきり浮き彫りにするシンポジウムであった。

植民地・琉球とは

東アジアにおける琉球／沖縄の位置と意味を考える際、日本による琉球処分以来の歴史を踏まえなければならないことは言うまでもないが、琉球処分そのものの位置づけ自体が必ずしも明確になっているとは言い難い。

琉球王国がアメリカなどと締結した条約一五〇周年を機に、歴史を再検討した新垣毅によると、条約を締結したということは当時の琉球王国が欧米諸国から独立主権国家と認められていたことを意味する。それゆえ、琉球処分は明らかな侵略と植民地化である。そのことを新垣はいくつもの資料を基に指摘している。

それゆえ、琉球処分を植民地化として理解すれば、琉球に対する植民地支配を正面から議論するべきである。しばしば語られるような「琉球は植民地的だ」という「比喩」のレベルではなく、近代世界における典型的な植民地だったのではないだろうか。

本稿では、植民地・琉球に対する日本の植民地支配責任を、植民地支配犯罪論から見ることを通じて、東アジアにおける日本と琉球の関係史を問い直すための手掛かりを提示したい。現在の米軍基地問題をはじめとする、日本（本土）による琉球差別の起点を再確認することが求められている。

では、植民地支配犯罪とは何か。「継続する植民地主義」の問題提起を踏まえて植民地支配責任論と植民地支配犯罪論について考えたい（岩崎稔・中野敏男編『継続する植民地主義』青弓社、中野敏男他編『沖縄の占領と日本の復興――植民地主義はいかに継続したか』青弓社、徐勝・前田朗編『〈文明と野蛮〉を超えて――わたしたちの東アジア歴史・人権・平和宣言』かもがわ出版、木村朗・前田朗編『二一世紀のグローバル・ファシズム』耕文社参照）。近代国際法は植民地を事実上容認した。西欧諸国は自ら産み出した国際法を使って文明の名の下に植民地を広げた。それゆえ植民地支配そのものを批判するためには国際法の換質が必要である。植民地を容認する国際法ではなく、植民地支配を犯罪とする視座を確立する必要がある。植民地支配下における虐殺や拷問だけが犯罪ではなく、植民地支配そのものの犯罪性について検討する必要がある。

2　戦争責任論から戦争犯罪論へ

東京裁判において日本軍国主義の戦争犯罪が裁かれて以後、さまざまな形で戦争犯罪論と戦争責任論が続けられた。歴史学では家永三郎、荒井信一、吉田裕などの戦争責任論の系譜が知られる。市民運動でも一九八〇～九〇年代に戦後補償運動が展開され、日本軍「慰安婦」、強制連行・強制労働、BC級戦犯、七三一部隊をはじめとする各種訴訟が提起された。

国際的には一九九〇年代に戦争犯罪論が飛躍的に発展した（前田朗『戦争犯罪論』青木書店、同『人道に対する罪』青木書店参照）。ニュルンベルク裁判及び東京裁判を実現した後、国際社会は空白期を迎えた。東西対立、冷戦構造の下、新たな戦争犯罪法廷は設置されなかった。しかし、東西対立終結以後、状況が大きく変化した。一九九三年には旧ユーゴ国際刑事法廷、九四年にはルワンダ国際刑事法廷が設置され、戦争犯罪、人道に対する罪、ジェノサイドの有罪判決が次々と下され、刑法解釈の積み重ね、刑事手続きの経験の蓄積がなされた。さらに「国際化された法廷」として、東ティモール法廷、シエラレオネ法廷、コソヴォ法廷、カンボジア法廷も活動した。こうした動きを受けて一九九〇年代、常設の国際刑事法廷を設立するための議論が本格化した。一九九六年の「人類の平和と安全に対する罪の法典草案」を経て、一九九八年、ローマで開催された全権外交官会議において「国際刑事裁判所規程」が採択され、二一世紀に史上初の普遍的管轄権を有する国際刑事裁判所（ＩＣＣ）がオランダのハーグに設置された。

こうした流れと並行して国際法の一つの焦点となったのが、日本軍性奴隷制（慰安婦）問題であった。女性の人権を国際法に取り入れる流れが強まり、とりわけ「女性に対する暴力」への国際協力による対処が求められた。この問題が初めて国連人権委員会に提起されたのは一九九二年二月であったが、翌九三年のファン・ボーベン「重大人権侵害」報告書、九四年の国際法律家委員会（ＩＣＪ）報告書、九六年のラディカ・クマラスワミ「女性に対する暴力」報告書、そして九八年のゲイ・マクドゥーガル「戦時組織的強姦・性奴隷制」報告書によって、日本軍性奴隷制の国際法解釈がまとめられた。そして、九八年のＩＣＣ規程に「性奴隷制としての人道に対する罪」の規定が盛り込まれた（ラディカ・クマラスワミ『女性に対する暴力をめぐる10年』明石書店、ゲイ・マクドゥーガル『戦時・性暴力をどう裁くか』凱風社、日本軍「慰安婦」問題ｗｅｂサイト制作委員会編『性奴隷とは何か』御茶の水書房、西野瑠美子・小野沢あかね編『日本人「慰安婦」』現代書館参照）。

一九九〇年代後半以後、国際刑法・刑事訴訟法に関する膨大な理論研究が送り出された。各法廷の裁判実務に基づいた資料、判例集、研究書が相次いで出版され、国際刑法教科書も次々と登場した。ルワンダ法廷ではアカイェス事件やムセマ事件におけるジェノサイド犯罪の初適用、旧ユーゴ法廷ではイェリシッチ事件やフォーチャ事件など多数の人道に対する罪の適用、そして両法廷における戦時性暴力の処罰事例の積み重ねにより、現代国際刑法はニュルンベルク・東京の遺産を見事に継承し、豊かに発展させてきた。

日本で展開されている戦争責任論に、国際的に展開されている戦争犯罪論を組み込むことが重要な理論課題であった。

戦争責任論と戦争犯罪論は、朝鮮半島、中国、東南アジアにおける日本の軍事行動と支配を念頭に展開された。琉球における戦争犯罪としては、沖縄戦における「集団死」をめぐる議論が知られるが、より根幹に立ち戻って琉球処分以来の歴史を戦争犯罪論の観点から再検討するべきではないだろうか。

3　植民地支配犯罪論の模索

研究課題

植民地支配責任論と植民地支配犯罪論も重要な課題として意識され、理論研究が送り出されてきた。第一に、ＩＣＣ規程の形成過程における植民地支配犯罪の議論、第二に、二〇〇一年のダーバン会議（人種差別反対世界会議）とその成果であるダーバン宣言によって、植民地支配とその下での犯罪に関心が集まった。日本でも歴史学、文学、社会学を初めとして、ポスト・コロニアリズム、「継続する植民地主義」を表題に掲げた意欲的な著作が公表された。以下ではＩＣＣ規程形成過程における植民地支配犯罪の議論として、国連国際法委員会における議論状況を検討したい。

国連国際法委員会での議論

一九四七年、国連総会はニュルンベルク・東京裁判の成果を踏まえて、常設の国際刑事法廷を設立することとした。そして四九年、ジャン・スピロプーロスが特別報告者に選任され、活動を開始した。スピロプーロス特別報告者は、五四年、「人類の平和と安全に対する犯罪法典草案」を公表した。しかし、国連での議論は頓挫した。東西対立の激化により国連の安全保障機能自体が凍結された。この時期の数少ない前進は、六〇年の植民地独立付与宣言と、七四年の「侵略の定義」に関する国連総会決議であった。

国際刑事法廷の議論が再開されたのは八一年であった。翌八二年、ドゥドゥ・ティアムが特別報告者に任命された。ティアム特別報告者は精力的に研究を進め、この後九本の報告書を作成し、国連国際法委員会に提出した。ここに「植民地支配犯罪」の名称が入ったのである。

ティアム特別報告者が一九九一年の国際法委員会第四三会期に提出した報告書には一二の犯罪類型が含まれていた。すなわち、侵略（草案第一五条）、侵略の脅威（第一六条）、介入（第一七条）、植民地支配及びその他の形態の外国支配（colonial domination and other forms of alien domination）（第一八条）、ジェノサイド（第一九条）、アパルトヘイト（第二〇条）、人権の組織的侵害又は大規模侵害（第二一条）、重大な戦争犯罪（第二二条）、傭兵の徴集・利用・財政・訓練（第二三条）、国際テロリズム（第二四条）、麻薬の違法取引（第二五条）、環境の恣意的重大破壊（第二六条）である。

第一八条（植民地支配及びその他の形態の外国支配）は次のような規定である。

「国連憲章に規定された人民の自決権に反して、植民地支配、又はその他の形態の外国支配を、指導者又は組織者として、武力によって作り出し、又は維持した個人、若しくは武力によって作り出し、又は維持するように（to establish or maintain by force）他の個人に命令した個人は、有罪とされた場合、……の判決を言い渡される。」

第一に、人民の自決権に違反することが明示されている。国連憲章第一条第二項は「人民の同権及び自決の原則の尊重」を掲げた。一九六六年の二つの国際人権規約には共通第一条として人民の自決権が明記されている。

第二に、「植民地支配、又はその他の形態の外国支配」という文言が採用されている。「その他の形態の外国支配」とは、おそらく形式上は植民地支配ではないとしても実質的に人民の自決権を侵害している場合であろう。

第三に、犯罪の実行主体は「指導者又は組織者」として一定の行為をした個人とされている。指導者又は組織者には、政府中枢部の政治家、高級官僚、軍隊指揮官などが入ると思われる。

第四に、実行行為は「武力によって作り出し、又は維持した個人、若しくは武力によって作り出し、又は維持するように他の個人に命令した」とされている。植民地状態の創出、植民地状態の維持、及びそれらの命令である。植民地状態の創出は、他国を植民地化する計画をつくり、その計画を実施するために軍事的行動を行ったことであろう。

第五に、刑罰は空欄となっている。国連総会は一九八九年に国際自由権規約第二選択議定書（死刑廃止条約）を採択したので、終身刑以下の刑事施設収容刑が想定される。

各国政府の見解

国連国際法委員会は一九九二～九三年にかけて、ＩＣＣ規程草案の作成作業を行ったが、この時期、各国政府に意見を求めた。各国政府（二五ヵ国）が一九九三年の国連国際法委員会に提出した意見書が一つの文書にまとめられた（A/CN.4/448 and Add.1.）。その中から植民地支配犯罪に関連する部分を要約して紹介する。

⑴オーストラリア――人民の自決権の射程距離についてはかなり議論の余地があり、刑事犯罪の要素を定義するのに十分とはいえない。「外国支配」という語句にも困難がある。国際法委員会の注釈書によると、外国支配とは「外国占領又は併合」とされているが、これは自決権に対する犯罪と言うよりも侵略のカテゴリーに含まれる。

⑵オーストリア――「植民地支配」という表現は特別に追加パラグラフにおいて定義されるべきである。「人民の自決権に反して」という語句は「人民の自決権を侵害して」に変更すべきである。

⑶オランダ――第一七条について述べたのと同じ理由から、第一八条を法典に含めるのは望ましくない。

⑷北欧諸国（五ヵ国）――この規定は法典に置くのに適した基準を満たしていない。「人民の自決権に反し

て、外国支配」という語句はあまりに不正確で、あまりに包括的である。現在の用語法によれば、この規定は、例えばさまざまな形態の貿易ボイコットや、開発援助供与国が開発援助に伴って一定の条件を要求するような状況にまで適用されるだろう。この規定はさまざまな解釈の余地があり、紛争を招くことになる。

(5)イギリス――「植民地支配」や「外国支配」という用語は、刑法典に含めるのに必要な法的内容を持っていないし、国際刑法に基礎を持っていない。「植民地支配」は、いずれにしても政治的態度を思わせる時代遅れの概念である。この言葉が国家責任条約草案第一九条にあるからといって、本法典に含めるのを正当化することにはならない。法的文書である法典に政治的スローガン以外の何物でもないものを導入することは遺憾である。委員会は、処罰されるべき行為や慣行を限定して、定義するべきである。

(6)アメリカ――提案されている植民地支配犯罪はあいまいかつ過度に広範であり、定義ができていない。この欠陥は今日の国際的な雰囲気において特に重大なものとなる。より大きな民族的分岐のある社会の領域からより小さな国家が出現するのを目撃しているような状況では、「外国支配」のような行為を犯罪化しようとする試みは、国際緊張や紛争を増大させることにしかならないだろう。

(7)スイス――この規定は植民地支配やその他の形態の外国支配を非難している。外国支配は、委員会の中にそう考えている国家があるように「新植民地主義」の意味で理解されるべきであろうか。これには疑いがある。「新植民地主義」は法的に確立した概念ではない。「新植民地主義」は武力によって行われるとは限らない。それはしばしば国家間の経済的不均衡に由来する。

以上が植民地支配犯罪に対する各国政府の意見である。

第一に、イギリス、アメリカを先頭に西側先進国は軒並み、この犯罪創設に反対を表明した。アジアやアフリカの諸国も意見書を提出したが、それらには植民地支配犯罪規定に対する意見は含まれていない。

第二に、反対理由は、国際法的概念ではなく政治的であるとか、国際刑法に基礎を持っていないというものと、概念があいまいである、漠然としているというものである。両者は異なる理由づけであるが、実際には重なり合っていると思われる。実際の問題は、概念があいまいか否かではなく、植民地支配を非難するのか、擁護するのかである。

植民地支配犯罪概念の削除

以上の議論を経て、国連国際法委員会は一九九四年に第一二報告書・草案を検討し、続いて九五年、第一三報告書・草案を検討したが、ここで大きな改変が施された。九五年の国連国際法委員会第四七会期は、法典に盛り込まれるべき犯罪を大幅に削除することを決定した。

侵略（第一五条）、ジェノサイド（第一九条）、人権の組織的侵害又は大規模侵害（第二一条）、重大な戦争犯罪（第二二条）は残されたが、保留された条項は、介入（第一七条）、植民地支配（第一八条）、アパルトヘイト（第二〇条）、傭兵（第二三条）、国際テロリズム（第二四条）であり、結局削除された。

植民地支配犯罪はなぜ消されたのだろうか。

第一に、旧宗主国側の反発である。新たな植民地支配犯罪規定が設けられたとしても遡及処罰がなされるわけではないので、旧宗主国側にとっても責任者処罰の危険性が具体化するわけではない。旧宗主国側は、かつて「合法的」に行った植民地支配について違法性が確認されることを嫌ったものと思われる。違法性を認知することは、植民地時代の損害賠償要求につながる恐れがあるからである。

第二に、法的定義の困難性である。旧宗主国側の規定があいまいだという主張は政治的理由に根差すものではあるが、植民地支配犯罪の実行行為を明確に規定することが困難であることも否定できない。

第三に、このことは植民地支配犯罪の被害認識の不十分さに由来したと言える。植民地被害の継続・現在性の認識の不十分さもある。ポスト・コロニアリズム、「継続する植民地主義」の問題提起以前であり、植民地を容認する国際法を運用してきた旧宗主国主導の国連国際法委員会では、植民地支配犯罪の被害事実を正面から議論することにならなかった。

4 人道に対する罪と植民地支配

ダーバン宣言からの道――植民地犯罪をめぐる民衆レベルの議論

国連国際法委員会で模索された植民地犯罪概念の導入は頓挫した。その後、二〇〇一年のダーバン人種差別反対世界会議で「植民地支配は人道に対する罪であった」と認定させようとした。ダーバンNGO宣言は「植民地支配は人道に対する罪だ」と認めたが、国家間会議では旧宗主国であった欧米諸国の反対により「植民地時代の奴隷制は人道に対する罪であった」と認定するにとどまった。こうして植民地支配犯罪論は未発のままにとどまっている。国連では「ポスト・ダーバン戦略」が討議されたが、アメリカ、EU、日本は後ろ向きの姿勢を取り、二〇〇一年のダーバン宣言が活用されていない。

しかし、民衆レベルでは世界的議論が続けられている。歴史学、文学、法学など多様な研究分野でポスト・コロニアリズム研究が進んだ。新植民地主義への批判、ヘイト・スピーチとの闘いは世界的課題であり続けている。二〇一二年には国連人権高等弁務官事務所主催で「ヘイト・スピーチと闘うラバト行動計画」、二〇一三年には人種差別撤廃委員会の一般的勧告三五号「人種主義ヘイト・スピーチと闘う」が作成された。植民地責任や戦争責任論との関連で、「慰安婦」に対するヘイト・スピーチのようなホロコースト否定発言への対処も世界的に議論されている（前田朗『ヘイト・スピーチ法研究序説――差別煽動犯罪の刑法学』三一書房参照）。

国際刑法の実践――「広範又は組織的に行われた攻撃」

一九九〇年代以後、旧ユーゴ国際刑事法廷（ＩＣＴＹ）、ルワンダ国際刑事法廷（ＩＣＴＲ）や、国際化されたハイブリッド法廷などが実現し、判例が積み重ねられた。ＩＣＣも判決を出し、国際刑事法は大変動の渦中にある。こうした中、人道に対する罪やジェノサイドの法解釈の実践例が蓄積を見ており、ニュルンベルク・東京裁判の時代とは異なる局面に達している。

ＩＣＴＹのタディッチ事件がニュルンベルク裁判以後初の人道に対する罪の適用であった。

人道に対する罪の実行行為は、殺人、せん滅、奴隷化、追放、拘禁、拷問、強姦、迫害などであるが、ニュルンベルク憲章、ＩＣＴＹ規程、ＩＣＣ規程などによってそれぞれ異なる。ザハールとスルイターは、人道に対する罪の主な特徴は、この犯罪が行われる文脈を述べた敷居規定にあるとする。

第一の鍵は「武力紛争において行われた」である。ＩＣＴＹ規程には「武力紛争において行われた」と明示されているが、これは最初から不十分であるとみなされてきた。人道に対する罪の鍵と言うべきなのは、

「武力紛争において行われた」ことではなく、広範又は組織的に行われたこと、政策推進過程で行われたことである。

ニュルンベルク裁判や管理委員会規則第一〇号裁判では「戦争犯罪人」の訴追が問題とされたから、戦争における犯罪の訴追が念頭に置かれた。このため「武力紛争において行われた」という語句がICTY規程に残った。その後、ICTR規程、ICC規程には「武力紛争において行われた」はなく、シエラレオネ法廷や東ティモール法廷も同じである。武力紛争要件が重要なのではなく、広範又は組織的に行われたこと、政策推進過程で行われたことに力点があるのだから、植民地犯罪概念との接合可能性がある。

第二の鍵は「文民たる住民に対する」である。タディッチ事件判決は、この語句の意味を慣習法から引き出すと述べながら、実際にはフランスのバルビー事件判決に依拠した。また、タディッチ事件で検察官が主張したように、ジュネーヴ諸条約共通第3条に解決を求めた。このため再び「武力紛争において行われた」の解釈問題に関連することになる。

ICTYが問題解決をジュネーヴ法に求めたことは、他面では、積極的な意味を持った。というのも、被害者が文民たる住民でなければならないという表現は、攻撃対象とされた住民が優勢的に文民の性質を有していなければならないという意味である。これは「文民」や「文民たる住民」を定義しようとした条文ではなく、区別原則を表現したものである。

この点は、植民地人民による武力による抵抗をどのように理解するかにかかわる。植民地人民が自決権を回復するために武力による抵抗によらざるを得なかったことが、直ちに植民地犯罪の成立を妨げることにはならないと言えるのではないだろうか。

「個人の基本的権利を侵害しようとする差別の諸形態」

人道に対する罪のうち、ここでは「迫害」に焦点を当てる。ＩＣＣ規程第7条第2項は次のように述べる。

（g）迫害とは、集団又は共同体の同一性を理由として、国際法に違反して基本的な権利を意図的にかつ著しくはく奪することをいう。

迫害はユダヤ人、アルメニア人、クルド人、カンボジア人など少数集団に対する虐待と結びついてきた。国際法では詳細な定義がなされてこなかったが、ニュルンベルク裁判ではせん滅（絶滅させる行為）、飢餓、殺害、拷問、追放、奴隷化などが迫害に当たる場合があるとされた。特定の集団の重大な被害がこの犯罪を構成するとされてきた。迫害が、人道に対する罪の中でも特殊な意味を有するのは、差別的理由によって行われたことに注目している点である。迫害とは身体的又は精神的害悪、追放、非人間的取り扱い、不法逮捕・拘禁、奴隷化、拷問、根絶、生存条件に影響する重大な要因などの手段によって文民たる住民の自由や生存に重大な干渉をすることである。迫害は、日本で「流行」しているヘイト・クライム、ヘイト・スピーチの極限的な形態である。

迫害そのものは、ニュルンベルク判決のように「少数民族」である文民に対して、又は政治的宗教的理由に基づいて行われた殺人、不法監禁、拷問、奴隷化、移送である。迫害の観念はナチスによるユダヤ人迫害と密接に結びついている。ユダヤ人の職業からの排除、反セム侮辱行為、ユダヤ文化や歴史を著した書籍の焼却、ダビデの星の着用などである。これらの行為は、もしその後に引き続いて殺人、せん滅、奴隷化、追放が生じていなかったとしても、人道に対する罪として扱われたであろうか。

この問題についてはニュルンベルク裁判や管理委員会規則第一〇号裁判でも議論されているが、統一的な理解が示されているとはいえない。各国が設置した法廷には、ほとんど控訴審による再審査の機会がなく、個々の判断がそのまま残された。

ニュルンベルク裁判では、帝国内務相ヴィルヘルム・フリックによるユダヤ人排斥法、経済相ヴァルター・フンクによるユダヤ人差別政策関与、ポーランド総督ハンス・フランクによるゲットー化政策や飢餓政策、ボヘミア・モラヴィア保護官コンスタンティン・フォン・ノイラートによる反セム法への関与などが問題となるが、行動の自由の否定、雇用の否定、裁判を受ける機会の否定は迫害の一形態であり、追放やせん滅をもたらすと位置づけられた。

管理委員会規則第一〇号裁判では裁判官事件が対応する。ナチス・ドイツの裁判官がアメリカ軍事法廷で裁かれた事例である。ユダヤ人の法律専門職からの排除、公的サービスの否定、教育からの排除、差別的な刑罰適用、法律規定のない死刑適用などが迫害と理解された。

オランダ特別法廷におけるハンス・アルビン・ラウター事件では、差別的処遇と隔離政策として、ダビデの星の着用強制、娯楽・レクリエーションの禁止、公共公園利用の禁止、劇場・キャバレー・映画・スポーツクラブ利用禁止、図書館利用禁止などが迫害に当たると考えられた。

ポーランド最高裁におけるヨーゼフ・ブーラー事件では、ポーランド人の学校・大学への就学禁止命令が迫害に当たるとされた。

タディッチ事件判決は、バルビー事件における報告者の意見を踏まえて、「個人の基本的権利を侵害しようとする差別の諸形態」と結論づけた。これは迫害の罪を拡大するものである。殺人などの行為が続いて行われなくても迫害の罪が成立するという考えに繋がらないだろうか。

5　おわりに――琉球植民地支配犯罪論の可能性

植民地支配犯罪と人道に対する罪としての迫害の解釈を踏まえて、琉球／沖縄に対する日本（及びアメリカ）の軍事基地押しつけ政策をどのように見るべきであろうか。

二一世紀における「新植民地主義」、グローバリゼーションが東アジアにおいても再編成されている。中東の紛争から欧州の難民へ、極東の紛争から沖縄の米軍基地へ。この政治地図の下で、琉球／沖縄人民の自己決定権が徹底的に無視される。

日本における排外主義と人種・民族差別の原型は朝鮮半島植民地支配の時期に形成されたと言えるが、それ以前に遡ることができる。日本の帝国主義的対外進出は、蝦夷（アイヌモシリ）、琉球王国、台湾、朝鮮半島、中国、そして南洋諸島へと進んでいった。

ダーバン会議で強調されたように、侵略、植民地支配、植民地犯罪、人道に対する罪、人種差別、ヘイト・クライム、ヘイト・スピーチはひとつながりの社会現象であり、切り離して論じるべきではない。日本の議論はこうした文脈を無視しがちであった。ヘイト・スピーチの本質と現象形態を正しく把握するためには、植民地支配犯罪と人道に対する罪の展開過程を踏まえて、人道に対する罪としての迫害や、ジェノサイドの煽動についての検討を行う必要がある。

東アジアにおける琉球／沖縄の歴史と現在を考える際、「琉球処分」＝琉球植民地化であり、そこにおいて植民地支配犯罪が行われたし、それはいまなお続いていると見るべきではないだろうか。日米政府による軍事基地押しつけ、琉球人民の自決権の露骨な侵害、そして琉球人民に対するヘイト・スピーチがいまなお絶えないのは、植民地主義の清算がまったく行われていないからである。

＊本稿は、筆者の「植民地支配犯罪論の再検討」『法律時報』二〇一五年九月号に加筆訂正を加えたものである。

第９章　沖縄を通してみる戦前日本のアジア連帯論——吉野作造・宮崎滔天を中心に

藤村一郎（日本学術振興会特別研究員〔東京大学〕）

はじめに

東アジアの若者は動きはじめた。二〇一四年春には台北で「ひまわり運動」、秋には香港で「雨傘革命」、翌年夏には日本で安保法制反対運動が国会前に集結し国際的に注目を浴びた。従来型の政党や組織とは無関係にインターネットを活用して、いずれもデモクラシーを守ろうとする理念をあわせもっていた。二〇一五年末には、ソウルでも最大規模のデモが行われ、日本の国会前の若者は辺野古へと向かった。連動性があると感じざるをえない東アジア各地の若者の新たな運動の課題は、現状維持的性格より脱して自由と民主主義それに平和主義を念頭においた積極的な変革思想を現実に即した形でいかに備えるのかと、どのようにすれば東アジアの若者の異議申し立て運動という形で連結できるのか、という点に移ったと思われる。ところが日本の国会ではトンチンカンな議論が持ち出される。二〇一五年の春に与党議員の一人が参院予算員会で「八紘一宇」をもちだした。「神州不敗」を継承する勢力の目には、もちろん動き出した東アジアの若者の姿は映っておらず、しかも参照されたのは、よりによって血みどろの「大東亜共栄圏」の「精神」であった。「大東亜共栄圏」構想への思想的系譜のひとつの特徴は、天皇を、アジアを覆う円錐の頂点とした日本盟主論にある。[注1] 盟主論が構成要素の一つであることは、古くから指摘されてきた。[注2] だが周知のごとく、戦前期日本のアジア連帯論のすべてが、日本盟主論を備えていたわけではない。たとえば宮崎滔天（一八七一—一九二二年）や吉野作造（一八七八—一九三三年）などは、明確に日本盟主論を否定している。本章では、吉野や滔天を中心にアジア連帯論を省みつつ、琉球／沖縄というレンズを通して、二一世紀前半期の東アジア共通の思想課題の一部を照射しようとするものである。

日本盟主論批判

なかには吉野がアジア連帯論など主張するはずがないと認識されている方も居よう。それは後に論じるとして、ともかく吉野は、第一次世界大戦末の「我国東方経営に関する三大問題」という論説において「大亜細亜主義」の日本盟主論を次のように批判する。

先づ我々が、独り自ら高しとして、東洋民族を教導するといふ傲慢の態度を棄てなければならぬ。謙遜して自らの為に尽し又彼等の為に尽すの覚悟が無ければならない。[注3]

吉野は、「大亜細亜主義」と言うのは結構だが、まず日本が盟主であるという「傲慢」なる認識は捨て去るべきだと断言している。[注4] 吉野は日本を盟主とするアジア連帯構想には反対であった。それは、吉野にとって先達である宮崎滔天にしても同じことであった。滔天は次のように言う。

私は、日本がいかにえらくなっても、とても五世界を動かすの力はないものだと断定すると同時にシナをして理想的国家たらしむることができたらば、その力はもって宇内に号令して万邦を道化するに足るとの断定の下に一身を委ねて、自己の誇大妄想的経路を辿ってきた結果がすなわち今のわが身の上なのです。[注5]

宮崎の場合は、明確に中心点を中国においている。吉野や滔天は、日本だけではアジア連帯の中核たり得ないとみており、日本を盟主とする「大東亜共栄圏」構想へ直接にはたどり着かないアジア連帯構想を持っていたとみられる。

アジア連帯論のもうひとつの系譜——吉野作造と宮崎滔天

まずは、吉野の従来のイメージを解体しておかなければなるまい。吉野は「戦後歴史学」のなかでは、「内に立憲主義」「外に帝国主義」の枠内にあるとイメージされていたが、一九七〇年代からようやく松尾尊兊らの研究によって、第一次世界大戦直後に、吉野が朝鮮の三・一独立運動や中国の五・四運動の擁護の論陣を張っていたことが明らかとなり、アジア連帯のコンテキストをもっていたことが知られるようになった。吉野のアジア連帯論でいくつか特徴的な部分をあげれば、まず日中の「対等」なる提携関係の樹立を構想したことである。「対等」な提携関係を構築するには、中国が国民革命を遂行し、日本が帝国主義政策を放棄せねばならず、当時の日本の外交論壇のなかではかなり過激なものである。たとえば、「対等」なパートナーとなるために、吉野は日本の侵略的政策のほとんどを破棄すべきと主張し、「満韓を捨つるの覚悟」を言い切った石橋湛山と表現やタイミングは異なるものの、従来の「約定の白紙」化（対華二一ヶ条要求を含む帝国主義的条約の破棄)を提唱している。また、吉野は日中提携論の観点から、満洲事変以降の日本外交を非常に憂慮し、満洲事変を批判したとともに、一九四五年の大日本帝国崩壊にいたるまで日本外交の暗礁となり続けた「満洲国」の国家承認を避けるよう提唱し、日「満」支提携など不可能であることを説いていた。[注6]吉野は一九三三年に死去するが、外交観測の正常さと鋭さは、その後の歴史が証明しているであろう。

朝鮮ナショナリズムが爆発した三・一独立運動以前より朝鮮自治を主張していた吉野の立場は、三・一独立運動の前と後でそう大きくは変わらない。三・一独立運動に衝撃を受けて「善政」や「文化統治」を言い出した権力や、「自治」的政策に踏み出さざるを得ないと考えた知識人とは、思考の経緯が違うのである。吉野にすれば運動の爆発は想定の範囲内にあった。吉野が単純な植民地政策上の「善政」論者と異なるのは、朝鮮の独立の「正義」を認めていた点にある。この点は別に論じる予定であるが、独立革命家呂運亨への応答がその証左となろう。[注7]要するに吉野の議論は朝鮮独立を予定した自治政策論だったのである。

吉野の構想は、独立を予定した自治朝鮮・国民革命を遂行した中国・民本主義化した日本との連携であり、アジア連帯論であった。ただし吉野の現実的な政策論は漸進主義にあり、朝鮮を含め一挙に状況を変更しようとする革命論ではない。また、アンドリュー・ゴードン氏が指摘したように、「インペリアル・デモクラシー」の外殻を打ち破る構想を持たなかったことも事実である。[注8]だが、消極面も含めて学ぶべき点はある。

滔天は、吉野が尊敬の念を抱いていた先人の一人である。吉野は滔天の著書『三十三年の夢』を復刻し、「解題」を雑誌『帝国大学新聞』に掲載した。少し長いが最後の部分を引用する。

「彼〔滔天〕の行動の正直なる記録というだけでも大いなる価値があるのだが、其外に私の敬服に堪へないのは、彼の態度の有ゆる方面に亙って純真を極むることである。彼は幾多の失敗をくり返し又幾多の道徳的罪悪をさへ犯して居る。それにも拘らず、我々は之に無限の同情を寄せ、時に却て多大の感激を覚えさせられ又数々の教訓をさへ与へられる。就中支那の革命に対する終始一貫の純情の同情に至っては、その心境の公明正大なる、その犠牲的精神の熱烈なる、共に吾人をして遂に崇敬の情に堪へざらしむる。私はここに隠す所なく告白する。私は本書に由て啻に支那革命の初期を識ったばかりでなく、又実に支那革命の真精神を味ふを得たことを。人あり、若し私にその愛読書十種を挙げよと問ふものあらば、私は必ずその一として本書を数へることを忘れぬであろう。[注9]」

以上のように論じたのち、吉野は『三十三年の夢』には載っていない滔天作の「落花の歌」を「解題」の最後にわざわざ引用した。当時すでに東京帝大教授を辞しており、相対的に「自由」になっていたであろうが、それにしても珍しい絶賛ぶりである。それほど吉野は滔天に惚れ込んでいた。

滔天は本名を寅蔵といい、熊本県荒尾村出身（現在荒尾市）の宮崎四兄弟の末弟で、孫文らの中国革命運動を献身的に援助したことで知られる。若くして徳富蘇峰の大江義塾に学び、自由民権運動に関心を持った。その後キリスト者となり、「一兄」（彌蔵）の影響でしだいに中国への関心を深め、孫文ら興中会の主要メンバーと交わり、革命運動を援助し実行するようになる。革命の目標は、中国・朝鮮・台湾・シャム・フィリピンなど被抑圧民族による「亜細亜連盟」の樹立にあった。宮崎の中国革命への参加は、内田良平らの国権論者とは異なり、革命運動を国権拡張に利用することはなかった。

先に日本盟主批判論で確認したように、吉野と滔天は、「大東亜共栄圏」構想へ直接は流れ込まないアジア連帯論者であった。先の吉野の滔天評価ににじみ出ているが、両者にはなんらかの思想的つながりがあり、幾つかの共通点がある。

両者が、青年期にキリスト教の影響を受けている点である。吉野は、一八九八年、仙台の浸礼教会で中島力三郎牧師より浸礼をうけ、キリスト者となった。こののち吉野は、終生、キリスト者として生きた。仙台時代にはパブテスト派に属したが、東京帝国大学の学生時代に、新神学運動（日本の神学論争においてはリベラル派といわれる）の中心人物の一人であった海老名弾正に惹きつけられ、海老名の本郷教会へ転じている。

滔天は、一八八六年に東京専門学校英語科（現在早稲田大学）に入学し、一七歳の時に小崎弘道が主催する番町教会にて洗礼を受け、海老名弾正（当時熊本英学校）の説教を聞いて神学をより深く学ぶために長崎カブリ校にはいるが、一九歳のころ、おそらくはアナーキストのイサク・アブラハム（Isak Abraham）との出会いの中で、滔天の改造思想が「信仰」の枠には収まらなくなり、背教者となっていく。[注10] 彼らのキリスト教信仰は、神の前における個人を平等に位置づけ、人格を自由にするための政治社会の変革論を生み出すことにつながる。キリスト教的人格主義は、国内政治だけでなく国際政治にも適用され、権力政治に対する反感へと結びついていく。吉野と滔天が、人種・民族に対する偏見や国際政治のヒエラルキーから相対的に自由であったのはキリスト教にひとつの要因があろう。

普遍主義とアジア主義

吉野のキリスト者としての特徴は彼の国際観にも現れる。吉野は、各民族に備わる「人格」を国際社会において自由に「開展」させるため、民族間の自由と平等が必要だとする普遍主義的な「四海同胞主義」を唱えていた。吉野の理念的な「四海同胞主義」の指向性は、はじめは普遍的かつ集権的国際機構の理論的研究に向かわせた。その後、「四海同胞主義」を現実の国際関係に即して考察するようになり、第一次世界大戦期より東アジアが重点化され、そこから「対等」なる日中提携論や、朝鮮ナショナリズムの尊重といった主張が出てくることになるのである。要するに吉野は、抽象的な普遍主義や人道主義の視点から、それらの東アジアにおける政策的表現として、東アジア連帯をいかに達成するかという視点へと徐々に移っていったのである。すでに掲げた第一次世界大戦末の「我国東方経営に関する三大問題」では、「大亜細亜主義」批判の文脈において、日本の「文化」的使命を次のように論じる。

日本はやがて世界の文明の上に貢献すべく猶ほ一層高い使命を自覚せねばならない筈であるけれども、少なくとも今日の所其の文化的使命を以て活動する範囲を姑らく東洋に限るも亦致方ない。先づ之に成功するに非ずんば、日本の世界的使命は畢竟空論に止まるものである。[注11]

吉野は「大亜細亜主義」批判の文脈において、普遍的役割を果たすには、まず東アジアでの役割を十分に果たすべきであり、同時に「国防的見地」に傾いて東アジアの覇者を目指すのではなく、東アジアで「文化」を重んじる地位を獲得せよというのである。しかも吉野にすれば、日本は「東洋後進の諸民族に教へるだけの資格を備へて居」らず「確実なる内面的根拠」に乏しい状況にあった。「東洋の文化的開発」を行うには、まずは自己変革が必要であった。普遍主義的傾向の強かった吉野だからこそ、「大亜細亜主義」とは異なる理路で東アジアを重視したのである。[注12]

普遍主義的傾向は滔天にも貫かれている。たとえば『三十三年の夢』において次のように論じる。

余は人類同胞の義を信ぜり、ゆえに弱肉強食の現状を忌めり。余は世界一家の説を報ぜり、ゆえに現今の国家的競争を憎めり。忌むものは除かざるべからず、憎むものは破らざるべからず、しからざれば夢想におわる。ここにおいて余は腕力の必要を認めたり。然り、余は遂に世界革命者を以ってみずから任ずるにいたれり。[注13]

アジア連帯論者として近代史上に強力な個性を放つ滔天は、実は普遍主義的傾向を強く持っていた。黄禍論に対する白禍論などというレベルの発想ではないのである。本引用部分は晩年の一九一九年の「炬燵の中より」において再び引用していることから、普遍主義的理念（「人類同胞の義」）は終生堅持されたとみられる。しかも以上のような普遍主義的傾向は、現実政治の世界では次のようにシフトする。

私は私の最初の出発点が世界人類主義であったために、そしてシナを根拠としての力主義であったために、やはりそれに囚われて部分問題を軽視する病がありました。［部分問題とは日本の改造を意味する。］[注14]

滔天は、「日本がいかにえらくなっても、とても五世界を動かすの力はないものだと断定」したために、まずは中国中心のアジア変革を構想することになる。しかも、その発端は「世界人類主義」にあった。このように読み直せば、吉野と滔天は様々な相違点をもちながらも、同じような理路を有していることに気づかされる。すなわち自由や平等といった普遍主義的理念を掲げつつ、現実政治に取り組む際は東アジア問題の解決に邁進するという点である。東アジア問題の解決のうちに普遍主義的課題に応答していこうとする姿勢というように換言することもできよう。興亜を方法として普遍主義を実践しようというのである。

ところで第二次世界大戦後の日本思想論のなかで、吉野と滔天との「つながり」について、ある種のこだわりを持っていたのは竹内好である。竹内は第二次世界大戦後のアジア主義に関する議論をリードした代表的著述家である。竹内は明示してはいないものの、吉野と滔天とのあいだに「つながり」を意識していると思われる。たとえば竹内は一九六三年に刊行された『現代日本思想大系』第九巻の「解題」として「アジア主義」を論じた[注15]。同文第九節の小見出しを「宮崎滔天と吉野作造」と題し、滔天の思想というよりは、主として吉野による前掲の「解題」を紹介している。ついで竹内は、橋川文三と共編で『近代日本と中国』を刊行したが、このときも「宮崎滔天と吉野」をテーマとして、飛鳥井雅道に執筆を担当させている[注16]。ただし、このときの飛鳥井は対照的な二人として扱うよりしかたがなかった。結局、竹内は吉野と滔天とのあいだに「つながり」を発見しながらも、明示することはなかった。

だが、竹内の発見はやはり「方法としてのアジア」へと接続することになるだろう。竹内は次のように「方法としてのアジア」を表現する。

西欧的な優れた文化価値を、より大規模に実現するために、西洋をもう一度東洋によって包み直す、逆に西洋自身をこちらから変革する、この文化的な巻返し、あるいは価値の上の巻返しによって普遍性をつくり出す。東洋の力が西洋の生み出した普遍的な価値をより高めるために西洋を変革する[注17]。

以上のような文脈でたどれば、竹内の「方法としてのアジア」には、吉野と滔天との共通の理路と相通ずるものがみえてくる。従来、竹内好の「方法としてのアジア」の解釈については「近代化」の道筋をめぐる問題として捉えられ、西欧型の普遍的「近代化」か、あるいは「日本型」ないしは「中国型」という問いに置き換えられてきたが、竹内が示唆しているのは「近代化」にとどまるものではなく、より広い価値論的なものではなかったか。すなわち、普遍的課題をアジアの具体的問題のなかに見出し、アジアの主体によって問題を解決し、普遍主義をより強化していくということである。普遍性を「東洋によって包み直す」という「方法としてのアジア」は、竹内を通じて二つの世界大戦を挟んでもなお、日本のアジア連帯論のもうひとつの伝統として受け継がれたと考えられるのである。[注18]

こぼれ落ちる沖縄――パワーとネーション・ステート

近代日本のアジア連帯論におけるひとつの系譜として理解できる吉野や滔天からは、結局、琉球／沖縄問題は浮上してこない。近代東アジア史において重要な課題でありつづけた琉球／沖縄問題は、なぜ吉野や滔天の視点からこぼれ落ちたのであろうか。

第一に指摘せねばならないのは、国際関係という政治の場が権力／暴力によって規定されるという現実認識と、その変更のために、またしても権力／暴力が一定程度は必要だという認識である。このような認識は、最も近いところで苦しんでいる朝鮮との連帯ではなく、なぜ中国との連帯が第一義的なのかという問いで明らかとなる。吉野の日中提携論では、軍事的役割を担うであろう中国に依頼する東アジア秩序が読み取れる。

滔天にしても、中国が潜在的大国であるがゆえに中国革命を優先させたのである。両者のうちには権力／暴力なくしてアジア連帯は困難であるという理解が潜んでいる。このような認識は次の第二点につながる。

第二に、吉野も滔天も時代を動かすキーワードとしてナショナリズムを掴んでいる点である。たとえば吉野は、東京帝国大学法科大学の講義で、「Wien 会議」にいたる欧州の思想的素地としての「政治的自由の要求」を次のように説く。第一は「専制政治に対して内政上の自由を要求する方面」であり、第二は「共同の文明を有する多数個人の団体―民族が全体としての自由独立を要求する方面なり。〔中略〕後者は特に民族主義の運動を唱ふるなり」。[注19]

被抑圧民族のナショナリズムとは「政治的自由の要求」であり、「今日の democratic の潮流」の範疇にあるというのである。[注20] 吉野の目には、被抑圧民族のナショナリズム運動が「特権階級に対する非特権階級の抗争」としての要素を含んだものとして映じていた。この講義の翌年に「民本主義」を世に問うことになる吉野の脳裏には、今後の東アジアにおける「democratic の潮流」のうねりのうちに、日本の「民本主義」とともに、朝鮮・中国のナショナリズム運動が含まれていたであろう。ゆえに吉野は、一九一九年の朝鮮の三・一独立運動と中国の五・四運動を待ちかまえていたかのように擁護できたのであろう。

滔天は、ナショナリストではなかった。滔天はつぎのように故郷への愛情をあらわす。

　僕は夢寐のあいだといえども荒尾村を忘れ得ない。〔中略〕荒尾村を愛するの心はすなわち日本を愛するの心である。この心をさらけ出して他人のそれと比較する、僕は愛国愛民の程度において、決して他人に負けないだろうと思うが、しかし一面よりいえば僕は日本くらい嫌いな国はない、実際身震いする

ほど嫌いなのだ。[注21]

「愛国愛民」とはいうものの、滔天の吐露した愛情は、荒尾の人々や故郷へのものであり、その想いの延長線上に日本があるだけで、決して現実の日本国家へむけられたものではなかった。だが、日本改造が困難だと判断する以上は、隣国中国での革命事業が現実的課題となり、孫文や中国革命同盟会がまずは掲げる「民族主義」に依頼するより他はなかった。滔天は、ナショナリズムの力に乗り入ったのである。

二〇世紀初頭の吉野と滔天とは、ともにナショナリズムのエネルギーの強さを看取し、将来の大国となろう中国に国民革命を期待した。ネーション・ステートを主体とし国家的パワーを重視するという両者の理解では、東アジアでは日中提携構想が自動的に浮かび上がる。だが、このような二〇世紀の国際政治学的な常識的理解では、琉球／沖縄問題はこぼれおちてしまうのである。

琉球／沖縄が惹起した問題群の中で特徴的なのは、東アジアにおけるエスニシティやマイノリティといった「境界の民」の自立化問題を含んでいる点にある。それは琉球／沖縄問題に限られた話ではない。米ソ冷戦によって作られ引き継がれた東アジア分断構造は、ネーション・ステートに包摂することが困難なローカルやマイノリティ、そして分断された民族をつくりだした。たとえば、香港であり、台湾であり、南北朝鮮である。それらにくわえ、本来はエスニー集団であるにもかかわらず同化されつづけている民族集団が、中国に多くの事例をみるように東アジア各地に存在する。以上のようにネーション・ステートというイデオロギーが外縁から剥離するポスト・ナショナル（post-national）状況のなかで、琉球／沖縄問題が重視されるのは、冷戦の分断ラインの最前線に位置付けられ、過酷な環境で生きることを強いられたために、両陣営からも、帰属していた国家からも浮き出た「境界の民」となったということにあろう[注22]。琉球／沖縄に類似の存在は一九四八年の四・三事件を経験した済州島があげられよう。台湾もそのポジションに接近しつつある。これら三つのローカルの連絡が緊密化すれば、アジアの未来を切り開く次の連帯を導くであろう[注23]。

近代ネーション・ステートの枠組みをやわらかくし、「境界の民」によるあらたな共同体の存在を許容する構想が求められている。たとえば欧州がグローバリズムの趨勢に沿って国家の上にイメージしたEUという大「国家」方式ではなく、国家の枠組みの内部に位置したとしても、国家を超えていく共同体の構築とそれらの間の連携であろう。そのためにはローカルの自治権がもっと自立的で事態を進展させるための想像力がなければならない。

幸いにも新自由主義的権力は資本蓄積のために、各ローカルへの財政的援助を削減し続けている。ローカルの財政的な自立は政治的自立とパラレルに進行せねばならないはずである。この点を正常に進めれば「境界の民」の相対的自立の道は見えてくる。ただし、新自由主義は国家主義と伴走することではじめて存在意義を発揮する。国家権力を強化し、境界線や不均等発展を保持することなしに現行の「自由貿易」を拡大することはできないからである。

第三に、忘れられがちなのは人民の利福である。最低限度の表現をすれば、まずは人民の食い扶持の問題であり、人民の安定した生活構想である。人民の利福は、吉野や滔天の東アジア連帯構想もふくめて、二〇・二一世紀初頭の日本の東アジア連帯論において、およそ欠落したポイントである。人民が生きていくだけの経済上の保障は必要不可欠である。まったく当然ながら、どんなに政治的に「正しい」と言われても、食べていけない共同体などに人民は正しさを見出さない。

人民の利福という点について吉野が全く考えていなかったというのは正確ではない。そもそも百年前に、吉野を時代の寵児とした論文「憲政の本義を説いて其有終の美を済すの途を論ず」（一九一六年）において、「『政治の目的』が一般民衆の利福に在る」ことが宣言される。吉野は「民衆の利福」という目的を達成するために「『政策の決定』が一般民衆の意嚮に依る」「民本主義」を説いたのである。[注24]そこで吉野は、中国との提携構想のうちに、「未曾有の」資源の宝庫として、また巨大なマーケットとしての役割を中国に担わせていた。日中提携構想のうちに人民の利福を計算していたのである。

だが、吉野の平和的かつ経済的な日中提携論は、当時において積極的意義をもつものの、その後の歴史を知る者からすれば、二重の意味で問題を抱えている。第一は、先にも述べたように、軍事力による中国の経済的活用が可能ならば、それに置き換えられてしまう危険性である。吉野は「満蒙生命線論」のようなキナ臭い主張には反対であったが、俯瞰すれば、吉野も中国活用論として同じ範疇にいれることができる。世界大恐慌による資本主義の終焉がみえてくるなかでは、吉野の主張するような「対等」なる日中提携でなくとも、軍事力によって略取的に中国を活用することが可能に見えてくる。ここに一九三〇年代以降、日本の人民が軍部中心の侵略主義に流されていく理由の一端があろう。第二は、日中経済提携論が「Social Misery」、すなわち市場の失敗を補ったり、市場原理主義を乗り越えようとする試みではなかったということである。その後のファシズムは、これら「大正デモクラシー」の弱点に突きいったとみられる。以上のような吉野の経験は琉球／沖縄問題において生かされなければならない。新自由主義の犠牲は顕著に沖縄に現れているからである。人民の利福を重視すべきということは、基地産業や国家から金を受けるべきということではないことを念のために付記しておく。

おわりに

以上、琉球／沖縄問題というレンズを通して、吉野や滔天のアジア連帯思想を省みた。そのなかで浮上した課題は、現実的な緊張関係をもった二一世紀の東アジア共通の政治的課題であり、思想的課題の一部だと理解する。これらを共に考えぬいて対処することが、アジア連帯なのであり、琉球／沖縄の輝きをますことにつながるだろうと考える。

注

［注1］まず本章の執筆に際し参考になった文献をあげておく。孫歌・白永瑞・陳光興編『ポスト〈東アジア〉』作品社、二〇〇六年。因みに同前書の編者のひとりである白永瑞氏の日本平和学会二〇一五年秋季研究集会での報告「『沖縄』という核心現場から問う東アジア共生の道」。Paik Nak-Chung, "The Double Project of Modernity", New Left Review 95 (2015), 65-79.）

［注2］たとえば丸山眞男「超国家主義の心理と論理」一九四六年、同「日本ファシズムの思想と運動」一九四七年（丸山眞男『現代政治の思想と行動』未来社、一九六四年に所収）。

［注3］吉野作造「我国東方経営に関する三大問題」『東方時論』一九一八年一月（『吉野作造選集』第8巻、岩波書店、一九九六年に所収、三二〇頁）。

［注4］当時、徳富蘇峰や河田嗣郎らが「大亜細亜主義」や「東洋モンロー主義」を唱えていたことへのレスポンスだと考えられる。徳富『大正の青年と帝国の前途』民友社、一九一六年。河田嗣郎「経済的モンロー主義」『太陽』一九一八年二月。

[注5]宮崎滔天「炬燵の中より」（宮崎龍介・小野川秀美編『宮崎滔天全集』3巻に所収、二四八頁）。「炬燵の中より」は『上海日日新聞』に一九一九年二月七日から三月一五日まで掲載されたもの。

[注6]拙著『吉野作造の国際政治論』有志舎、二〇一二年。日中経済提携同盟論については、たとえば前掲の吉野「我国東方経営に関する三大問題」においても盛んに論じている。

[注7]この点については差し当たり次の文献を参照してもらうしかない。拙稿「吉野作造―人格主義とアジア―」（趙景達・原田敬一・村田雄二郎・安田常雄編『講座　東アジアの知識人』第3巻、有志舎、二〇一三年に所収）。

[注8]アンドリュー・ゴードン（Andrew Gordon）（岡本公一訳）「日本近代史におけるインペリアル・デモクラシー」『年報日本現代史』2、一九九六年。

[注9]吉野作造「『三十三年の夢』解題」『帝国大学新聞』一九二六年五月三一日より連載。『吉野作造選集』12巻、三一四頁。

[注10]武田清子「アジアの革新におけるキリスト教」（『国際基督教大学学報』I-A, 教育研究17、一九七四年）にくわしい。

[注11]前掲、吉野作造「我国東方経営に関する三大問題」（『吉野作造選集』第8巻、三一一頁）。

[注12]同前、吉野作造「我国東方経営に関する三大問題」（『吉野作造選集』第8巻、三〇六～三一〇頁）。

[注13]宮崎滔天『三十三年の夢』国光書房、一九〇二年。本稿で使用したのは岩波文庫版（一九九三年）、二七頁。

[注14]前掲、宮崎滔天「炬燵の中より」『宮崎滔天全集』3巻、二五三頁。

[注15]竹内好編『竹内好評論集　第三巻　日本とアジア』（筑摩書房、一九六六年）では「日本のアジア主義」と題されている。

［注16］竹内好・橋川文三編『近代日本と中国』朝日選書、一九七四年。

［注17］竹内好「方法としてのアジア」（前掲、同『日本とアジア』、四二〇頁）に収録。初出は一九六一年。

［注18］普遍主義的なアジア連帯論は、21世紀において引き継がれようとしている。たとえば坂本義和「東アジアを超えた『東アジア共同体』の構想を」『世界』二〇一〇年一月（坂本『平和研究の未来責任』岩波書店、二〇一五年に所収）。

［注19］吉野作造講義録研究会編「吉野作造講義録」（一）『国家学会雑誌』121（9-10）、二〇〇八年、七五頁。引用部は、「赤松克麿筆記ノート」一九一五年「政治史A」。

［注20］同前、「吉野作造講義録」（一）、九三頁。

［注21］宮崎滔天「炬燵の中より」『宮崎滔天全集』、二四三頁。

［注22］「ポスト・ナショナル（post-national）」については、坂本義和「『ポスト・ナショナル』デモクラシー」（『未来』二〇〇九年一二月、前掲、坂本『平和研究の未来責任』に所収）。

［注23］そのような連携が図られる際、前掲の Paik Nak-Chung 論文においても構想される通り、東アジアの国際公共財となりうる有力なものは日本国憲法、とくに第九条であろう。現時点において、それを敷衍する能力も紙幅もないが、北朝鮮の破局がもたらす地政学的ジレンマは、朝鮮半島およびそのローカルないし周辺に、非核・非武装・不戦の原則を持ち込むことで、解決への道が開けると想定できる。

［注24］吉野作造「憲政の本義を説いて其有終の美を済すの途を論ず」『中央公論』、一九一六年一月（『吉野作造選集』第2巻、三五頁）。

＊本研究はＪＳＰＳ科研費１５Ｊ０５１７５の助成を受けたものである。

終章　鳩山政権崩壊と東アジア共同体構想——新しいアジア外交と安保・基地政策を中心に

木村　朗（鹿児島大学教授、平和学専攻）

はじめに

二〇〇九年夏に登場した鳩山政権は、沖縄県民の総意が「県内移設反対」であることを受けて、それまでの自民党主導の政府が推し進めてきた辺野古V字案（普天間飛行場「移設」ではなく、軍港や弾薬庫などを含めた巨大な「新基地建設」案）を一旦白紙に戻して「国外移転、最低でも県外移転」という方向への政策転換をはたそうとするが、結局、さまざまな要因によってその方針を実現できずに挫折することになる。それでは、なぜ沖縄の民意の沿った普天間飛行場移設問題の根本解決を目指したはずの鳩山政権は途中で挫折して崩壊することになったのであろうか。

本稿では、この鳩山民主党政権崩壊と、鳩山政権が発足当初から重要な外交課題の一つとして掲げていた東アジア共同体構想がどのように密接に絡み合っていたのかを具体的に考察することを課題とする。

1　鳩山民主党（連立）政権による東アジア共同体構想の提唱

東アジア共同体構想のもともとの起源は、一九九〇年にマレーシアのマハティール首相が提唱した「東アジア経済協議体（ＥＡＥＣ）」、一九九七年のアジア通貨危機の際に当時の橋本首相が提唱した「アジア通貨基金（ＡＭＦ）構想」である。しかし、これまでの東アジア経済協議体（ＥＡＥＣ）やアジア通貨基金（ＡＭＦ）構想の動きは、米国の強い反対や中国の消極的な姿勢などでほとんど具体的な進展がみられることは無かった。例えば、九四年に「ＡＳＥＡＮ＋３（日中韓）」による東アジア経済協議体（ＥＡＥＣ）の準備会議が開かれようとした際にはジェームズ・ベーカー米国務長官が当時の村山政権にこれに反対するように圧力をかけて実現しなかった。九七年に橋本首相がアジア通貨基金（ＡＭＦ）を提案したが、Ｇ７で米国の強い反対にあって頓挫した。また、九五年末開催された「ＡＳＥＡＮ＋３」首脳会議では小泉政権は米国の意向を忖度して「東アジア共同体」構築の方向性として、中国の影響力を薄める「ＡＳＥＡＮ＋３」にインド、豪州、ニュージーランドを加える「ＡＳＥＡＮ＋６」という新しい提案を行うという経緯もあった。

そして、こうした流れを大きく変えることになったのが、二〇〇九年夏の総選挙で本格的な政権交代をはたした民主党を中心とする鳩山連立政権の登場である。鳩山由紀夫首相は、政権交代後に月刊誌『Voice』二〇〇九年九月号に掲載された論文「私の政治哲学～祖父に学んだ〝友愛〟の旗印」のなかで、「ナショナリズムを抑える東アジア共同体：ヨーロッパと異なり、人口規模も発展段階も政治体制も異なるこの地域に、経済的な統合を実現することは、一朝一夕にできることではない。しかし、日本が先行し、韓国、台湾、香港がつづき、ＡＳＥＡＮと中国が果たした高度経済成長の延長線上には、やはり地域的な通貨統合、〝アジア共通通貨〟の実現を目標としておくべきであり、その背景となる東アジア地域での恒久的な安全保障の枠組みを創出する努力を惜しんではならない」と述べて、東アジア地域での通貨統合と恒久的な安全保障の枠組みを作るという具体的な「東アジア共同体構想」を提起したのであった。

この論文はその後一部が要約・抜粋される形で「日本の新しい道（A New Path for Japan）」と題されて米紙ニューヨーク・タイムズ電子版（The New York Times: August 6, 2009）に転載されたが、その内容（アメリカ主導のグローバリズムや市場原理主義を批判し、東アジアを軸とした経済協力や安全保障を提唱したもの）が反米的であるとして問題になった。民主党の鳩山代表は、二〇〇九年八月三一日、記者団に対し、このニューヨーク・タイムズ紙掲載の論文について「寄稿したわけではありません。（日本の）雑誌に寄稿したものを、新聞社が抜粋して載せた」と述べ、「反米的な考え方を示したものではないことは、論文全体を読んでいただければわかる」と釈明すると同時に、「一部だけとらえられた」と不快感を示したという経緯があった。このような鳩山氏の論文が本人の明確な同意も得ずに論文の趣旨が誇張・歪曲されてニューヨーク・タイムズに転載された、という経緯には不可解なものを感じざるを得ない。

それでは、鳩山氏の「東アジア共同体構想」はどのようにして生まれたのであろうか。鳩山氏の論文「私の政治哲学」は、クーデンホフ・カレルギーと祖父・鳩山一郎氏に触れている。カレルギーは、『汎ヨーロッパ』（一九二三年）という著書を刊行し、今日のEUにつながる汎ヨーロッパ運動の提唱者となった人物である。カレルギーの著書を翻訳して出版したとき、仏語のフラタナティ（fraternité）という言葉を「博愛」ではなくて「友愛」と訳したのが鳩山一郎氏である。その鳩山一郎氏が翻訳した『自由と人生（原題：全体主義国家対人間）』洋々社（昭和四二年）第一二章「友愛革命」の中で、カレルギーは、「友愛主義の政治的必須条件は連邦組織であって、それは実に、個人から国家をつくり上げる有機的方法なのである。人間から宇宙に至る道は同心円を通じて導かれる。すなわち人間が家族をつくり、家族が自治体（コミューン）をつくり、自治体が郡（カントン）をつくり、郡が州（ステイト）をつくり、州が大陸をつくり、大陸が地球をつくり、地球が太陽系をつくり、太陽系が宇宙をつくり出すのである」と述べている。こうした言葉に強い共感を覚えたであろう祖父・鳩山一郎から鳩山氏が大きな思想的影響を受けていることが窺われる。このことから、鳩山氏の提唱する東アジア共同体構想は、単なる思い付きといったレベルのものではなく、もっと深い思想的背景を持つものであることがわかる。

また鳩山氏は、二〇〇五年に出版した著書『新憲法試案』（PHP研究所）の中で、「今後五〇年の日本の国家目標の一つとして、一言でいえばアジア太平洋版のEUを構想し、その先導役を果たすことを挙げたい」、「日本はこれらの国を包含したアジア太平洋地域を自らの基本的な生活空間と捉えて、この地域に安定した経済協力と安全保障の枠組を創る努力を進めていくべきである」と述べている。すでに二〇〇五年の時点で鳩山氏は「東アジア共同体構想」につながる「アジア太平洋版EU構想」を提起していたのである。

この「東アジア共同体構想」がより具体的に提起されるのは、二〇〇九年七月二七日に公表された民主党の政権政策（マニフェスト：Manifesto）の外交分野で、緊密で対等な日米関係を築く、北朝鮮の核保有を認めない、世界の平和と繁栄を実現する、核兵器廃絶の先頭に立ち、テロの脅威を除去すると並んで、「東アジア共同体の構築をめざし、アジア外交を強化する」との方針を打ち出したときであった。このマニフェストでは、より具体的に、(1)中国、韓国をはじめ、アジア諸国との信頼関係の構築に全力を挙げる。(2)通商、金融、エネルギー、環境、災害救援、感染症対策等の分野において、アジア・太平洋地域の域内協力体制を確立する。(3)アジア・太平洋諸国をはじめとして、世界の国々との投資・労働や知的財産など広い分野を含む経済連携協定（EPA）、自由貿易協定（FTA）の交渉を積極的に推進する。その際、食の安全・安定供給、食料自給率の向上、国内農業・農村の振興などを損なうことは行わない。(4)共生実現に向けたアジア外交を展開する。また、東シナ海を「平和、友好、協力の海」とするため、特に海洋分野における日中間の意思疎通をはかる。(5)日中韓FTA、東アジア地域包括的経済連携(RCEP)などの経済連携を進める、などの項目を掲げていた。

そして、この方針は、二〇〇九年夏の政権交代後に、鳩山政権が打ち出した新しい日本外交の「友愛精神」に基づく五つの課題(①世界的な経済危機への対処 ②地球温暖化問題への取り組み ③核軍縮・不拡散 ④平和構築・開発・貧困問題 ⑤東アジア共同体の構築)の一つとして最後に掲げられることになった。鳩山首相は、そのことを二〇〇九年九月二四日の国連総会一般討論演説で次のように語っている。

第五は、東アジア共同体の構築という挑戦です。今日、アジア太平洋地域に深く関わらずして日本が発展する道はありません。「開かれた地域主義」の原則に立ちながら、この地域の安全保障上のリスクを減らし、経済的なダイナミズムを共有しあうことは、わが国にとってはもちろんのこと、地域にとっても国際社会にとっても大きな利益になるでしょう。

これまで日本は、過去の誤った行動に起因する歴史的事情もあり、この地域で積極的な役割を果たすことに躊躇がありました。新しい日本は、歴史を乗り越えてアジアの国々の「架け橋」となることを望んでいます。FTA、金融、通貨、エネルギー、環境、災害救援など――できる分野から、協力し合えるパートナー同士が一歩一歩、協力を積み重ねることの延長線上に、東アジア共同体が姿を現すことを期待しています。もちろん、ローマは一日にしてならず、です。ゆっくりでも着実に進めていこうではありませんか。

ところが、この鳩山首相の「東アジア共同体の構築という挑戦」という演説に強い反感を覚えた米国政府関係者がいたのである。琉球新報社が鳩山政権の軌跡を検証した連載記事をとりまとめた作品（琉球新報「日米廻り舞台」取材班（著）『普天間移設 日米の深層』青灯社、二〇一四年九月）の中で、次のように伝えている。

各国の首脳らが集う国連総会で二〇〇九年九月二四日、米国家安全保障会議（NSC）アジア上級部長のジェフリー・ベーダーは一般討論演説を苦々しく見ていた。登壇していたのは、その日が外交デビューとなった日本の首相鳩山由紀夫だ。鳩山は高揚感に満ちあふれた表情で「日本が懸け橋となって挑むべき五つの挑戦」を掲げた。最後の一つに掲げたのが東アジア共同体の構築だった。アジア太平洋各国にとって安全保障上の危険を減らし、「経済的なダイナミズムを共有しあう」ことは大きな利益になる、と訴えた。ベーダーはその場で周辺に激しい怒りを隠さなかった。鳩山が「東アジア共同体」について言及することを日本側は米側に事前に説明せず、突然演説で言及したと思った。〈鳩山はこの共同体から米国を外すべきだと考えている〉ベーダーはこう考え、鳩山の東アジア共同体構想を〝最も重大な問題〟と捉える。（七一～七二頁）

また、その作品を主に担当した二人の記者（内間健友、島袋良太）は、「鳩山政権当時、日本国内では専ら、米政府が普天間問題をめぐって日本政府に憤慨しているという報道がなされた。だが米政府が当初、最も敏感に反応したのは〝米国外し〟と映った東アジア共同体構想だった。普天間問題を議論する以前に、米側が鳩山政権に不信感を募らせ、普天間交渉にも影響を与えた可能性が高い」（七三頁）と結論付けている。

筆者もこうした見方に基本的に同意できる。なぜなら、そのことは他の米国関係者の証言からも裏付けられるからだ。例えば、日米関係における軍事・安全保障問題でジャパン・ハンドラーの中心的存在ともいわれるジョセフ・ナイ氏とリチャード・アーミテージ氏が、共著『日米同盟vs.中国・北朝鮮――アーミテージ・ナイ緊急提言』（文春新書、二〇一〇年一二月）の中で、東アジア共同体構想に強い警戒心を示している。

「キッシンジャー氏は以前から日中両国が和解し、手を組んで一体となり、米国に抵抗してくるというシナリオを恐れています」（ナイ氏、一〇六頁）、「彼（鳩山氏）が胡錦濤国家主席とともに〝東アジア共同体〟について触れたとき、ワシントンでは好意的に受け止められませんでした。実際、我々はそれに対してとてもネガティブでした」（アーミテージ氏、八〇頁）、「鳩山氏も小沢氏も過去一〇年間、米国を訪問していません。それは何らかのことを含有しています。さらに小沢氏は二〇〇九年に〝Japanese Liberation Army〟（筆者：小沢訪中団のこと）を率いて北京を訪問しています。」（アーミテージ氏、八一頁）、「（東アジア共同体が）米国を排除するというのなら、それは日本にとってだけでなく、中国にとっても逆効果でしょう。中国も日本も米国の市場に依存しているからです。もし、米国が〝外されている〟と感じたならば、恐らく報復に打って出ると思います。それは（日中双方に）高くつきますよ……。」

これらの発言から読み取れることは、彼らが米国抜きの東アジア共同体を敵視していること、またもし日中両国（特に日本）がそのような素振りを少しでも見せたならば「米国による報復措置」があり得ることを示唆している点である。特に、彼らが敏感であったのは、東アジア共同体のコアメンバーに米国を含めるか否か、という問題であった。この点に関連して、注目されるのが当時の岡田克也外相の発言である。岡田外相は二〇〇九年一〇月七日午後、都内の日本外国特派員協会で講演し、鳩山由紀夫首相がアジア重視の観点から提唱している「東アジア共同体」構想について、「日本、中国、韓国、東南アジア諸国連合（ＡＳＥＡＮ）、インド、オーストラリア、ニュージーランドの範囲で（構成を）考えたい」と述べ、米国は正式な加盟国としない形で創設を目指す考えを表明した。しかし、この岡田外相の発言は、「鳩山政権に対して〝反米的〟との見方もある米側が反発を強めることも予想される」と当日付の時事通信が報じているようにあまりにも不用意なものであったといえよう。そのことを、天木直人氏（元駐レバノン大使）は、二〇一二年一一月二九日に自身のブログで、前日の都内のシンポジウムでの長島防衛副大臣の発言「……鳩山首相の『米軍普天間基地飛行場を沖縄県外、国外に』という発言よりも、『東アジア共同体』構想でのつまずきが大きかった……当時、岡田外相が『構想には米国を含まない』とご丁寧に説明してしまい、鳩山首相の個人的見解ではなく、政権全体の目標になってしまった……」を紹介しながら、「その通りである。当時私はそれをブログやメルマガで指摘した。この岡田外相の発言こそ米国を激怒させた言葉だったのだ」と率直に指摘している。この問題がいかにナイーブかを当時の鳩山首相は心得ており、極めて慎重に言葉を選んでいただけにその打撃は大きかったと思われる。

また進藤榮一氏（国際アジア共同体学会会長）はこうした一連の流れを受けて、日中韓の間に係争が無くなり更にＡＳＥＡＮとの連携が実現すれば東アジアへの米国の関与が薄くなり、米国が排除されること米国政府関係者が警戒した、と論じている。それと同時に、「地域共同体」が主権国家どうしの紛争を平和的手段で解決を目指すことによって東アジアでの緊張関係が解消し、日米関係が希薄化することを恐れたジャパン・ハンドラーズによって「東アジア共同体」構想は鳩山内閣ともども葬り去られることになった、という重要な指摘を行っている。これはまさに慧眼である（進藤榮一「東アジア共同体の理念を生かす――もはや時代遅れとなった日米同盟との決別を」『週刊金曜日』二〇一二年九月一四日（九一一号）、一八―一九頁）。

2 「常時駐留なき安保（有事駐留）」論と日米安保体制の見直し――小沢事件の影

(1)「常時駐留なき安保（有事駐留）」論の起源と新しい展開――東アジア共同体構想との連動

東アジア共同体構想と密接な関連があるのが、「有事駐留」論すなわち「常時駐留なき安保」論である。孫崎享氏（元外務省国際情報局長）は、非常に話題となった著作『戦後史の正体』（創元社、二〇一二年）の中で、対米従属からの脱却を志向した自主独立派の流れとして、重光葵、石橋湛山、芦田均、岸信介、鳩山一郎、佐藤栄作、田中角栄、福田赳夫、宮沢喜一、細川護熙、鳩山由紀夫などの政治家（総理大臣経験者）の名前を挙げている。

これらの人物の中で、芦田均が外相時代（片山内閣で在任期間は一九四七年六月一日〜一九四八年三月一〇日）に米国に対して米軍の「有事駐留」案を示していたことが注目される。この有事駐留論を持論にしていたのが鳩山由紀夫元総理である。また、それは前節で述べた東アジア共同体構想だけでなく、後節で述べることになる普天間基地「移設」問題での「できれば国外移転、最低でも県外移転」方針とも連動していたのである。

鳩山氏は、『文藝春秋』一九九六年一一月号に掲載された論文「私の政権構想」の中で、東アジア諸国との関係を改善し、日本に対する脅威を低下させ、米軍の常時駐留が必要ではない平和的な状況を作り出していく「常時駐留なき日米安保」という中長期的構想を提起している。これはまさに日米同盟（日米安保体制）の将来的展望を提示したものであると同時に、その後に提唱する東アジア共同体構想やそれまでの普天間基地の日米合意である辺野古案の見直し「国外移転、最低でも県外移転」方針につながるものであった。

この鳩山氏の持論を『産経新聞』（二〇〇九年六月一八日配信）は、次のように批判している。

日ソ交渉や改憲論で知られる一郎はかつて、重光葵外相を通じ在日米軍の全面撤退を米国に打診したことがある。孫である由紀夫の持論は「常時駐留なき安保」で、かつ改憲論であるから一郎の主張と形の上ではそっくりだ。……鳩山は『文藝春秋』九六年一一月号の論文「民主党　私の政権構想」で、虫の良い「常時駐留なき安保」を打ち出している。とたんに、米国のキャンベル国防次官補代理が飛んできて民主党本部で鳩山らに会い、「紛争が起きたときの対応は二次的要素で、プレゼンスそのものが抑止になっている」と正面から批判した。

また、その問題を、一九九六年の旧民主党結成に深く関与した鳩山氏の盟友である高野孟氏（インサイダー編集長）は、次のように語っている。

九六年四月に橋本・クリントンによる「日米安保再確認」宣言があって、それに対する異論というかオルタナティブとして同年九月旧民主党による「常時駐留なき安保」論の大胆な提起があった。それは突拍子もないことでも何でもなくて、米国の国防政策中枢においても〝ポスト冷戦〟の時代状況への適合と沖縄少女暴行事件の悲惨に象徴される沖縄での過大な基地負担への対応を計ろうとするそれなりに真剣な努力が始まっていた。

しかしその米国側の動きは、東アジアにおける「勢力均衡＝抑止力」という一九世紀的な旧思考に足をとられた不徹底なものに留まっていて、沖縄県の「基地返還プログラム」やそれに学んだ旧民主党の「常時駐留なき安保」論は、まさにそこに切り込んでいって、日米が共に〝脱冷戦〟を果たすよう、日本のイニシアティブで米国を積極的に導いていくことを狙いとしたものだった。その意味で、「常時駐留なき安保」論が、ちょっとした思い付きというようなものでなく、九六年当時の戦略的思考の磁場の中で思い切って前に出ようとする意欲的な問題提起だったことが理解されなければならない。（高野孟「後ろ向きに終わった「日米安保再確認」——一〇年前の沖縄への想いを振り返る（その三）」『THE JOURNAL』編集部二〇一〇年一月一二日）

さらにその高野氏は、自著『沖縄に海兵隊はいらない！』（モナド新書、二〇一二年）の中で、旧民主党の「常時駐留なき安保」論が沖縄県の大田昌秀知事の時代に打ち出された「基地返還プログラム」や「国際都市形成構想」に見られる沖縄の自立自尊の精神に学ぶことから始まったことを詳述するとともに、「九六年当時には〝夢想的〟とまで批評されたその考え方は、米国の戦略的見直しや軍事予算削減の動きをはじめ世界情勢の流れが大きく変化する中で、これからいよいよ現実味を増していくと思われる」（二一〇頁）と強調している。そして、自衛隊の縮小・再編案として三分割案（①海空兵力が中心となった国土防衛隊、②おもに陸上兵力によって編成され訓練された国際平和協力部隊（国連ＰＫＯ待機部隊＋東アジア警察軍）、③災害救援部隊）を提案している。この東アジア安全保障共同体の構築を東アジア警察軍・国連ＰＫＯ待機部隊の三分割案と連動させる提案は非常に説得力のある魅力的な提言であるといえる。私自身はあくまでも憲法九条にそった非武装中立を志向しているので一部留保せざるを得ないとはいえ、より大きな意味での共通点があり強い共感を覚える。

また、鳩山氏に近いブレーンの一人であった寺島実郎氏は、『文藝春秋』（二〇〇九年一〇月号）の論文「米中二極化『日本外交』のとるべき道――『米国追従』から決別し、真に「自立」するための大原則」の中で、①アメリカとの関係を大人の関係にすること、②アメリカをアジアから孤立させないこと、③中国を国際社会の一員として責任ある関与者として抱き入れることを重要なポイントとして指摘し、アメリカへの過剰期待と過剰依存の路線から脱却し、自立した日本を目指せ、日米中の三ヶ国関係において、トライアングルを正三角形により近づけるような「対米」「対中」外交戦略を、日本は目指すべきとの傾聴に値する提言を行っている。さらに寺島氏は、「東アジアに軍事的空白を作らない形での米軍基地の段階的縮小と地位協定の改定」を目指す、何よりも優先して実行すべきは「前方展開兵力」の必要性を原点から問い直すこと、東アジアの安全保障を確保しつつ米軍との間合いを取り、かつ米軍が経済的にも納得する形で事態を解決するといったより具体的な方策を示している。ここで寺島氏が主張している在日米軍基地の段階的縮小や東アジアの多角的集団安全保障体制の構築は、まさしくこれまで述べてきた鳩山氏や高野氏らの「常時駐留なき安保」論や「東アジア共同体構想」とそのまま重なる内容であることがわかるであろう。

(2) 小沢氏の第七艦隊発言の衝撃と小沢事件の発生

二〇〇九年二月二四日の記者会見で、民主党の小沢一郎代表（当時）は、「米国のプレゼンスは必要だが、おおむね第七艦隊の存在で十分だ。日本の防衛に関することは日本が責任を果たせばいい」と述べた。この小沢氏の第七艦隊発言の発言をめぐって、その後、政府・自民党から批判が相次いだという。当時の新聞報道（『毎日新聞』二月二七日付朝刊）によれば、以下のように伝えられている。

麻生首相は記者団に一般論と断りつつも、「防衛に少なからぬ知識がある人は、そういう発言はされないんじゃないか」と強調。民主党の政権担当能力に疑問を投げかけた。河村官房長官も二六日の記者会見で、「非現実的だ。政権交代を標ぼうする民主党代表の考えとしてはいかがか」と皮肉った。自民党・町村前官房長官も二六日の町村派総会で、「暴論以外の何ものでもない」と厳しく批判。自民党の伊吹元幹事長も「日本の軍事増強でカバーする発想なら、共産党や社民党がよく一緒に行動している」など、疑問を呈する声が続いた。

この小沢氏の発言をめぐって、日本の防衛費が一挙に四～五倍になるとか、小沢氏が自衛隊を肥大化させる意図を持っている、あるいは日本を核武装させて米国から自立させることを狙っている、米国の怒りに触れて日米安保体制が直ちに崩壊するなどという根拠のないデマ・暴論も相次いだ。

しかし、小沢氏の発言は、単なる思いつきや「素人のたわごと」ではなく、これまで述べてきた「常時駐留なき安保（有事駐留）」論という確固たる理論的裏付け・背景をもったものである。政府・自民党や一部御用学者らからの批判は、米軍再編の背景や抑止力の本質を知らない、それこそ「軍事的非常識」そのものであるといってよい。

軍事ジャーナリストの田岡俊次氏は、『SAPIO』二〇一〇年二月一〇・一七日号に掲載された記事「〝第七艦隊だけで十分〟発言の正当な評価」の中で、次のように解説している。

米海兵隊は米海軍省に属する「海軍陸戦隊」で、今では海軍とは別の軍として、陸、海、空軍に次ぐ「第四の軍」とされるが、艦隊の編成上、沖縄の第三海兵遠征軍は米第七艦隊に属する「第七九任務部隊」だから、小沢氏の説「米第七艦隊だけで十分」の中には海兵隊を含むとも言える。米海兵隊は三、四隻の揚陸艦に乗る「海兵遠征隊」を基本単位とし、戦乱や暴動、災害などの際の在外米国人の救出や上陸作戦の先鋒となるのが任務で、沖縄の防衛兵力でないことは言うまでもない。小沢説は米軍再編の方向にも合致している。再編の基本的考えは、(1)冷戦時代に共産圏諸国の周辺に米軍を配置したが、いまや時代遅れで、固定的配置よりも柔軟な運用をめざす、(2)軽量部隊を急速に展開できるよう、陸軍は師団（約二万人）から旅団（約四〇〇〇人）に編成を変え、装甲車輌も中型輸送機C130で運べる物とする、(3)重装備、弾薬、燃料等は「事前集積船」に積み待機させ、海外の補給拠点、倉庫は整理する、(4)在外兵力は極力地元との摩擦を減らすよう縮小し、七万人を本国へ戻す、などだ。

米空軍は一〇個「航空遠征軍」（AEF）に改編し、うち二個AEFを即時出動可能にするとしている。

鳩山首相が「有事駐留」を語った、として事大的な自民党や親米メディアは非難するが、米陸、空軍自体が有事駐留に向かっていることを知らないのだろう。

また同じく軍事ジャーナリストの神浦元彰氏も、「小沢氏の発言は在日米軍の削減論ではない。米軍の兵器技術の進歩や戦略環境の変化で、もっとも効率的な運用に転換するための米軍再編なのである。陸軍・空軍・海兵隊を日本から撤退させることは、米国こそが日本に求めている二一世紀型の戦略転換なのである。冷戦時代ではあるまいし、日本の現実的な平和論に右や左はない。近い将来の日米安保同盟関係は、第七艦隊だけが日本に常駐配備される米軍体制しかないのだ」と正鵠を射た発言をしている（「What's New! 最新情報」http://www.kamiura.com/new.html）。

ここで注目すべきは、この小沢発言から一カ月も経っていない二〇〇九年三月三日に、小沢氏の秘書である大久保隆規氏らが逮捕される事件が発生したという事実である。それでは、この小沢事件の背景には何があったのであろうか。そのことを前出の孫崎氏は、米国の狙いとの関連で次のように的確に指摘する（孫崎著『アメリカに潰された政治家たち』小学館、二〇一二年、を参照）。

この発言が決定打になったのでしょう。非常に有能だと高く評価していた政治家がアメリカ離れを起こしつつあることに、アメリカは計画し、行動を起こします。発言から一か月も経っていない〇九年三月三日、小沢一郎の資金管理団体「陸山会」の会計責任者で公設秘書も務める大久保隆規と、西松建設の社長の國澤幹雄ほかが、政治資金法違反で逮捕される事件が起きたのです。……第七艦隊発言の後にたまたま検察が情報をつかんだのでしょうか。私にはとてもそうは思えません。アメリカの諜報機関のやり口は、情報をつかんだら、いつでも切れるカードとしてストックしておくというものです。ここぞ

という時に検察にリークすればいいのです。（九八頁）

この小沢事件の背後には、対米自立と脱官僚政治という当時の小沢・鳩山コンビが主導する民主党の新しい政策・路線を警戒して反発する米国と、日本のペンタゴン（官界・政界・財界・報道界・学界：植草一秀氏の言葉）と呼ばれる既得権益層（「安保ムラ」や「原子力ムラ」を含む）の存在があったのである。単なる刑事（えん罪）事件ではなく、小沢一郎氏を狙い撃ちした「国策捜査」であった。明らかにある特定の個人・集団が検察と司法を暴走させ、それにメディアが加担した結果として作られたものである。すなわち、それは「上からのファシズム」（具島兼三郎先生の言葉）である司法ファッショ（検察だけでなく裁判所も一体化）とメディア・ファシズムが結合した「静かな政治クーデター」、「ある種の政治的謀略」（孫崎享氏）であり、まぎれもない権力闘争・政治闘争であった（より詳しくは、鳥越俊太郎・木村朗共編『20人の識者がみた「小沢事件」の真実――捜査権力とメディアの共犯関係を問う！』日本文芸社、二〇一三年、を参照）。

3　普天間飛行場移設問題迷走と鳩山政権崩壊の深層

東アジア共同体構想および「常時駐留安保（有事駐留）」論との具体的関連で検討する必要があるのが、普天間飛行場移設問題である。この問題はいうまでもなく大田昌秀知事時代の一九九五年に起きた沖縄少女暴行事件を契機に浮上して以降、二〇年以上経った今日でも根本な解決策を見出し得ていないのが実情である。そもそも普天間飛行場撤去が代替基地の提供という「条件付き」であったことが不条理であり、二〇〇四年八月一三日の沖縄国際大学への米軍ヘリ墜落事件以降も「世界一危険な飛行場」（二〇〇三年一一月に上空から視察した当時のラムズフェルド米国防長官の言葉）とされる普天間飛行場が即時閉鎖されずに今もなお運営されていること自体も狂気の沙汰であるといえる。

こうした経緯・現状は、日本が米国の属国であると同時に、沖縄が米軍直轄の軍事植民地かつ日本の国内植民地であることを証明するものである。そのことを、沖縄在住の作家・批評家の山口泉氏は、新著『辺野古の弁証法――ポスト・フクシマと「沖縄革命」』（オーロラ自由アトリエ、二〇一六年）の中で、沖縄への「日米の二重支配構造」と指摘しているが、まさに正鵠を射ている言葉である。

二〇〇九年夏に登場した鳩山政権は、沖縄県民の相違が「県内移設反対」であることを受けて、それまでの自民党主導の政府が推し進めてきた辺野古V字案（普天間飛行場「移設」ではなく、軍港や弾薬庫などを含めた巨大な「新基地建設」案）を一旦白紙に戻して「国外移転、最低でも県外移転」という方向への政策転換をはたそうとするが、結局、さまざまな要因によってその方針を実現できずに挫折することになる。それでは、なぜ沖縄の民意の沿った普天間飛行場移設問題の根本解決を目指したはずの鳩山政権は途中で挫折して崩壊することになったのであろうか。

次に紹介するのは鳩山総理が自ら設定したという二〇一〇年五月末の期限が近づく中で普天間飛行場移設問題の最終解決策として辺野古案に回帰しはじめた鳩山政権への呼びかけとして書いた拙文を一部修正したものである（「いまこそ対米自立の機に　抑止力という幻想超えて」『共同通信』二〇一〇年五月一九日の配信、『琉球新報』五月二〇日付朝刊および『沖縄タイムス』五月二一日付朝刊に掲載）。

米軍普天間飛行場問題をめぐる「迷走」で鳩山政権が窮地に陥っているとの報道がなされているが、はたして本当に「突破口」はないのであろうか。

米国や自民党、ゼネコン業者などが固執する現行案、および鳩山政権によるキャンプ・シュワブ沖合へのくい打ち桟橋方式を含む修正案は、今年一月の名護市長選の結果や四月二五日の九万人県民集会などで明確な民意が示されており、案として既に破綻している。また、徳之島への基地建設や訓練の一部移転提案も四月一八日の全島挙げての反対集会や二万六千人分の反対署名の重みを考えれば、実現不可能とみるべきだろう。そもそも徳之島案は、沖縄と奄美は同じ琉球圏内にあり、敗戦後八年間、米軍占領下にあった歴史を無視、あるいは歴史そのものへの無知に根差していないか。

沖縄県内ばかりでなく、県外への新基地建設案を民意は明確に拒否している。残された選択肢は国外、あるいは沖縄県外にある自衛隊基地の日米共同使用以外にはないと思われる。

注目されるのが、普天間基地を抱える沖縄・宜野湾市の伊波洋一市長らが指摘している、米軍が二〇〇六年七月に策定した文書「グアム統合軍事開発計画」の存在である。同文書には、一四年までに司令部だけでなくヘリ部隊や歩兵部隊を含めたほとんどの在沖縄海兵隊をグアムへ移転させると明記されている。しかし、この重大な事実は、あらゆる議論の前提となるはずの在沖縄海兵隊の実数とともに、関係閣僚や官僚の間だけでなく、マスコミ報道でもなぜか重視されてこなかった。

鳩山総理は五月初めの沖縄訪問時に、海兵隊による「抑止力」を再評価する発言をして多くの人々を失望させた。沖縄の海兵隊は緊急時の米国人救出が主任務で日本防衛の抑止力と考えるのは「幻想」だという複数の軍事アナリストの指摘が正しければ、首相の「抑止力」発言は、防衛・外務官僚による刷り込みか、米国や既得権益勢力による恫喝が効いた結果のようにも思える。

優先すべきことは、米国に代わって代替基地を探すことではなく、米国の政治学者・故チャルマーズ・ジョンソン氏も提起しているように、米国基準ではあり得ない「世界一危険な」普天間飛行場での訓練即時中止、基地閉鎖をあらためてはっきりと米側に突きつけることである。「米国と日本（本土）による二重の占領・植民地」下にある沖縄への過重負担を軽減し、日米地位協定や思いやり予算も見直すべきである。

今からでも遅くはない。鳩山総理には、持論の「常時駐留なき安保」を封印せずに、「対等な日米関係の構築」、「できれば国外、最低でも県外移設を」と訴えてきた原点に立ち戻ってほしい。鳩山総理は本来の「腹案」に含まれていたはずの在沖縄海兵隊のグアム、テニアンなどへの国外移設実現を真剣に模索するべきである。現地を視察し、同地への移設を訴える民主党の川内博史衆議院議員らの声に耳を傾ける必要がある。

米国に追随してきた政治家や官僚だけでなく、私たち国民も「属国意識」、「（植民地）奴隷根性」とさえ呼ばれることがあった発想、あるいは思考停止から一刻も早く抜け出して、米国と真正面から向き合うべき時にきている。

オバマ米政権も一枚岩ではなく、日本側の「覚悟」次第で対応が変わる可能性がある。いまこそ、日米安保のあり方を含めた二国間関係を根本的に問い返し、対米自立の視点から在日米軍基地の撤去を進めていくチャンスである。

第二次安倍政権が登場してからの沖縄政策は、アメ（お金）とムチ（暴力）などあらゆる手段を総動員して沖縄の人権と民意を踏みにじるものであり、あまりにも理不尽かつ不条理であるといえる。日米両政府は「辺野古移設案が唯一の解決策である」とし、何としても辺野古への「新基地建設」を強行する姿勢を貫こうとしている。辺野古案に最後までこだわっているのは実は日本側（外務・防衛官僚、従米保守の政治家、ゼネコン、大手メディア、自衛隊など）ではないのか。この二〇間の経緯を見てもむしろ柔軟なのは米国側であったように感じられる。もちろんその内情は複雑であり、米国側も必ずしも一枚岩ではないことは明白だが……。

この点に関連して、当事者であった鳩山元首相自身が次のように語っているのが注目される（孫崎享、木村朗共編著『終わらない〈占領〉――対米自立と日米安保見直しを提言する！』（法律文化社、二〇一三年）「序言」より）。

何をするにもアメリカの意向を忖度しなければならないというのでは、独立国ではないのである。そして、その根底に、日米安保で日本の安全がアメリカによって守られているから仕方がないと言うのであれば、今すぐには無理であっても、例え五〇年、一〇〇年かかっても、日本の安全は日本人で守れる国にしようではないかと思うのである。必要なとき、即ち、緊急事態が発生したときのみアメリカの助けを借りるべきであるという常時駐留なき安全保障という考え方がその中間段階として生まれる。さらに直近の問題としては、普天間の飛行場の移設先を出来れば国外に、最低でも沖縄県外にすべきではないかとの発想が生まれるのである。「最低でも県外」を総理時代に実現できなかったことは誠に慚愧に堪えない。しかし、発想が間違っていたとは今でも思っていない。

これは、まさに普天間飛行場移設問題の渦中に立たされていた元総理の言葉であるだけに非常に重いといわざるを得ない。ここで触れられている「徳之島への基地建設や訓練の一部移転提案」は、鳩山総理が語った「最低でも県外移設」を実現するために五月末の期限内で検討しようとした最後の「腹案」であった。この徳之島案は、結局、徳之島住民の圧倒的反対と徳之島が琉球弧の一部であるため沖縄県民の支持も得られなかったこともあって実現することはなかった。そもそも五月末の期限設定に無理があっただけなく、いまから考えれば不必要であり政策判断のミスでもあったといえよう。このため、川内博史議員・伊波洋一宜野湾市長（当時）らが追求していた本来の「腹案」であるべきはずの「国外移転」案は時間的余裕がないとの理由で政府・官邸内で一度も具体的に検討されることなく辺野古V字案への回帰というゴールに向かうことにもなったからである（この間の経緯については、毎日新聞政治部著『琉球の星条旗 「普天間」は終わらない』講談社、二〇一〇年一〇月、を参照）。

しかし、この問題の背後には実はそうしたことよりも隠されていた重大な動きがあったのである。それは、まず当時の鳩山総理が「腹案」として関係者（外務省・官邸）に厳重なかん口令を敷いていたものが簡単にリークされて大手新聞・テレビ（特に朝日新聞社・テレ朝系列）で三月二五・二六日に報道されたことであった。この問題では、フリージャーナリストの上杉隆氏が、徳之島案は平野長官がおそらく記者懇でリークしたとみられる、と語っているのが注目される（『週刊朝日』五月二一日号より）。のちに鳩山元総理自身は、「このいわゆる保秘というかですか、秘密を守るということが必ずしも十分に果たされてこなかったということは、ある意味で政治主導の中で難しい官僚の皆さん方の知識を頂きながら歩ませていくという中での難しさかなと、そのように考えています」と語り、真相は不明だとしながらも、官僚からの情報遺漏を暗に示唆している（「産経ニュース」二〇一〇年五月二八日配信）。

また、『週刊ポスト』二〇一五年五月二一日号の記事「鳩山総理が握り締める〝普天間県外移設ウルトラC〟独走スクープ　マル秘計画書を全文公開」によれば、そのマル秘計画書「総理試案の概要　九州地区移設・ローテーション案」は、下記の通りであった。

1．普天間基地の危険性を緊急に取り除く
普天間基地は、平時は閉鎖し、自衛隊が管理・運営する。有事には米軍が完全利用できるようにする（「新有事駐留」）

2．移設先は沖縄県外とし、自衛隊も含めた再編を行う（注1）
①普天間基地の海兵隊回転翼機は、九州地区の既存の自衛隊飛行場に司令部、整備支援施設及び家族支援施設とともに移駐・所属する。
②海兵隊が移駐・所属する自衛隊基地では、既存の自衛隊部隊が過度にならないように玉突きで、民間を含め他の飛行場・基地へ、基地の加重負担を減らす為に再編・移駐する（沖縄地区では那覇空港基地や下地島も玉突きの対象）。

3．沖縄本島への展開はローテーションとする
①九州に移駐・所属する海兵隊機は、訓練及び運用のため、沖縄本島の拠点に定期的にローテーションで展開する（当該航空機の展開を支援するため、沖縄本島の拠点において必要な施設が整備される）。
②候補地としては、辺野古のキャンプ・シュワブの陸上に海兵隊の運用上のヘリパッドを建設する（こ

のため「ヘリコプター部隊は移設後も一体運用する地上部隊と飛行時間で三〇分以内に配置」できる）。
〔レビュー〕：以上のような「九州地区移設（移駐）・ローテーション」方式が稼動しだい普天間基地は閉鎖され二〇一四年までに完全返還される。他の沖縄基地返還は「２＋２」（二〇〇六年）の合意に基づいた同じ返還内容を履行する。抑止力や迅速な対応能力の維持が損なわれないことを前提に、安全保障環境の変化に伴い、普天間基地の変換後も、移駐された新基地の海外移転がなされるように、四年ごとに八年後の在り方を「２＋２」でレビューする。

これは鳩山総理の持論であった「常時駐留なき安保（有事駐留）」論、すなわち普天間基地閉鎖・返還と沖縄の負担軽減を実現し、将来における国外移設（米国への撤退・移転）に向けた可能性もわずかに残す案であったとも評価できる。しかし、この徳之島案は、リークされた情報に基づいた大手新聞・テレビ報道によって地元の反対運動が高揚して頓挫する結果に終わっただけではない。それ以上に重大な問題が実は隠されていたのだ。
それは、この徳之島案を鳩山総理が最終的に断念せざるを得なくなった「極秘文書」の存在である。その文書は、徳之島案が政府案として浮上し始めた時期に防衛省と外務省の役人が首相官邸に来て鳩山総理に示したもので、「普天間移設問題に関する米側からの説明」と題され二〇一〇年四月一九日付で「極秘」と押印されていた。そこには、「航空部隊と陸上部隊の訓練の一体性を考えると、移転先は普天間から六五マイル（一〇五㎞）以内に限る」と明示されていた。ところが、徳之島と沖縄本島中北部（米海兵隊ヘリ部隊の基地）とは約一〇四カイリ（約一九二キロ）離れており、これでは「六五カイリ基準」を満たさないので徳之島案は実現不可能なものとなる。当時の状況を、鳩山元総理自身が次のように語っている。

沖縄の北部訓練場から六五カイリを円で描くと、ほとんどが沖縄になってしまいます。私は奄美大島や徳之島を考えていましたが、これではすべてダメになってしまいます。結論として辺野古しかないということになってしまったのです。（中略）外務省の極秘文書になっていて、米軍のマニュアルにも明記してあると書かれていたので、自分としては最後通知を突きつけられたという思いで、県外移設を断念せざるをえなかったのです。今になって思えば、どうしても辺野古に移設したい勢力が、私を騙したということになります（三宅雪子元衆議院議員が配信しているツイキャス二〇一六年二月二九日での鳩山元総理への電話インタビュー：「きっこのブログ」二〇一六年二月二九日　鳩山由紀夫氏「私は外務省と防衛省の官僚に騙された」より）。

ここで問題なのは、この「極秘文書」なるものが実は外務省の正式文書でなく、しかも米軍には、「六五カイリ基準」を明記した米軍マニュアルは存在しないということが明らかになったことである。このことを最初に報じたのが二〇一三年一一月二七日『琉球新報』で、在沖米海兵隊が二六日までに琉球新報の取材に答え「海兵隊の公式な基準、規則にはない」との見解を示した、とある。また、『琉球新報』は二〇一五年九月七日に、鳩山氏は首相時代、防衛官僚から「米側の移設先の条件は沖縄から六五マイル以内」と示されたことが事実無根だったことなどを挙げ「防衛、外務官僚は一度決めた辺野古移設を蒸し返されては困るから、米側の意向も忖度して辺野古しかないとリードした」との鳩山元総理の言葉を紹介している。

そして、この問題を一般の人々が広く知るきっかけとなったのが、二〇一六年二月四日の「鳩山元総理が明かす『辺野古新基地』の真相」という講演会（日本ジャーナリスト会議＆マスコミ九条の会の主催）であった。そこで、鳩山氏は、極秘の指定期間は二〇一五年四月一八日で、その極秘が解除されたため、鳩山氏側近の川内博史元衆院議員が外務省に問い合わせたが、それに対して「外務省の正式な文書ではない」との回答があったことを明らかにした。鳩山氏は、あらためて官僚による情報操作を非難し、「辺野古の問題は解決できない問題ではない。ドイツでは米軍撤退時、移設先は米軍が決めることだとした。日本政府が交渉できないのは弱腰で対米従属が強すぎるからだ。本当の意味で日本を独立させないといけない」と語っている（二〇一六年二月七日付『琉球新報』および同年二月一六日のＩＷＪでの鳩山氏インタビューを参照）。

ここに示されたような官僚の面従腹背、サボタージュと情報操作などは、鳩山政権時にはこれ以外の問題でも多く見られた。ここでは詳述できないが、ウィキリークスのリークした情報（例えば、高見沢将林・防衛政策局長は二〇〇九年一〇月一二日、キャンベル国務次官補との昼食会で、普天間基地県外移転を模索する鳩山政権の方針について「米側が早期に柔軟さを見せるべきではない」と発言していた）なども合わせて考えれば、官僚の面従腹背、サボタージュあるいは反鳩山・小沢派グループによる画策によって普天間飛行場移設問題が迷走し最終的に鳩山政権が潰されていった経緯がよくわかるであろう。

また、この問題と関連して極めて重要と思われるのが、鳩山氏が『日本はなぜ、「基地」と「原発」を止められないのか』（集英社インターナショナル、二〇一四年）の著者・矢部宏治氏と行った対話である。そこで鳩山氏は、矢部氏が「なかでも一番の問題は、日米合同委員会のメンバーである法務官僚が、法務省のトップである事務次官に占める割合は過去一七人中一二人、そのうち九人が検事総長にまで上り詰めている。つまり、米軍と日本の高級官僚をメンバーとするこの共同体が、検察権力を事実上握っているということなんです」と語ると、「それはつまり日米合同委員会の決定事項が、憲法も含めた日本の法律よりも優先されるということですよね。そのことを総理大臣の私は知らなかったのに、検事総長は知っていたし役人も知っていたわけだ」と答えているのである（『週プレNEWS』二〇一四年一二月一五日配信）。鳩山氏は、いま現在は徳之島案には無理があったことを率直に認め、「国外移設しかない」と語っている。また、沖縄国際大教授の佐藤学氏が二〇一六年三月一九日の『毎日新聞』「メディア時評」で「在沖海兵隊が日本の離島防衛のために存在するのではないこと」を明らかにすべきだと主張し、その翌日の『東京新聞』社説が「普天間代替基地は国外へ」と書いているように、「辺野古移設が唯一の解決策」ではないのだ。

いま沖縄では、日本政府・安倍政権によって民意を踏みにじるかたちで辺野古新基地建設が強行されようとしている。翁長雄志知事の辺野古埋め立て承認の取り消し（二〇一五年一〇月一三日）問題は法廷闘争に持ち込まれていたが、福岡高裁那覇支部の和解案を国・沖縄県双方の受け入れで一時休戦状態になっている。しかし双方の主張の隔たりは一向に埋まっておらず、新基地建設工事が今度再開されることは必至の情勢である。それに対して辺野古の海と名護市辺野古の米軍キャンプ・シュワブゲート前では沖縄内外のさまざまな人々がそれぞれの立場から怒りを込めて強い抗議・異議申し立ての声を上げ続けている。現場での海上保安庁や警視庁機動隊などによる反対運動圧殺のための暴力はすでに限度を超えるものとなっており、それこそ身体を賭けた命がけの闘いとなっている。米軍キャンプ・シュワブゲート前での新基地建設阻止の最前線で連日の座り込みの先頭に立つ山城博治さん（沖縄平和運動センター議長）の「沖縄はオスプレイと新基地建設を止める命がけのたたかいをやる」、「一一月以降、警視庁機動隊が毎日襲いかかってくるが、非暴力直接行動の私たちは絶対に屈しない」との力強い訴えが胸に響く（山城博治さんや沖縄民衆の闘いは、三上智恵監督の映画『戦場ぬ止み（いくさばぬとぅどぅみ）』およびジャン・ユンカーマン監督の映画『沖縄うりずんの雨（戦後七〇年、沖縄は問いかける）』を参照）。

このような状況の中で、沖縄の自己決定権を求める声が沖縄ではますます高まろうとしている。翁長知事は二〇一五年九月二一日に国連人権理事会で米軍普天間基地の移設計画について、沖縄に米軍基地が集中する実態を紹介し「沖縄の人々は、自己決定権や人権をないがしろにされている」などと訴えた。また、翌一〇月二九日に国が辺野古埋め立ての本体工事に着手しようとした際に、「強権極まれりという感じで大変残念だ。国に余裕がなく、浮足立っている感じがする」と痛烈に批判している。そして、「（オール沖縄で）イデオロギーよりもアイデンティティー」を訴えて当選した翁長知事が、沖縄の声・民意に対して一切聞く耳を持たない安倍政権の横暴ぶりや沖縄に対する本土の人々の無関心・冷淡さに対して「県民の気持ちには魂の飢餓感がある」と表現したことの意味はあまりにも重い。

また、昨年話題となった『沖縄の自己決定権』の著者である新垣毅記者（琉球新報社・編集委員）は、沖縄・那覇での刊行記念イベントで、「沖縄の閉塞状況を打破する上で、沖縄が自己決定権を行使することが非常に重要だ」、「人権問題と自己決定権は車の両輪のような関係がある。自己決定権を確立しなければ、沖縄の人権を守れない」と力説し、「米軍基地の整理縮小を進め、平和交流拠点として東アジア地域に貢献する沖縄を築くためのグランドデザインが必要だ」と自己決定権を踏まえた沖縄の将来像に言及している。

私を含む日本本土の人間は、ここに示された、沖縄の多くの人々が「イデオロギーよりもアイデンティティー」を重視しはじめたことの意味を自ら問い直すとともに、「琉球処分」以来続けられてきた積年の沖縄差別の根本的解消を訴える声、すなわち日本本土の人々の中にある無意識の植民地主義（根拠なき優越意識とそれと裏腹の蔑視・差別意識）への告発にいまこそ真剣に耳を傾けるときである。そして、いまの山城博治さんや安次富浩さん、翁長雄志さんだけでなく、これまでの歴史において、決して権力になびかない不屈の魂で、沖縄の人間の尊厳と人権を守り、米軍基地撤去と平和な社会の実現をめざして米軍政府や日本政府の国策と命がけで闘った瀬長亀次郎、阿波根昌鴻、安里清信、屋良朝苗、大田昌秀をはじめとする沖縄民衆の闘いを学ばなければならない。

沖縄の基地問題は沖縄だけの問題ではなく、本来は日本の問題、そして米国の問題である。また沖縄問題は、軍事・安全保障である前に、人権と民主主義・地方自治の問題である（もちろん、環境問題でもある）。この沖縄問題を本当に解決するためには日米安保体制の本質としての「自発的な従属同盟」（冷戦型思考）から脱却して真に独立した平和国家を実現するとともに、日本人の中に深く浸透している属国意識・奴隷根性（これこそ本物の「自虐史観」）が問われなくてはならないだろう。

東アジア共同体構想は夢想的というよりもきわめて現実的な可能性を秘めた、日本と東アジアの未来の責任あるビジョンを提示するものであった。それだけにそれを恐れた米国と日本国内の既得権益層によるなりふり構わぬ抵抗・圧力に直面して頓挫させられる結果に終わったのである（この東アジア共同体構想が潰される過程を別の視点で捉えなおした優れた著作として、奥田博子著『沖縄の記録――〈支配〉と〈抵抗〉の歴史』慶應義塾大学出版会、二〇一二年、を参照）。この東アジア共同体構想をもう一度提起する政治勢力の結集をはかることこそが喫緊の課題である。

これまで述べてきた一連の出来事は、日本が真の意味での民主主義国でも独立した主権国家でもないことを示している。そして、現在の日本における最大の問題は、権力犯罪の発生、すなわち公権力が恣意的に濫用されたときにそれを裁くシステムが存在していないこと、そして権力の暴走を監視・批判するはずのメディアがその役割を放棄していま起きている出来事の本質・真実を伝えないことである。そのことはいま政治問題となっている〝眠る巨悪〟甘利明元大臣の疑惑を法務官僚、最高検察庁・特捜検察、最高裁事務総局が放置し大手メディアがそれを黙認している現状にも示されている。それがいかに異常な事態なのかは小沢事件と比べてみれば一目瞭然であろう（『日刊ゲンダイ』二〇一六年三月一九日付、を参照）。安倍政権下での言論統制・情報操作と自主規制（萎縮・自粛）・集団的同調圧力はより深刻なものになりつつある。日本はすでに法治国家・民主国家ではなく暗黒社会・ファシズム国家に移行しつつあるといえる（前田朗・木村朗共編著『二一世紀のグローバル・ファシズム――侵略戦争と暗黒社会を許さないために』耕文社、二〇一三年、および九人の共著『開戦前夜」のファシズムに抗して』かもがわ書店、二〇一五年、を参照）。

東アジア、とりわけ朝鮮半島や沖縄にふたたび戦火を招くようなことが絶対にあってはならない。そのような地獄絵図を避けるためにも、一人ひとりが勇気と覚悟をもって立ち上がり抗議の声を上げることがいまこそ求められている。戦争とファシズムへの道はすでに不可逆的な流れとなりつつあり、その中で私たちに残された時間・機会はあまりにも少ないのだから……。

※　なお、本稿に関連した取材として、昨年（二〇一五年）四月に鳩山友紀夫氏（川内博史氏も同席）、同五月に孫崎享氏、同六月に高野孟氏にインタビューをさせていただきました。ここに記して感謝の意を表したいと思います。

第II部　コラム

未来に遺すべきもの――沖縄の誇りと真の民主主義をかけて

稲嶺　進（名護市市長）

「イチャリバチョーデー」沖縄通の方なら一度は耳にしたことのある「出会えば兄弟」という意味の沖縄のクガニクゥトゥバ（黄金言葉＝金言）です。この言葉は、出会った人は皆兄弟だという直接的な意味合いだけでなく、他者やその意見を広い心で受け入れなさいという間接的な意味合いも含んでいます。沖縄県民はこれまで「イチャリバチョーデー」の精神で、日本やアメリカに理解を示し寛容的に受け入れてきました。

日本政府は、沖縄県民の愛国心のあらわれともいえるその心意気を基地経済への依存と捉え、戦後七〇年の長きに渡り在日米軍専用施設の七三・七％を沖縄県に押し付けてきました。そして今、多くの沖縄県民が辺野古移設は負担軽減にならないと考えるなか、日本政府は「沖縄の負担軽減のために」と上から目線で新たな負担を沖縄側に押し付けようと迫っています。

現在においても、名護市の全面積の一一・一％が米軍基地であり、これは沖縄県内の米軍基地全面積の約九・九％にあたり、国頭村、東村につぐ約二二八〇ヘクタールという広大な面積です。その名護市の米軍基地の大半を占めるのがキャンプ・シュワブであり、日本政府はその一部である四五ヘクタールの陸地と大浦湾の一六〇ヘクタールを埋め立てて、普天間飛行場代替施設と称する辺野古新基地を建設しようとしています。我々が代替施設を新基地と呼ぶのにはきちんとした理由があります。それは新基地が弾薬搭載エリアや係船機能付き護岸などの普天間飛行場にない機能を有しているからです。

沖縄県内でも珍しく深い水深を有する大浦湾は、米軍が一九六〇年代から軍港機能を持ち合わせた新たな基地の建設予定地として熱い視線を送り続けてきた場所です。しかし、大浦湾には軍事的な活用よりもはるかに有意義で素晴らしい活用方法があります。沖縄県内でも類を見ない生物多様性に富んだ豊かな自然が湾内に広がっているのです。餌となる海草を求めてやってくるジュゴンや、色とりどりの熱帯魚、またその住処となるサンゴ、世界でもここにしかいない貴重な固有種も多数生息しています。

我々は今、日本政府の新基地建設強行の先に、一〇〇機を超えるオスプレイが配備され、原子力潜水艦が寄港する、耐用年数二〇〇年以上の巨大軍事基地を見据え、将来の沖縄を担う子や孫たちのため、必死になって抗っています。また、現在でも名護市が基地被害に苦しんでいる事実は沖縄県内でもあまり知られていません。米軍は、名護市のキャンプ・シュワブにおいて、射撃訓練や爆破訓練、廃弾処理、ヘリやオスプレイによる離着陸訓練を実施しています。それらは会話が成立しないほどの騒音（八〇デシベル以上）と、地震のような振動を周辺地域にもたらしています。つい最近にもそれらの被害が早朝の四時前から長時間にわたり続いたこともあります。

沖縄県内の他市町村と同様に名護市にも、住民を巻き込んだ地上戦の体験者が今もご健在です。沖縄戦の生き証人であるその方々の耳に忌まわしい記憶を呼び起こさせる米軍の訓練音を聞かせたくないと考えるのは、子として孫として当然のことではないでしょうか。米軍の訓練には、負の要素がほかにもあります。沖縄県では、米軍機の墜落事故が一九七二年の祖国復帰以来、四五件も起きています。平均すると一年に一回は墜落するという恐ろしい現実です。とりわけ、児童を含む一七人が犠牲となった一九五九年六月、うるま市石川で起きた宮森小学校米軍機墜落事故は最悪のものでしょう。沖縄県内の学校であればどこでもこの最悪の事態が起こり得るのです。このような現実を目の当たりにすれば、新基地が造られることに多くの名護市民、沖縄県民が反対している現状が他県の方にも理解できるのではないでしょうか。

「普天間の危険性除去が原点」と政府関係者はよく口にされていますが、在沖米軍専用施設のほとんどは、日本政府が米側に働きかけ、他県から当時米軍施政下であった沖縄へ移したものです。沖縄県民にはその事実すら知らされませんでした。日本政府は自ら危険性を沖縄に押し付けておきながら、その事実を国民に知らせもせずに、沖縄のために危険性を除去してあげるのだという傲慢な姿勢を貫いています。加えて、移設先が同じ沖縄県内であるということは、もはや沖縄県民を愚弄しているとしか思えません。

私の前には辺野古移設を容認する立場をとった市長もいましたが、他県に比べてあまりに理不尽な現状を鑑みると、当時の彼らの決断がいかに苦渋のものであったか良く分かります。国策として押し付けられた負担を、より良い将来の名護市や沖縄県のために何とか軽減できないかと考え、日本政府に認めさせたものが、沖合二キロ埋め立て案であり、一五年の使用期限であり、軍民共用空港であり、七つの条件であったと考えています。そんな彼らの想いを踏みにじるかのように日本政府はそれらの条件を全て反故にしました。

しかし、今は以前のような中央集権の時代ではなく地方分権の時代です。押し付けを一方的に受け入れるのではなく、むしろ地方の発展のために中央と対等な立場で意見を述べることにより、地方から中央を動かせる時代です。地方とは、すなわち、市民であり県民であり国民です。我が国は国民主権を掲げる民主主義国家です。地方の声、沖縄の声が微塵も中央に届かない現状が、果たして国民主権を掲げた真の民主主義国家と言えるでしょうか。

私は、これからも「辺野古の海にも陸にも新たな基地はつくらせない」との信念のもと、名護市民、沖縄県民、そして沖縄に心を寄せてくださる県外の方々とともに、より良い名護市、より良い沖縄県、より良い日本の実現に寄与していきたいと考えています。今を生きる我々が第一に考えなければならないことは、将来を生きる子や孫たちのことであり、そのことを突き詰めていく先に、より良い社会と輝かしい未来があると私は固く信じています。

東アジアと再び結び始めた沖縄・琉球

伊波洋一（元宜野湾市長）

東アジアにおける沖縄の視座を考えるとき、かつての琉球国の存在を忘れてはならない。琉球国は一四二九年から一八七九年まで四五〇年間続いた。中国の王朝は唐の二八九年が最長で、清と明の二七六年が続く。江戸幕府の二六七年と比しても琉球国の長さは特筆される。琉球国成立前の南山、中山、北山の琉球三山の時代から琉球は明に朝貢した。蒙古族の元王朝が衰退し、一三六八年に漢民族の明王朝が建国された直後の一三七二年に琉球三山の一つ中山王・察渡が明に朝貢し、明王朝は中山王に大型船を提供して朝貢貿易を認可した。その後、北山と南山も明に朝貢し琉球三山は明王朝の冊封をうける。

冊封朝貢体制の下、朝貢貿易は琉球三山を琉球国に統一した尚巴志へ受け継がれ、琉球国は明、清と日本、朝鮮、東南アジア諸国の間に入って交易する朝貢貿易を五〇〇年超えて継続した。朝貢貿易を通して多くの物品が行き交い、沖縄に定着したものも多い。東南アジアの地酒醸造法が沖縄で産み出した泡盛もその一つである。沖縄各地で造られる絣や三線など伝統楽器、伝統工芸品などがある。明王朝が自国民の海外渡航を禁ずる海禁政策の下で朝貢国の琉球国はシャムやマラッカ、スマトラ、ジャワなどの東南アジアの主要交易地と中国、日本を頻繁に中継貿易した。この一四世紀からヨーロッパの国々が東南アジアに進出する一六世紀にかけて琉球の大交易時代と呼ぶ。明初期の約一五〇年の間に三〇隻を超える大型海船が明から下賜され、朝貢回数は七〇回を超え、高麗に次いだ。

「万国津梁の鐘」として有名な旧首里城正殿鐘（一四五八年鋳造）の銘文は、大交易時代の様子を表している。「琉球国は南海の勝地にして、三韓の秀をあつめ、大明をもって輔車《ほしゃ》となし、日域をもって唇歯《しんし》となす。この二中間にありて湧出せる蓬莱《ほうらい》の島なり。舟楫《しゅうしゅう》をもって万国の津梁となし、異産至宝は十方刹《じゅっぽうさつ》に充満せり」（交易船をもって万国の架け橋にして、各地の宝物が蔵に満ちている）。

五〇〇年前の琉球国は、日本・中国と東南アジア各地を結んで交易を行い、那覇港の王府の宝物庫・御物《おもの》城《ぐすく》にはアジア各地からの交易品が満ちていた。

今、かつての大交易時代のように、今、沖縄が再び東アジアの架け橋になろうとしている。那覇港の対岸にある那覇空港では、かつての舟楫（交易船）に代わり、東アジア各地から毎日航空貨物便が深夜〇時以降に到着し、日本各地向けの貨物を降ろし、代わりに日本各地やアジア各地から届く貨物を積み込んで未明までに出発していく。朝に築地の魚市場で競り落とされた海産物が深夜に那覇空港に届き、明朝まで香港やシンガポールに届いて、昼ごろにはレストランで提供されるのだ。高級完熟マンゴーや山形県産さくらんぼ、熊本のイチゴ、北海道産毛ガニなど日本各地の生鮮逸品が国内空港から那覇空港に集まり、東アジアの富裕層向けに宅配便でも提供されている。

日本の宅配大手が進出し、中国の宅配大手もすでに進出している。かつての進貢船貿易は季節風による年一回が限度だったが、全日本空運輸が運営するANA沖縄貨物ハブ航空ネットワークは、毎日アジア各国の一二カ所の主要空港と結んで各国の国内航空ネットワークに接続する。二〇〇九年の開始から五年目の一四年の那覇空港の国際貨物取扱量は約一七万八千トンを越え、国内四位で開始前の〇八年の約一九〇倍に達した。

沖縄に来るのは航空貨物だけではない。東アジアの成長の風も沖縄に吹いている。象徴的なのが東アジアからの観光客が急増だ。沖縄の観光客数は二〇一三年六四一万人、一四年七〇五万人、一五年七七六万人と急増中。増加を支えているのが東アジアからの観光客で、一三年五五万人から一四年八九万人、一五年一五〇万人へと三年間で一〇〇万人近く増加している。東アジア各地からの観光客は航空ネットワークの発達でさらに増えていくだろう。

沖縄の温暖な気候、白い砂浜、エメラルドグリーンから深い青まで美しい色を織りなすサンゴ礁の海、澄みとおった青空、まぶしい陽光、緑の木々や草に黄色や赤の紫の花々の輝きなど、日本の他地域からの観光客も魅了する沖縄の自然は、中国大陸に住む多くの人々にとっても、驚きの自然環境だろう。かつて沖縄で開催された国際会議で東南アジアの参加者が「空気がおいしい」という初印象を話していたことを思い出す。もう十数年経つが、経済発展の傍らで中国の都市部の大気汚染はますます深刻になっている。中国からの来訪者が「沖縄はアジアの真珠、隠れ家的な存在だ」との印象を持つことは納得できる。

さて、琉球王国が五百年にわたって明、清の時代の中国と朝貢という形で正式な国交を結び、朝貢貿易を通して平和に交流できたのに対して、日本は中国大陸の国々と正式な国交を結べず平和に交流することはなかった。日中の軍事的緊張が高まっている今こそ、琉球国が五百年を超えて中国と平和な交流を継続したことを再認識することが大切である。

沖縄の自己決定権回復への道——アジア近隣諸国との友好関係を求めて

糸数慶子（沖縄社会大衆党党首、参議院議員）

一八七九年の琉球処分から続く沖縄の自己決定権の侵害は、今日まで改善されることはなかった。日本による侵略・併合、本土防衛の捨て石とされた沖縄戦、日本の主権回復のためのスケープゴートにされ米軍占領下の治外法権で苦しんだ二七年、復帰後の過重な基地負担の恒久化——一三〇年以上も、沖縄人は真の意味での自由を得られず、人権を蹂躙され、そして今なお日米両政府による米軍基地の押し付けと基地から派生する諸問題に喘いでいる。

日本の一県に過ぎない沖縄が、世界第一位の経済大国、米国と三位の日本による植民地支配から脱し、自らのことを自らで決める、という自己決定権を回復したいと願うとき、どのような方法があるだろうか。日本は立憲民主主義国であり、憲法は人権を尊重し、平和を守り、主権は国民にあると言っているのだから、本来なら正当な権利を訴えれば済むのだろうが、実際は、選挙で何度も示される民意とは逆の方向に政治は動き、司法は責任を放棄して判断を避け続けている。憲法は国の最高法規であるはずだが、どうやら憲法より上位のきまりがあり、それは米国と大いに関係があると思わざるをえない。それほど日本は徹底して対米追従を貫き、日米安保を最重要かつ不可侵のものとして扱う。日本政府にとっての沖縄は、米軍基地の負担を拒んで日米安保を危険に晒す厄介な存在であると同時に、余所に米軍基地を引き受ける都道府県がないことから、安保維持のために非常に重要な存在でもある。

こうした相反した側面を併せ持つ沖縄に対する日本政府の抑圧的かつ差別的対応は、本土の大手メディアが扱うことが少ないために、全国に知られてこなかった。しかし、二〇一四年の知事選、衆院選における「オール沖縄」の完勝が、全国にもたらした反響は少なくなく、本土メディアも沖縄の基地問題に次第に関心を寄せ、扱うようになってきた。また、最近の安倍自公政権による安保関連法案の強行採決への反発から、政権の在り方への疑問が噴出した。その疑問から生まれたSEALDsや高校生らのデモの動き、反原発運動などに、日本の民主主義への真の目覚めが垣間見え、その先に沖縄の自己決定権の回復への道が開けてくるように感じている。

「日米安保を支持しない」という意見には、大抵の日本人は賛同しない。しかし、他国の軍隊が戦後70年も駐留し、広大な土地や空、海域を自由に使用していることの異常さに、どれだけの日本人が気づいているだろう。客観的に見て、日本は米国の属国である。日本人は自国が主権国家でないという事実に早く気付くべきである。「日米安保は大切」という呪文の裏に、主権の侵害がいかに巧妙に隠されていることか。知らない間にその代償を払っているのは日本国民であり、特に沖縄県民であることに気付くことができなければ、この先日本は米国に食われるがままだ。

沖縄は琉球王国だった時代、東アジア諸国と友好関係を結び、海上貿易で繁栄していた。小さな島国で何の武力も持たなかった琉球の唯一の武器は、外交であり、商業であった。地政学的に見て、沖縄には基地を置く必要があるという意見がある。しかし、軍隊によって国を守るということが幻想にすぎないことを、沖縄戦でいやと言うほど学んだ。そもそも現代に生きる私たちは、いかに他国と平和的に共存し、相互に高めあう関係を保てるか、ということに努力すべきであり、基地の場所や軍隊の規模、武器を買う予算の捻出に気を揉む必要はない。そのような話は太平洋戦争で終わりにしよう、という意味で、憲法九条は謳われたのであり、戦後日本はそこを目指していたはずだ。原点に立ち戻って近隣諸国を見つめなおせば、友好関係への道は容易く開かれると確信している。結局のところ、どの国においても、戦争をしたがるのは常に国民ではなく、一部の短絡的な政治家であり、それに群がって戦争で儲けようとする商売人だからだ。最近の日本の政権は、尖閣や竹島領有問題、靖国参拝でいたずらに近隣諸国との関係を悪化させ、国民の不安を煽って秘密保護法や安保関連法などを、国民的議論を尽くさず、なし崩し的に成立させてきた。今こそ日本人は、義務感をもって政治を注視し、立ち止まり、日本の未来について熟考してほしい。このままアジア近隣諸国と緊張した関係でいるのか、それとも友好関係を結び、ともに発展する道を歩むのか。選ぶのは国民だ。

アジアには多種多様な国があり、人口の増加と著しい経済発展が見込まれている。沖縄は、その地理的条件を軍事に活かすのではなく、アジア諸国との友好の架け橋として活かしたい。翁長県知事が「平和の緩衝地帯」という言葉をしばしば使う。アジアのなかで平和の象徴となりたい、ということである。日本が対米追従にのみ走ることをやめ、アジア諸国と持続的な友好関係を結び、それが成熟したときこそ、沖縄が真の意味で自己決定権を回復しうるときであると思う。

米軍基地問題の真実

川内博史（元衆議院議員）

沖縄に米軍基地が集中していることは、何を意味し象徴しているのか？　なぜ、私達の政府は、私達の税金を米軍の為に使うことに躊躇いを持たないのか？　なぜ、普天間の沖縄県外あるいは国外移設にチャレンジした鳩山由紀夫氏は、その人格まで攻撃され葬り去られなければならなかったのか？　なぜ、安倍総理大臣は辺野古が唯一の解決策であると言っているのか？

沖縄の米軍基地問題は、私達の国が、国際法上は独立国・主権国家として存在はしていても、実体は米国政府の支配下にあることの象徴である。しかし、日本国政府としては、それを多くの国民に知られたくはない。だから、東京から遠く離れた沖縄に米軍基地を集中させ、米国政府による支配を意識させないようにしているのが、支配政府米国と被支配政府日本との暗黙の了解であった。

だから、日米安保条約にも日米地位協定にも、条文として「何か都合が悪いことがあったら言ってくださいね」と明記されているにもかかわらず、戦後歴代総理の中で現状の変更を求めた唯一の総理大臣だった鳩山由紀夫氏は、いとも簡単に潰された。しかも、それは米国政府によってではなく、米国政府による永遠の支配を望む国内の勢力によってである。支配されることに馴れきったこの国の政・官・財・学・報の各界のリーダー達は、扉を開き新世界に踏み出そうとした鳩山氏を押さえつけ扉を開かせなかった。彼らは、新しい世界を見るのが怖いのだ。

しかし、二〇一五年五月の日米首脳会談後のオバマ大統領が会見で「沖縄海兵隊のグアム移転を促進させる」と述べたように、国際安全保障環境の変化の中で、米国政府自身が、私達の政府に対して自立を求めているのだ。

中国やロシアが、あるいは新興国が経済的に大変なパワーを持ち、イスラムやアフリカが西側の搾取による貧困と闘い、それが暴力の連鎖という形で現れている今日、私達の政府が国際社会の中で、どう立ち居振る舞うか問われている。

安倍内閣も、国際社会の中で一定の役割を果たしたいと言っている。しかし、残念ながら私達の政府は「国際社会」の一員ではなく「米国政府の一員」でしかない。米国政府は、日本の政府に対して自立して独自の道を、友好関係を強化するなかで歩んで欲しいと考えている。米国大統領選挙で、米国の有力なシンクタンクである「外交問題評議会」は支援しているトランプ氏に、そう言わせている。他方で、あくまでも支配を望むのであれば、金も出させるし血も流させる、即ち都合よく使うよ、とも言っている。

どちらの道を選ぶのか、その象徴が辺野古問題なのだ。真に自立し周辺国や国際社会との外交関係を結んでゆくのか、米国政府による支配を望み続け都合よく使われ続けるのか。

国際社会は、軍事や暴力に疲れはてている。たくさんの人々が殺されていることを皆が知っている。そして、今のままではどうにもならないことを知っている。他方で方針を変えることの難しさもある。どうすれば良いのか？　一つ一つ具体の問題を解決してゆくしかないのだ。その一つが沖縄の米軍基地問題・辺野古問題。

戦後七〇年国連加盟一九三カ国の中で戦争に加担していない八カ国の一国である日本が、普天間基地を閉鎖し辺野古基地建設を中止し、沖縄海兵隊のグアム移駐に協力することは、私達の政府が自立し真に「国際社会の一員」になることを意味する。

私は、私達の政府に対して自立を促してくれている翁長沖縄県知事を初めとする県民や、米国政府に敬意を表したい。

なぜなら、軍産複合体という史上最強のムラに対抗するには、打たれ強い平和ムラを構築する必要があるからだ。真の自立は、真の自由と表裏一体。軍産複合体は、一部の人々には富と自由を保証するが、多数の人々には抑圧と隷従を強いる。世界の多くの人々は、そのことを知っている。変えなければならないと分かっている。

そして、その先頭に立っているのが沖縄県民であり、気付かせてくれたのが米国政府なのだ。だから、敬意を表するのだ。

沖縄県民、そして日本国政府、米国政府は鏡の中の自分である。鏡の中の自分に問いかけてみれば良い。「自分は、どうしたいのか？　変えるべきではないか？　このままではどうにもならないって、分かっているだろう?　だから、辺野古基地建設も無理矢理進めていいことなどひとつも無い」と。

沖縄構想の来し方と現在

仲地　博（沖縄大学学長）

一九一〇年（明治四三年）八月二九日大日本帝国は、大韓帝国を併合した。沖縄学の泰斗伊波普猷の下で学んでいた比嘉春潮は、当時の日記に次のように記している。

去月二九日、日韓併合。万感交々至り、筆にする能はず。知り度きは吾が琉球史の真相也。人は曰く、琉球は長男、台湾は次男、朝鮮は三男と。

琉球は長男、台湾は次男、朝鮮は三男という言葉は、帝国が東アジアへ膨張する歴史的経緯を端的に述べたものである。沖縄は、普通の日本の一地方でただ最南端にあるだけで、それは北海道が北端にあるのと変わらないと信じている青年にこの言葉を紹介すると、ほとんど信じ難いという顔をする。

日本から見れば、琉球（沖縄）は、東アジアへの膨張の突破口たる地位にあったのだ。自由民権運動家の末広鉄腸が、朝野新聞に「琉奴可討」と題し、「甚だしい哉琉奴の我が日本帝国を蔑視するや、甚だしい哉琉奴の支那国に傾慕するや」と論じたのは琉球処分前夜である。討たれる「琉奴」からすれば、当然日本は侵略者に他ならなかった。

東アジアと沖縄を考えるとき、まずは沖縄が日本になった出発点の議論から見てみるのは興味深い。明治初期の言論界が沖縄をどう論じたか、若き日の比屋根照夫の「沖縄構想の歴史的帰結」は、恰好の論文である（『自由民権思想と沖縄』研文出版所収）。半世紀近い前の執筆であるが、現在でも鮮明である。比屋根に依拠し当時の「沖縄構想」を本稿の関心に即して要約しよう。

明治政府は、南海の琉球をどう日本の版図に組み込むかが外交内政上の重要政策課題であったが、それに対して在野の知識人はどう論じたか。

まず自由民権派の『郵便報知』は、琉球は中国と日本に属する曖昧国であり、琉球に日本のエネルギーをそそぐより、国内の諸改革を優先させるべしと主張した。いわば「沖縄放棄構想」である。

『近時評論』の論調は、弱小国琉球は「敢えて之を憐愛すべし」とし、「日本が弱小国の権利の保全と自主性を尊重する……態度を示してこそはじめて日本は欧米先進国に対しても自主性を強く要求しうる」との立場（松本三之助）であった。人民の発言権、参政権の保障を主張し、いわば「沖縄自治構想」である。

植木枝盛は、「沖縄独立」を構想した。「アジアの基本理念は、アジア諸国間の相互不可侵・主　権平等・人間の自主的精神の尊重である。この基本理念を内外に鮮明に……するため、琉球を独立させよ」とする。

最後に福沢諭吉の「内地化構想」である。福沢は、日本が西洋に倣うように沖縄は内地化せねばならないとし、そして、福沢の「（沖縄の）内地化の主張は、窮迫する国際環境の中で、政治・教育・社会の諸領域の改革に優先する軍事的・国防的内地化の色彩を濃厚に保有するものとなる」。

以上見るように、論者の沖縄構想は、多かれ少なかれアジアとの関係で論じられている。そしてこれは、敢えて述べるまでもないが、現代史においても沖縄の運命はアジアとの関係で処理されてきた。米国による琉球諸島の軍事占領の継続を望むとした天皇メッセージ、共産主義の脅威ある限り無期限に沖縄を保有するとしたアイゼンハワー大統領の声明、日米安保をアジア安保に拡大した沖縄施政権の返還である。そして今、周辺諸国を脅威ととらえ抑止力のため海兵隊基地を強要する。

ここまで来ると、一〇〇年以上前の沖縄構想が現代にオーバーラップしてくることに気が付いてくる。すなわち、現代の沖縄構想は、政府に抗する沖縄は勝手にさせればいいという放棄論がネット上に跋扈し、また、米軍基地の全廃のためには独立するべきとする独立論が主張され、他方沖縄の独自性に立脚する自治論がある。また、沖縄基地は、日本防衛のため必要不可欠とするのは、福沢の内地化構想を連想させる。

さて、現代の沖縄構想でもっとも強力なものは何か。沖縄県が策定した「沖縄21世紀ビジョン基本計画」は、「県民とともに策定」されたものであり、「沖縄県の施策の基本」であり、実践性を持った（実際に実現できるかどうかは別として）文字通り最強の沖縄構想である。この計画は、実は県が策定する初めての綜合計画である。復帰後四次にわたって「沖縄（開発）振興計画」が策定されているが、他の都道府県と異なり国の計画という特殊なものであった。

この基本計画の一つの特徴は、全体を通して沖縄が日本とアジアの架け橋となるという視点が強調されていることである。フレーズをいくつか紹介しよう。

「(本県は)交流と共生を通じてアジア及び世界とつながり、わが国が世界へ貢献する一翼を担(う)」、「沖縄の特性を発揮し、日本と世界を結び、アジア・太平洋地域の平和と発展に貢献する先駆的地域を形成(する)」、「民間主導の自律的経済の構築を継承発展させ、万国津梁の精神を受け継ぎ、日本と世界の架け橋となる沖縄型自立経済の構築に邁進する」。

今沖縄は、日本と東アジアの結節点として、自らの存在意義と価値を確認しようとしている。

「うやふぁーふじ」の国・中国とウチナーンチュ

石原昌家(沖縄国際大学名誉教授)

東アジア共同体社会を創るうえで、中国と沖縄のつながりを庶民レベルの歴史認識を基にして確認しておくことも必要であろう。「身辺社会学」という社会学感覚で日常的庶民の会話のなかから拾いだしたことを専門書で裏付けしつつ、特に若い世代に中国と沖縄のつながりの歴史的覚醒をうながしたい。

うやふぁーふじの国・中国

琉球には中国から久米三十六姓と呼ばれているさまざまな面で優れた人たちが渡来（一三九二年以降洪武帝の命により渡来開始したといわれている）したので、琉球王府は、久米村《クニンダ》（現在那覇市久米町）を技能集団の居住地に定めていた。その子孫は、今ではすっかり沖縄に溶け込み、幸喜姓などに名残を留めつつも沖縄人意識をもって生活している。日常生活の中で中国系を意識することはほとんどない。ただ、その子孫で組織している久米崇聖会の会合に参加したときに、「久米村人《クニンダンチュ》」の子孫であることを若干意識するようだ。

わたしが一九八一年に浦添市牧港の又吉栄長さんから戦争体験の聴き取りをしたときに久米村人の意識を知ることができた。皇軍兵士として中国大陸で転戦中、その部隊の日本兵の一人が殺害された。その仕返しに近くの小さな集落六〇名ほどの全住民を、銃弾はもったいないからと手斧などを使って皆殺しにした。その部隊に沖縄出身皇軍兵士が又吉さん以外にも一人いた。又吉さんは、新垣姓のクニンダンチュに「あんたのうやふぁーふじ（ご先祖の意味）の国のひと達をこのように皆殺ししているのをどう思うのか」と尋ねたら、「シッ、自分が中国系だと部隊に知られたら、ぼくも殺されるかも知れないから、黙っていて」と、震えながら返事したという。一九三七年日中戦争が本格化して間もないころのクニンダンチュ意識を知るエピソードである。

門中と中国名

沖縄には親族組織として、門中制度がある。各地に住むその親族は門中の大宗家《ウフムートゥ》、中宗家《ナカムートゥ》の先祖代々の位牌の前に、年中行事としての五月祭、六月祭にお賽銭をもって拝みに来る。首里士族の門中は、毛氏《もううじ》、楊氏《ようじ》などと、中国名で組織されている。わたしは楊氏の中宗家の跡目なので、三〇〇年以上前からの先祖の位牌仏壇と墓を預かっている。日ごろは付き合いのない門中のかたがたが、その祭りの日には、各地からわたしの家を訪れるので、沖縄人の祖先崇拝の強さを肌で感じている。

　このように、以前は、久米村人ではなくても、沖縄の士族は中国名も持っていたことも、若い世代には、珍しいだろう。ぼくらの世代では、子どもの頃からウチナーンチュ（沖縄の人）は唐名《とーなー》（中国名）が付いていたと祖父母世代から耳にしていた。それは一八七九年にヤマト国家に琉球国が武力を背景に併合されたとき、琉球人が中国（清国）で救国運動に携わった人たちのなかに、池城安規は毛鳳来、与那原良傑は馬兼才、幸地朝常は向徳宏という中国名を持った首里士族がいたことでもわかる（後多田敦『琉球救国運動』）。

　一四五八年に鋳造した万国津梁の鐘の銘文に琉球国は東アジアの中心として交易でもって世界の架け橋になると、宣言している（沖縄県の博物館に実物展示）。琉球国人は中国（明）を宗主国とする進貢体制のもとでマラッカなど東アジアを自由に行き来していた。中国への進貢国は「朝鮮、琉球、ベトナム、ラオス、タイ、スールー（一八九八年に米領フィリピンに併合）、オランダ、ビルマなど」（後多田敦、前掲書）であり、まさに東アジアの国際秩序は「冊封体制」（中国皇帝が頂点）で平和共存が維持されていたのである。ぼくは、中国からの経済的恩恵を子供のころから「唐九倍」（琉球から中国へ進貢物を持っていったら、その九倍のお返しを貰っていた。しかし、それを薩摩が横取りしていった）と聞かされていた。ベイジル・ホールの『朝鮮・琉球航海記——１８１６年アマースト使節団とともに』（岩波文庫）には、各地を探検していて、「琉球人」ほど平和友好的な民はいないと絶賛しているし、また、アヘン戦争時に英国船が沖縄島北谷沖合で難破したとき、琉球人の想像を絶する友好的な対応に感嘆し、未開の地でありながら「善きサマリア人」そのものだと絶賛して、琉球にとって迷惑だったにもかかわらずお礼として、ベッテルハイム宣教師を琉球へ送り込むという熱の入れようだった（『北谷町史』）。

しかし、一八七九年、明治政府による日本国家への琉球併合、一九四五年、天皇制を守る戦闘だった沖縄戦における住民被害、戦後は日米両政府による沖縄の軍事基地化の結果、他国への戦争・紛争の出撃基地として、「悪魔の島」とも呼ばれるほどに貶められていった。

だが二一世紀のいま、安倍自公政権による「辺野古新基地建設」にみられる沖縄迫害の構図は、多くの人たちに琉球沖縄の歴史を覚醒させ、保守革新を超えた「オール沖縄」という、心ある日本人を包含した非軍事平和・民主主義を志向する広範な人びとの集合体を形成している。それは矛盾を抱えつつも、当面のアベ政治を終わらせ、ゆくゆくは南西諸島・琉球弧の非軍事列島化の運動へと展開していく兆しともいえる。そして東アジア共同体社会の平和共存共栄世界をめざし、万国津梁の鐘銘文の精神を二一世紀において実現させることが、いまの時代に強く望まれる。そのためには、歴史の推移を知る世代は、若者世代を中心に未来を切り拓く歴史的大運動のため、その道標を示さなければならない。

歴史、国際法、人権保障

阿部浩己（神奈川大学法科大学院教授）

沖縄の現在を描き出すうえでいまや欠かせぬ言葉となった「自己決定権」は、歴史的にも実定法上も、人権の根幹をなす概念としてある。自らのあり方は自らが決めるという当然たる思念を規範化したこの権利は、西洋による「新大陸」征服への抵抗の理路として出来し、現代国際法にあっては、世界人権宣言を条約化した国際人権規約の劈頭を飾る最重要規範として成文化されている。

むろん、いずれの地にあっても変わらぬように、人権とは抑圧や差別に抗う当事者の個々の闘いを通じて顕現する。沖縄における自己決定権も、日本「本土」と米国よる植民地主義／軍事主義的支配に抗う文脈の中で生成されているものにほかならない。練磨されるその相貌は、だが、現代国際法の基本原則たる自己決定権（自決権）を具象化するものに相違なく、その射程と通用力にはまぎれもなく普遍的な広がりと深みが備わっている。

自己決定権という言葉は、往々にして、歴史的な不正義を後背に据えて召喚される。現に、外国による支配・征服・占領、あるいは植民地支配といった文脈のなかにこそ、この言葉は最もよく着床する。沖縄にあっても、時間的範囲を近代に限定するのなら、一八七九年の日本による強圧的な琉球併合がこの概念を手繰り寄せる歴史的な起点となっていることはいうまでもない。爾来、日本「本土」と米国にとって、沖縄は一貫して国の安全保障に引きつけて処せられてきた。別して言えば、日本の安全保障・日米同盟のために捧げられる「供儀」としての役割が構造的に沖縄に押し付けられてきたということである。

だが、米軍基地を沖縄に設ける特段の軍事的必要がないことはいまや公知の事実といってよい。そしてとりわけて重要なことに、軍事基地の存在は、今日、沖縄の人々の自己決定権（地方の自律）を阻害する要因として、新たな認識枠組みの下に定式化されるようになっている。司法官僚を含む日本の政策決定者たちが国の安全保障という旧来の言草に藉口して沖縄の声を力で押しだくことは、事の本質的転回を取り違えた政治的暴戻というべきものでしかない。

「非武」の文化に支えられた沖縄の闘いは、戦力を放棄した日本国憲法の理念にこよなくなじむ。暴力に訴えることを慎む非武の思想は、敵をつくらぬ関係性の構築を前提としている点において、敵味方関係に立脚した集団的自衛権の行使容認に踏み切った安倍政権の非立憲的な振る舞いと強度のコントラストをなすものでもある。

誇るべきその非武の思想を基盤に、「自己決定権」を通じて引き寄せた国際人権保障の枠組みに沖縄がさらに主体的に関与していってはどうかと私は考えている。その含意は、日本「本土」に対する異議申立ての国際的正統性を強めるということにとどまらない。むしろそれ以上に、国際人権保障の枠組みを用いて東アジアとのつながりを強化し、域内における人権保障のかなめとして、沖縄の存在感をさらに高めていくことができるのではないかという思いをもつ。武力に依拠した安全保障の要石ではなく、人間の尊厳に支えられた人権保障の基点になるということである。

存外知られていないことに、東アジアには、国際人権保障とのかかわりで実に興味深い事象が生じている。

たとえば、前出の国際人権規約は主権国家のみを締約国として想定しているところ、現在の国連秩序内にあって中国を代表しているのは中華人民共和国政府であるため、台湾（中華民国）は国際人権規約の正式の締約国に名を連ねることはできない。だが、その台湾は、国際人権規約上の義務を自ら引き受けることを宣言し、人権義務の履行状況を国際人権法の専門家たちに審査してもらう体制を整えている。

また、香港とマカオは、それぞれ英国とポルトガルの統治から切り離されたにもかかわらず、両国が国際人権規約の締約国であったことから、中国復帰後も国際人権保障の枠内にとどまっている。より正確に言えば、国際人権規約の一翼をなす自由権規約（市民的及び政治的権利に関する国際規約）を中華人民共和国が締結していないにもかかわらず、香港とマカオには同規約の保障が厳然と及び続けているのである。

このように、東アジアには、台湾や香港、マカオといった必ずしも主権国家ならざる政治的実体が国際人権保障と密接に結びついている現実がある。その中に沖縄も自らを組み入れて、東アジアに国境を超えた独自の人権保障の制度的潮流を作り上げていってはどうなのか。

沖縄との対比で議論の俎上にのぼることが多いスコットランドも、主権国家ではないにもかかわらず、自由権規約に照らして自らの人権状況に関する報告書を作成し、それを英国の定期報告審査の際に人権条約機関に提出している。同じように、沖縄も、国際人権規約に照らして県内の人権施策・状況を精査し、日本の定期報告審査の際に自主的に人権条約機関に提出するとともに、台湾などと歩調をあわせて、域内で共同の人権状況審査の枠組みを構築してはどうだろう。

自己決定権にもとづく沖縄の自律は、日本「本土」との政治的関係の組み替えにとどまらず、沖縄自身の内なる変革と「非武」の思想に依拠した東アジア域内の連携につながっていくことでその意義をいやましていこう。人間の尊厳に基づく国際人権保障への自発的な関与は、その歩みを促進しうる重要な政策的選択肢に違いない。

「主権」という名の罠——北方領土から沖縄の基地問題を考える

岩下明裕（北海道大学教授）

『領土問題をどう解決するか』（平凡社新書）で和田春樹はその結びに日本の抱える最大の領土問題は沖縄の基地だと書いた。『領土という病』（岩下明裕編、北海道大学出版会）で和田と対談をしたときから、私はその意味を考え続けてきた。常識的に考えれば、領土問題とは国家と国家がとある空間（日本の場合は島嶼）に対する主権をめぐる争いである。沖縄の主権が日本にあることに疑いなく、日本国が主権者として島の一部を米軍に使わせているのであるから、これは領土問題ではないはずである。

領土問題といえば、代表的な存在は北方四島だ。北海道の東端、根室市納沙布岬にたつと水晶島、萌茂尻島など歯舞群島が眼前に広がる。そこには日本の主権が及ぶはずだが、住民たちは島に入れない。そこで国は島を返せとロシアに要求する。これがいわゆる領土問題である。海の上にフェンスは引かれていないが、人々は向こう側には自由に入れない。歯舞群島はもともと根室市の一部であるから、都市が分断されているともいえる。

これに比べて、沖縄の基地はフェンスで囲まれ、空間の分断が眼に見える。そしてそこに暮らす人々はやはり向こう側に入れない。主権が日本にあろうがなかろうが、国にとっては大きな違いだが、果たして現地の人にとって、この二つは違いがあるのだろうか。「壁」が暮らしを圧迫している、という点では同じだろう。

カリフォルニア大学ロスアンゼルス校に務める政治地理学の泰斗ジョン・アグニュー。日本ではあまり知られていないが、一九九四年に彼が国際関係を議論する際に提起した「領土の罠」という考え方は一時、学界を席捲した。彼によれば、「領土の罠」は、(1)国家は明確に画定された領土の上に排他的に主権を行使できる、(2)国内外が分離され、それぞれが明確な領域を構成している、(3)国家の境界がそのまま社会の境界を画定している、の三点から構成されている（山﨑孝史「政治地理学からみた領土論の罠」『領土という病』一一一頁以下を参照）。

ここで特に考えたいのは、本当に国家は自国の領土の上に排他的に主権を行使できているのかどうかという点である。その後、アグニューは主権を「絶対主権」と「実効主権」の二つに区分けし、主権を実効的に行使できるかどうかがカギであり、領土の外にもそれは可能だと主張する。「絶対」という言葉は誤解を呼ぶかもしれない。私はこれをわかりやすく「名目上の」と呼ぼう。「実効主権」は施政権と呼び変えてもいい。こう考えれば、はっきりするだろう。沖縄には確かに日本の名目上の主権がある。だが基地の施政権は米国にある。そしてより特筆すべきは施政権をもっている国の方が、主権をもっているはずの国よりも立場が強いということだろう。

北方領土問題の見方も変わってこよう。一九九八年に橋本龍太郎首相はロシアのエリツィン大統領に静岡県の川奈で会談した際、択捉島と得撫島の間に国境線を引こう、という提案を行ったとされる。この、いわゆる、川奈提案は北方四島に対する日本の主権をロシアに認めさせる、切り札的な提案であった。だがこのとき同時に、ロシアが日本の主権を認めてくれれば、実際の引き渡しは後でもいい、つまり、施政権をロシアに当面の間、認めるという条件がついていたという。施政権の返還交渉は、主権問題と切り離して、ずっと続くということを示唆していた。

この提案が現実化していたら果たしてどうなっていただろうか。北方四島の主権は日本に帰属し、政府は確かにハッピーだろう。とはいえ施政権がロシアにあるかぎり、そしてロシアが実効的にその島々を支配する限り、根室の人たちの眼前に広がる「見えない壁」はそのままに残り続けていたかもしれない。実際にはロシアは川奈提案を拒否したから、これは反実仮想に過ぎない。だが万一、ロシアが米国のように名目上の主権に固執せず、実効主権を重視する国だったら、北海道の東端はいまの沖縄本島のようになっていたかもしれないのだ。そして、ここでも施政権をもつロシアが主権をもつ日本よりも強い立場だったであろうと。

主権という言葉は、統治する側の決め台詞である。「主権問題で譲る国は亡ぶ」と言う。名目上の主権のみ持っていてもやはりそうだろう。政府や外務省の皆さん、実効主権こそ取り戻していただけないだろうか。沖縄の「領土問題」はまさに主権問題であるのだから。

廣松渉の慧眼

白井　聡（京都精華大学専任講師）

廣松渉が「東北アジアが歴史の主役に――日中を軸に「東亜」の新体制を」と題する文章を「朝日新聞」に寄せたのは、一九九四年三月一六日のことだった。

廣松がかねてから、戦前戦中の「近代の超克論」や「世界史の哲学」に強い関心を寄せ、一九八〇年には『〈近代の超克〉論』を上梓していることに鑑みれば、最晩年の彼が一種の《アジア主義的本音》を遺言のように公表した（実に、廣松が世を去ったのは一九九四年五月二二日のことであった）ことに、不可解なものはないのかもしれない。だが、「「東亜」の新体制」という、否応なく大東亜戦争のスローガンを連想させる廣松の言葉遣いが当時の論壇にもたらしたのは、驚愕と当惑であったと私は思う。つまり、「なぜ左翼の中の左翼である廣松渉が右翼的な大東亜戦争肯定論をぶつのか」という戸惑いが広がるばかりで、ほとんど誰も、廣松の問題提起の意味を理解できなかったのである。

当然のことながら、廣松の所論は、先の大戦における日本の行動を肯定したり賛美したりするものではなかった。廣松は、「東亜共栄圏の思想はかつては右翼の専売特許であった。日本の帝国主義はそのままにして、欧米との対立のみが強調された。だが、今では歴史の舞台が大きく回転している。／日中を軸とした東亜の新体制を！　それを前梯にした世界の新秩序を！　これが今では、日本資本主義そのものの抜本的な問い直しを含むかたちで、反体制左翼のスローガンになってもよい時期であろう」と書いている。それは、戦後日本が、冷戦下での対米従属構造に基づき、かつて植民地支配や侵略した国・地域と、ハブ・アンド・スポークの関係を取り結ぶことによってのみ、すなわち米国との関係を必須の媒介とした上でのみ、関係を築いてきたことを批判する竹内好等の視点を引き継ぐものであった。

要するに、戦前戦中の日本は、直接アジアと対峙した結果、非道へと堕ちていったが、戦後は米国という媒介を通すことで直接的な対峙を避けた。アジアとの連帯の失敗の歴史を曖昧に忘却する一方で、明治以来のスローガンたる「脱亜入欧」の夢を経済大国化によって叶えたわけだが、これらすべてを可能にした大局的構造としての東西対立が消え去ったとき、「平和と繁栄」の外観の下に隠されていた歪みがやがて表面化するのは必然的であった。今日の親米保守政権の目を覆うばかりの迷走は、この歪みを是正できないことの不可避的帰結にほかならない。

だからこそ、廣松渉のこの短い論文の先見の明には、今日目を瞠らざるを得ない。廣松は、論文の前半部で、彼の専門領域であった哲学的世界観の転換に言及し、「新しい世界観は結局のところアジアから生まれ、それが世界を席巻することになろう」と断言している。この予言は、いまだその実現の端緒すら見えていない。それは、廣松も言及している通り、「世界観や価値観が一新されるためにはそれに応ずる社会体制の一新を必要条件とする」からであり、ここで脱却されるべき世界観・価値観とは、西洋に起源を持つ産業資本主義文明のコロラリーにほかならないからである。廣松は、マルクス主義者として、「新しい世界観」とは、ポスト資本主義の社会形態を基盤にすることを通してのみ成立しうると考え、かかる社会形態に逸早く到達すべきは「東亜」である、と論じたのであった。

この予言が成就される気配はいまだない。しかし廣松は、そうならざるを得ない理路を次のような言葉で、言い表していた。「アメリカが、ドルのタレ流しと裏腹に世界のアブソーバー（需要吸収者）としての役を演じる時代は去りつつある。日本経済は軸足をアジアにかけざるをえない」。九〇年代半ばの段階で、世界経済の「グローバル・インバランス」の状況とその矛盾がやがて露呈せざるを得ないことを指摘した慧眼には、驚くほかない。日中をはじめとするアジア諸国がモノをつくり、米国に無際限にカネを貸すことでそれを買い上げてもらう（借金返済のあてはバブルに依存する）というブラックホールのごとき構造は、二〇〇八年のリーマン・ショックによってその歪みを露呈させたのである。

しかし、廣松のこの言説のアクチュアリティを認識するためには、二〇〇八年まで待つ必要は本来なかった。一九九七年にはアジア通貨危機が発生し、マハティール首相率いるマレーシアがＩＭＦに逆らうことによって危機を脱する。そのマハティールは、冷戦構造が崩れるや否や東アジア共同体構想を提起し、日本にその旗振りをするよう求めていた。日本は、これに応えず、アジア通貨危機への対応としてのアジア通貨基金構想も米国を恐れて頓挫させた。これら一連の出来事は、「永続敗戦」の最も近い起源である。廣松とマハティールのヴィジョンは、金融装置の肥大化を通じた労働の収奪によって資本主義を無理矢理に延命させるという構造に対する根源的な批判として、重なり合わせることができるはずだ。

「失われた二〇年」によって本当に多くのものが失われた。九〇年代の好機が失われたことの意味は実に重いが、われわれはこの厳しい状況にあっても、確かな遺産を持っているのである。

「琉球独立論」に関する中国メディアの最近の報道

倪志敏（龍谷大学客員研究員）

近来、普天間基地の辺野古移設に関する日本政府と沖縄県のバトルが激化し、両者の対立は法廷闘争に発展した。辺野古移設問題で沖縄全体が揺れる中で、かねてから「琉球独立論」を提唱し、その研究で名を轟かせたてきた松島泰勝氏は、独立を求める沖縄世論を形成するために精力的な活動を続け、中国でも大きな反響を呼んだ。本コラムでは、松島氏の「琉球独立論」に関する最近の中国メディアによるいくつかの報道を紹介する。

「琉球民族独立総合研究学会」の成立と中国の反応

話は少々遡るが、二〇一三年五月八日、中国の『人民日報』は、「馬関条約と釣魚島問題を論ずる」と題した論文の中で、琉球の法的地位問題を提起した。一一日、『人民日報』の外交版『環球時報』は社説の中で、琉球問題に関し、①「民間レベルの研究・討論を開放し、日本が琉球を不法占拠した歴史を世界に周知させる」、②「中国政府が琉球問題に関する立場を正式に変更し、国際会議等で問題を提起する」、③「日本政府が中国と敵対する姿勢を続けるならば、琉球国の復活を目指す組織を中国が育成し、支持すべきだ」という三つのステップを提案した。

時あたかも、五月一五日、松島氏とその同志達により、「琉球民族独立総合研究学会」が発足された。松島氏は同日の記者会見で、「琉球は日本に占領されたとは言え、自治権を日本に渡しておらず、独立の決定権も沖縄県民が握っている」と強調した上で、「独立を果たした他国の経験等を研究するほか、国連にも『沖縄独立』の意向を訴えたい」と明らかにした。

こうした動きに対し、中国のCCTV等の主要メディアは速報した、一六日、『環球時報』は社説で、「中国の民間は学会を支持すべきだ」と呼びかけた上で、「学会は、長期的に見れば、琉球国復活運動を推進する重要な勢力になる」と強調した。同日、『環球時報』は電子版で、「琉球独立を支持すると、由々しき事態が生ずるのか?」とのアンケート調査を実施し、約二万九千の回答を集めた。九六%が「生じない」と、四%が「生じる」とそれぞれ回答した

「琉球独立論」に関する中国メディアの最近の報道

中国のメディアは、「琉球独立論」を注目し続けてきた。二〇一五年六月三〇日、『環球時報』の電子版は、『「独立論」高まる沖縄、進退極まった日本政府」と題した記事を配信し、五月一六日に開かれた学会のシンポジウムの模様を報じた。その中で、松島氏が提示した琉球独立の三つのプラン、即ち、①国連の脱植民地化特別委員会で「非自治地域」に登録させるため、県議会で決議を行う、②登録した後、国連監視下で住民投票を行い、独立が決定すれば独立を宣言する、③世界にいる五〇万人の琉球出身者の協力も得ながら、各国に働きかけて国家承認を求める、を紹介した上で、今後の琉球独立論の行方について、「松島氏は辺野古問題の成り行き次第である。つまり日本政府が琉球を選ぶのか、それとも、米軍基地を選ぶのかが問われて

いる」とも伝えた。九月二一日、『環球時報』の電子版は、「学会、米国で琉球独立に関するシンポジウムを開催する」と題した記事を配信した。その中で、「学会は二七日には琉球独立国際シンポジウムを開催し、二八日には、国連本部で記者会見を開く予定である。シンポジウムでは、松島教授らが登壇する」と報じた。新浪、易網等の中国主要なポータルサイトを初め、人民網陝西版、中国社会科学院網等約一万二千のサイトがこのニュースを転載した。九月二六日、米中文サイト「世界新聞網」は、「琉球人、日本を反対 国連本部の前で独立宣言を発表」と題した記事を配信し、その活動を詳細に伝えた。中国では約二九一個のサイトがこのニュースを転載した。

一〇月一五日、『朝日新聞』は、松島氏の寄稿の「『琉球独立』絵空事ではない」を掲載した。二〇日、『環球時報』の電子版は、「日本の大学教授『琉球独立』絵空事ではない、琉球は将来米国独立宣言を参考に」と題した記事の中で、「松島教授は、寄稿で日本政府は琉球の人々の意見を聞かないため、琉球が独立しひとつの国家になる日が来るかもしれない。日本政府が琉球の民意を無視した政策をすればするほど、琉球人の独立主張は強くなる。日米政府の沖縄の植民地化は、琉球人に日本への不満と絶望を蔓延させた。日本政府は『沖縄は日本固有の領土だ』と主張するが、琉球が併合されたのは一八七九年である。併合される前は、米国等と友好条約を結んでおり、中国の清とは藩属国関係にあった。琉球は将来米国独立宣言を参考に、復国する」と報じた。新浪、易網、捜狐等の中国主要なポータルサイトを初め、人民網、中華網等一万四千を超すサイトがこのニュースを転載し、「琉球独立論」に対する中国の関心の高さを物語る。一〇月三〇日、中国のポータルサイト新浪は、松島氏のインタビューを掲載した。その中で、松島氏は「沖縄は独立しても中国に帰属することはない」との考えを示し、「沖縄と中国は五〇〇年以上の歴史・文化交流がある。

中国は沖縄に侵攻したこともないし、いかなる政治介入もしたことがない」と指摘した。

これらの記事に対し、中国のネットユーザーはさまざまなコメントを残した。一番多いのは、「琉球独立を支持する。琉球はもともと一つの国だった」。二番目は、「日本を離れて祖国へ帰ってくることを支持する」。三番目は、「琉球は琉球人のもの、日本人は出て行け」である。

琉球王国は、かつて一つの独立国家であり、琉球民族は独自の文化と伝統を持っている。中国とは、五〇〇年に亘る朝貢冊封関係があった。一八七九年、日本は「琉球処分」を断行し、琉球王国を武力で併合した。日本による琉球併合の過程で、すでに弱体化した清朝は、日本の蛮行に対して度重なる抗議した。第二次世界大戦末期、沖縄は、「本土決戦の捨て石」となり、過酷な地上戦が行われた。一九五二年、「サンフランシスコ平和条約」が発効し、日本は主権を回復したが、沖縄は本土から切り捨てられ、米国の統治下に置かれた。一九七二年、沖縄は日本に復帰したが、在日米軍基地の七四%が沖縄県に集中している。沖縄の米軍基地問題は、米国の世界戦略と直結している。沖縄は地理的に中国に近く、朝鮮半島や東南アジアにアクセスしやすい。ここに沖縄の持つ地政学的な特質がある。他方、中国にとって、沖縄の米軍基地は戦略的な脅威である。

こうした歴史的な経緯と地政学的な考慮から、中国は琉球の苦難の歩みを深く同情し、琉球問題に関し関心を持ち続けた。中国では、琉球独立支持の世論は根強く存在している。中国メディアによる松島氏らの「琉球独立論」に関する報道は、その現れだと言えよう。

中国が今後再び琉球問題を提起するか否かは、日本政府の対中政策次第である。もし、日本が東シナ海、南シナ海問題で中国を挑発し続け、更に今後、台湾独立を支持する等の動きがあれば、中国は更に琉球独立運動に対する支持表明等の措置が打ち出されるのではないかと予想される。

生き方が問われる場所・沖縄

金平茂紀（ジャーナリスト）

長年、東京を発信地とするマスメディアのなかで仕事を続けてきて沖縄報道に関わってきた。東京から沖縄に取材に向かう時は、当たり前のように飛行機で羽田空港から、多くの場合は、那覇空港へと降り立つ。三時間はかからない距離だ。けれどもこの距離は、考えてみれば微妙に近くて遠い距離だ。空路ならロシアのウラジオストクや韓国のソウルの方がはるかに近いし、中国の上海はちょっとだけ遠い。気候は亜熱帯に近いし、冬場でも日射しを受け続けていると肌がジリジリと焼けて来るのがわかる。沖縄に行くと僕はまず通過儀礼のように必ず沖縄そばを食べる。国際通り脇のビルの二階にある宮古そば「どらえもん」という小さなそば屋さんによく行く。ふり返ってみれば、一九八七年以来、本当に何度も沖縄に通ってきたものだ。僕にとって沖縄は、何か自分の生き方が問われる磁場のような場所であり、そこに行くことによって自分の立ち位置を再確認することをずっとやってきたのではないか。

一九五三年に生まれた僕は戦争を知らない世代だ。だが親の世代は戦争に参加していた。生前、めったに戦争中の話をしなかった父親が、「沖縄に行っていたことがある」とある時ぽつんと漏らしたことがあった。だが、そこで何をしていたのかは語らなかった。一九四五年八月に日本は無惨な敗戦を喫した。それから連合国軍による占領時代が六年間続き、国際社会で主権をもつ独立国として承認されたのは一九五一年、サンフランシスコ講和条約に調印してからだと言われている。だが以降今日に至るまで、この日本という国は本当に独立国なのかどうか。真の独立国ならば、これほどまでに長期間、アメリカの軍事基地を受けいれて駐留させ続けていることはないだろう。また、サンフランシスコ講和条約には、北緯二九度以南の沖縄を含む南西諸島をアメリカの信託統治下に置くという条文が含まれていた。別の言い方をすると、沖縄はこの時、日本から主権回復と引き換えに切り棄てられ、アメリカに差し出されたのである。もっともそれ以前の一九四五年六月までに沖縄はアメリカ軍に軍事力で奪取されており、以降、沖縄はアメリカにとっていわば「戦利品」のような処遇を受け続けたのである。忘れてはならないのは、沖縄では先の戦争で唯一日本領土のなかで凄惨な地上戦が展開され、県民の四人に一人が亡くなっているという冷徹な事実である。

一九七二年、沖縄は日本に返還された。この「返還」という言葉も微妙なニュアンスを含む。沖縄を主語にすれば本土「復帰」という。だがこの言い方さえも複雑だ。沖縄には、明治政府による廃藩置県までの四五〇年間、琉球王国として日本とは別個の国家として存続した歴史がある。廃藩置県以降のたかだか六六年間の日本領の歴史に照らしてみて「復帰」という言葉を使うことが妥当なのかどうか。ともあれ、冒頭に記したように、僕らは今現在パスポートなしで空路、那覇空港に降り立つことができるのである。「返還」に際して日米両政府間で、密約が結ばれていたことがわかっている。ひとつは本来アメリカが支払うべきカネ

（原状回復費など）を日本が肩代わりして支払うという密約だ。日本という国が本当に独立国なのかどうかを疑うような密約内容である。もう一つの密約は、有事の際に沖縄の基地に核兵器を再持ち込みするという密約である。日本の国是とされてきた「非核三原則」に背く密約である。これも日本という国が本当に独立国なのかを問うような重大な内容の密約だ。

復帰後の沖縄には、アメリカの軍事基地の七三％あまりが集中している。この基地の維持運営に、日本政府からいわゆる「思いやり予算」なる巨額の資金が注ぎ込まれている。アメリカにとってはこんなに喜ばしいことはない。主権独立国に自国の軍隊が駐留して、しかもかなりのお金までいただけるという世界でも特異な関係ができている。本当に日本という国は独立国なのだろうか。だが、この明白な対米従属構造を問う声は稀だ。あまりにも長い時間、その構造の中に置かれてきたため、僕らの感覚が麻痺してしまっているのだ。

さて、昨今、またぞろ「琉球独立論」を語る声が聞かれるようになった。沖縄に住む人々が「自決権」を根拠に、まるで宗主国然として振る舞う日本政府に対峙するなかで、そのような主張が登場してくるのはむしろ自然なことで、僕はそうした流れに何の異存もない。ただ、沖縄の人間ではない本土の人間たちが「琉球独立論」を称揚するような動きにはよほど気をつけた方がいいと僕は思っている。むしろ日本という国こそまともな独立国になっていないじゃないかという問いをこそ自身に向けるべきではないのか。為政者たちが憲法を蹂躙して恥じず、安全保障政策で特定の県に服従を強いて、自らは特定の国の隷従国となっている現状を問わずして「琉球独立」応援団になってどうするというのだ。そういう自称知識人や学者、ジャーナリスト、評論家を僕はあまり信用していない。

本土マスコミと地元マスコミに沖縄報道をめぐる乖離があると言われる。本土マスコミの一員である僕はそのような主張を沖縄でこれまでも何度も聞いてきた。批判の中心は、本土マスコミは沖縄で起きていることに無関心であり、正確に情報が伝えられていないというものだ。確かに多くの本土マスコミの沖縄に向けるまなざしは、総じて永田町や霞ヶ関の代弁者かと見まがうばかりの無惨な様相をきたしているケースが多い。僕自身も沖縄に関する報道を出しづらくなった環境の変化のようなものを感じている。本土マスコミ vs. 地元マスコミ。だが、事態はそれほど単純ではなく錯綜してきている。沖縄タイムスや琉球新報といった沖縄本島二紙の報道姿勢には、地方紙としての矜持が感じられ敬意を表したいが、ローカル・テレビの場合は、県民の意識を十全に拾い上げているとは思えないことが多々ある。記者たちが現場に足を運ばなくなった。那覇の社屋のコンピュータ画面の前に坐っている人が多い。役人や権力者たちに都合の悪い質問をしなくなった。むしろこっそり擦り寄るタイプの「御用記者」が増えた。あれれ、これは本土マスコミも全部共通していることではないか！　メディアの世界が相乗的に劣化している。これこそが本土と沖縄地元の双方のマスコミで働く僕らの最も戦うべき〈敵〉である。

東アジアと沖縄の視座

目取真俊（作家）

二〇一四年の八月から辺野古の海・大浦湾でカヌーを漕ぎ、辺野古新基地建設に反対する海上行動に参加している。この間、抗議行動を排除するために張られたフロートやオイルフェンスを越えて、海底ボーリング調査を行っているスパッド台船やクレーン付き台船への抗議をくり返してきた。そのたびに海上保安庁のゴムボートに拘束される日が続いている。

辺野古の前は東村の高江で、ヘリパッドの建設に反対する行動を取り組んでいた。同地には米軍の北部訓練場があり、ヘリやオスプレイと連動しながらジャングル戦闘訓練がおこなわれている。ノグチゲラやヤンバルクイナなどの希少生物が棲む森が、殺戮と破壊の訓練のために使われている。沖縄島の中でも豊かな自然が残されている森と海で、この数年間は多くの時間を過ごしてきた。

そういう場にいてつくづく感じるのは、日本政府がいう「沖縄の基地負担軽減」の嘘だ。その実態は沖縄内での米軍基地たらい回し＝封じ込めであり、老朽化した施設を最新鋭に強化するものだ。沖縄に米軍基地を押し付けておけば、基地提供の負担と被害から免れたヤマトゥでは、住民が日米安保条約の問題点を考えずにすまされ、政府の安保・防衛政策への不満も限定される。

そういう発想から「辺野古移設が唯一の解決策」と政府はくり返す。大の虫を生かすために小の虫は殺してかまわない、というわけだ。ヤマトゥの平和と安全のために沖縄は基地の負担と犠牲を強いられ、沖縄の中でもヤンバル（沖縄島北部地域）にそれが集中されようとしている。

私は沖縄島北部の今帰仁村で生まれ、現在は名護市に住んでいる。ヤンバルで生まれ育った者として、地元に基地被害を押し付けようとする政府やそれに同調する県内の自民党・公明党勢力が進める辺野古新基地建設に反対してきた。

それは自分が基地被害を受けるという立場からのものだが、抗議行動をおこなう理由はそれにとどまらない。米軍基地を容認することは、米軍がおこなう戦争に間接的であれ加担することだ。米軍に殺戮される人たちから見れば、私も加害者の立場になる。それを拒否したいという思いが常にある。

朝鮮戦争やベトナム戦争、アフガニスタン戦争やイラク戦争など、米軍がおこってきた軍事侵略に沖縄基地はくり返し利用されてきた。基地で働く沖縄人労働者は、弾薬を爆撃機に積み込み、戦闘車両を整備する作業を担ってきた。沖縄戦を体験し、肉親を失った軍労働者の中には、自らが戦争に加担していることに苦悩した人もいた。

一方で、ベトナム戦争の頃は景気がよかった、飲み屋ではカウンターの下のバケツにドル紙幣を踏んで入れた、と懐かしむ声が言われたりする。そこには米軍の攻撃で殺されたベトナムの人たちへの想像力が欠落している。沖縄戦の体験を持ちながら、沖縄人のこの感性の鈍さは何なのか、と情けない思いがすることもある。

カヌーを漕いでいると基地内の浜で行われている米軍の訓練を頻繁に目にする。水陸両用車やゴムボートを使った海上での訓練だけでなく、陸上での射撃音や砲撃音が海まで響く。空にはヘリコプターやオスプレイが低空で飛行する。ゲート前で抗議行動をしていれば、兵士や物資をのせた大型トラックやハンビーが目の前を行きかう。

イラクのファールージャで虐殺を行った米海兵隊の部隊は、キャンプ・シュワーブやキャンプ・ハンセンに駐留し、沖縄で訓練をしたあとイラクに派兵されている。私たちはそのことを忘れてはならない。沖縄で鍛えられた兵士たちは、次はどこの戦場に行くのか。その地で殺される人々の死に、沖縄に住む私たちはかかわりを持っているのだ。

辺野古新基地建設や沖縄への自衛隊配備・強化を進めるために、中国の脅威が喧伝されている。中国の覇権主義的な動きに対しては反対するのが当たり前だ。しかし、中国の軍事強化に対抗するため、辺野古に新基地を建設し、自衛隊の沖縄配備を進めるというのは、ヤマトゥのために沖縄を犠牲にするという構図の拡大再生産であり、沖縄の基地負担の強化である。

その根底にあるのは、沖縄までは戦場にしていい、という発想だ。「本土決戦」に備えて沖縄で時間稼ぎをし、「捨て石」にしていった七十一年前と何も変わりない。日本政府だけでなく、それを支えている大多数のヤマトゥンチューたちも、自分たちが腹の底に抱いている発想の差別性を自覚していないかもしれない。そのことが恐ろしい。

日本・アメリカ・中国という三つの大国のはざまで生きざるを得ないのが沖縄の宿命である。東シナ海が争いの海となれば、とばっちりを受けるのは沖縄である。中国に対し敵意と憎悪をあおり、沖縄の基地を強化して軍事的緊張を高めようとする動きに、沖縄人は警戒し、反対しなければならない。

中国との歴史的かかわりの深さという、沖縄が持つ特性を生かした安全保障の追求こそ今求められている。

そこにしか沖縄が生き延び、発展する道はない。

沖縄を犠牲にしない日本。それが東アジア共同体への道

野平晋作（ピースボート共同代表）

日本の敗戦は日本に侵略され、植民地にされた国々にとって解放であったことは日本でも広く認識されている。しかし、日本で言う「戦後」という時代区分はそのまま他のアジアの国々に当てはまらないことは案外意識されていない。日本の支配から解放されたアジアの人々はその後も戦争、内戦、白色テロ、独裁など大変困難な時代を生きてきた。中国大陸では、一九四九年まで国共内戦が続いた。朝鮮半島では一九五〇年から一九五三年まで朝鮮戦争が行われ、今もなお分断状況が続き、一〇〇〇万人を越す離散家族が存在している。台湾では、大陸で内戦に敗れ、逃れてきた国民党が独裁政権となり、白色テロを行った。解放後、独裁政権が続いた韓国が民主化されたのも、台湾の戒厳令が解除されたのも同じ一九八七年である。ベトナムで戦争が終結し、ベトナムが統一されたのは一九七五年であった。このように日本で言う「戦後」という時代は他のアジアの国々では決して「戦後」ではなかった。「冷戦」と呼ばれる時代はアジアでは互いに殺し合う熱戦だった。「冷戦」は代償をともなうというのがアジアの常識だ。しかし、日本は違った。朝鮮戦争、

ベトナム戦争で経済特需を経験し、「冷戦」の受益者となったからだ。そのため、「冷戦」は代償をともなうという自覚が日本社会には乏しい。二〇〇二年、朝鮮民主主義人民共和国（以下、北朝鮮）が日本人を拉致したことを初めて認めた際、日本の世論は一方的に北朝鮮政府を非難した。拉致問題は戦争や離散家族など朝鮮半島の南北分断がもたらした数々の悲劇のひとつである。しかし、日本では、「冷戦」は代償をともなうという認識がないため、拉致問題は北朝鮮政府がただ一方的に行った蛮行だと理解された。日本は米国と軍事同盟を結んでおり、「冷戦」の当事者であるが、日本の世論は日本が「冷戦」に加担した当事者だという意識がないため、拉致問題を理由に日本を一方的な被害者だと捉えている。日本で北朝鮮への制裁を求める声が大きいのは、そのような日本社会の「戦後」や「冷戦」という時代に対する認識も一因なのではないだろうか。日本は過去の侵略戦争と植民地支配に対する認識が乏しいと他のアジアの国々に批判されることが多い。しかし実は、「戦前」についてだけでなく、「戦後」や「冷戦」という時代についても日本は他のアジアの国々と大きく認識がずれている。

ヨーロッパがひとつの共同体になるために、ドイツの過去清算が前提となったように、東アジアの国々がひとつの共同体になるためには、日本と他のアジアの国々との歴史認識の共有が前提となる。日本がアジアの国々と歴史認識の擦り合わせをする上で、沖縄はひとつの切り口になるのではないだろうか。琉球王国という独立国を日本が強制併合し、日本への同化を強いたことは日本と朝鮮の関係に近い。さらに、「戦後」や「冷戦」という時代についても沖縄は他のアジアの国々と認識が近い。日本でいう「戦後」は沖縄では決して「戦後」でなかった。サンフランシスコ会議を経て、日本が国際社会に復帰した際も沖縄は切り捨てられた。引き続き米軍占領下に置かれ、銃剣とブルドーザーで土地を奪われ、米軍による様々な人権侵害を経験した。ベトナム戦争時は、ベトナムの人々に悪魔の島と呼ばれるほど沖縄の米軍基地が米軍の戦略上重要な役割を果たした。「冷戦」が熱戦であることは米軍基地が集中した沖縄ではリアルに実感できたはずだ。今も基地被害が絶えない。「戦後」という時代は決して戦争がない時代ではなく、「冷戦」は熱戦であり、多大な代償をともなうということは沖縄でも同じ認識なのではないだろうか。そうした意味で、沖縄の日常はアジアの日常とつながっている。

日本では戦争放棄を謳った日本国憲法と米軍の駐留を認めた日米安保条約が共存している。日本全土の〇・六%に過ぎない沖縄に在日米軍基地の七四%が集中しているため、「本土」では、基地被害に対する認識が乏しく、不平等な日米地位協定も未だ一度も改定されていない。日本の平和は沖縄の犠牲の下に築かれているとも言えるのではないだろうか。二〇一五年一二月一四日、政党、市民団体、労組、平和団体、企業などが結集して、「辺野古新基地を造らせないオール沖縄会議」が発足した。今、これに呼応する日本「本土」の大同団結した大きな運動が求められている。翁長知事は「日本には本当に地方自治や民主主義が存在するのでしょうか」「沖縄が日本に甘えているのでしょうか。日本が沖縄に甘えているのでしょうか」と厳しく日本政府と「本土」の世論を糺している。沖縄を犠牲にしない日本を築きあげること。それが、他のアジアの国々と共存できる日本を築く道に通じると私は考えている。

「東アジア共同体」実現の鍵は、日本人自身の「視座」にある

乗松聡子（「ピース・フィロソフィー・センター」代表）

カナダ・バンクーバーというアジア系住民の多い地域に暮らしながら日本を外から観察するにつけ、日本人は歴史認識においてアジア隣人と深い隔たりがあるということを日々実感する。日本人の多くは、日本が明治開国以来欧米の轍を踏み産業化・軍国化する中、沖縄を含むアジアで植民地支配と侵略戦争を拡大し破局を迎えるまで、つまり「終戦」までの約七〇年間の歴史と自国軍のアジアでの加害行為をほとんど知らない。自国内においても在日コリアン、沖縄、アイヌの人たちへの差別という形で残る植民地主義に気づいていないか、気づいていても知らぬふりをしている（参照：知念ウシ『シランフーナーの暴力』未來社、二〇一三年）。この加害者意識の欠如は、「東アジア共同体」形成の最大の障壁の一つであろう。

EUは、ドイツによる戦時の加害への反省と教育の徹底、かつて侵略した国や地域との和解という土台があってこそ実現できたのだ。アジアにおいても、日本人が冒頭に述べた負の歴史と今に続く影響を真摯に学び、謙虚な姿勢でアジア隣人たちの信頼を取り戻す努力を行わない限り、「東アジア共同体」の実現はできないだろう。特に現在は安倍保守政権が率先して行っている歴史否定や中国敵視にもとづく好戦的政策が弊害になっている。

また、日本ではアジア隣国に対して友好的であろうと思う人たちでさえ、靖国神社、南京大虐殺や日本軍

「慰安婦」といった歴史認識問題については日中、日韓の「溝を埋める」、歴史的理解の相違を「擦り合わせる」といった考え方をしている人が多いようだが、加害と被害の間で「中立」ということはあり得ない。悪いことをした方が悪いのである。日本人から自らの歴史的加害の立場性を踏まえ、明確な責任意識を示してこそ和解の始まりになる。鳩山友紀夫氏が二〇一五年八月、韓国の西大門刑務所跡で日本の植民統治に対して誠実な謝罪をしたことはそのような意味で大変評価できることであり、敬意を表する。

日本人の加害者意識の欠如は領土問題においても見られる。韓国聖公会大学のクォン・ヒョクテ教授は、「日本では植民地の問題と分離して領土問題を見る傾向が強い」と言う。日本が領土と主張する場所は、全て一九世紀後半以降日本が帝国をどんどん拡大させる過程で生じたものであり、現在の論争はその植民地化の歴史の文脈で捉えなければいけない。「東アジアの領土紛争は基本的に日本問題であり、日本帝国主義の問題だ」とクォン氏は言う（『プレシアン』二〇一二年末インタビュー）。

日本帝国拡大の中で強制併合された国や地域には当然沖縄も含まれる。独立を含め、沖縄と日本の今後の関係については沖縄内でも多様な意見があるが、いまだに植民地状態から解放されず、日本が合意した日米安保の基地負担の大半を沖縄に押し付けていることについては、沖縄の大半の人々が不平等であり差別であると感じている。それなのに日本のリベラルとされる人たちの多くは、沖縄との「連帯」をいとも簡単に口にする。日本人の沖縄への加害意識の欠如は、他の被害国・地域に対するそれを上回るものであり、それ自体が継続する植民地主義を象徴している。

作家の目取真俊氏は、『沖縄「戦後」ゼロ年』（二〇〇五年、ＮＨＫ出版）において、元日本兵が、中国で行った残虐行為については反省したり、謝罪したりした記録は相当数あるが、沖縄戦における住民虐殺については「どうして謝罪や反省、検証をする兵士がいないのか」と指摘し、「そこに露呈するのは、日本人の沖縄人に対する根深い差別感情なのではないか」と問う（三五—六頁）。加害者意識の欠如は相手を被害者として対象化する能力の欠如でもある。

「東アジア共同体」構想においても、「平和の要石」として沖縄を本部にしたいという案もあるようだ。しかし沖縄を日米の軍事植民地としている状態を変えられていないどころか、新基地の阻止もできていない状況の中、どうしたら沖縄をアジアの平和的シンボルとして持ち上げることができるのか。その飛躍自体が、沖縄に対する無責任とさえ映る。

こういった傾向、また、日本人が沖縄の基地抵抗運動を「民主主義が生きている」といった言葉で美化するような傾向には、目取真氏が前掲書（一五一—六頁）で指摘するような、自らの暴力（基地の強要）をなかったことにして沖縄を「癒しの地」として賛美するような植民者的姿勢が見え隠れしないか。日本人が沖縄に対してすることはまず、歴史的な植民支配、強制同化、沖縄戦でもたらした甚大な被害を踏まえた上での、戦後から今に続く軍事要塞化という自国の不正義の是正ではないのか。

この本は当初『東アジア共同体と沖縄の視座』を主題としていたが、このテーマの中には、歴史認識や植民地主義の残存における主体である肝心の「日本」が見えない。「視座」とは辞書定義では「物事を認識する立場」だ。「東アジア共同体」が可能かどうかの鍵は、沖縄を含むアジア諸国・諸地域に対し日本自身が責任ある「視座」を持てるかどうかにかかっているのではないか。

日本人として、「東アジア共同体」を共に実現させたいからこそ苦言も含めて提言をさせていただいた。

沖縄基地問題の解決法としての東アジア共同体

猿田佐世（新外交イニシアティブ事務局長・弁護士）

私が沖縄の基地問題に深くかかわるようになったのは、米首都ワシントン留学中に沖縄の声がワシントンに届いていない現実を突きつけられた経験から始まっている。「沖縄の人口は二〇〇〇人か」と米議会下院の外交委員会アジア・太平洋小委員長に言われたのが、私の初の米議会ロビーイングであった。その後、米議会・政府に対し、沖縄の問題を伝えるべく働きかけを続けて七年。自分でのロビーイングに加え、名護市長を初めとする沖縄の方々の訪米行動を企画・同行する機会も何度もいただき、米国の政府・議会他の政策決定権者の多くの方々と話をする機会を持ってきた。結果、以前は基地問題をどちらかというと「人権問題」「環境問題」等の角度から捉えていた私であったが、この基地問題を「外交問題」として深く考える必要に迫られることとなった。

ワシントンの多くの人々は、沖縄や日本に、たいした関心をもっていない。問題をあまり（全く）知らない多くの米議員の典型的な反応は「では、どうすればいいのか？　代替案は？」というものである。

アメリカの外交政策は安保・軍事の論理で動く。そんなワシントンで沖縄の基地問題、特に辺野古の基地建設についての沖縄の反対を伝えるには「米国が重んじる『軍事力』や『抑止力』の観点から見ても米海兵隊は沖縄には不要である」ことを論証するための論理武装をすることとなる。

私が事務局長を務める新外交イニシアティブ（ND：New Diplomacy Initiative）では、安保・軍事の視点からこの問題を真正面からとらえ、なお米海兵隊の存在は沖縄には不要ではないかとの検証を行ってきた。「虚像の抑止力」とのインパクトある名前の書籍を出版し、常に「抑止力」の一言で一蹴されてしまう米海兵隊沖縄必要論に疑問を呈し、米海兵隊の有する機能、また、現在の「脅威」とされるものに対応するのに必要となる軍事力の分析などを行って米海兵隊は沖縄に存在する必要はないとの回答を発信し続けてきた。

民主党政権時代、鳩山由紀夫首相が普天間基地の県外移設を訴えたが、その時、多くの米国の識者たちは辺野古以外への移設でも構わないと柔軟な姿勢をみせた。しかし、仲井眞知事の辺野古埋め立て承認により「沖縄がいいというなら」との反応が現れ、さらに、近年アメリカにも広く渦巻く「中国脅威論」により「中国に対峙するためには米海兵隊が沖縄に必要なのでは」と意見を変えてしまった識者もいる。「脅威論」が盛んになると、がぜん「抑止力論」が力を増す。

中国の西沙・南沙諸島でのふるまいや北朝鮮の状況などについての報道を見ていると、日本はいかにも脅威に取り囲まれていて、それに対応する抑止力を米軍あるいは自衛隊によって保持しなければならず、そのために地理的に優位な位置にある沖縄には米海兵隊が欠かせないとの議論になりやすい。

忘れられがちだが、沖縄の基地問題を語るときに決定的に重要な安全保障上の視点は「抑止力論を議論せねばならないような事態を東アジア地域から取り除く努力をいかにして行うか」との外交的視点である。「抑止力」は「脅威」に対抗するために求められるとされるものであり、「脅威」がなければ「抑止力」自体が不要となる。抑止力論がその存在を前提としている「脅威」を現実的にも心理的にも減少させていくことが、沖縄の基地問題の解決には極めて重要である。

東アジア共同体、またその議論の端緒となったアジア太平洋地域の共同体の概念は一九八〇年代から形を変え想定参加国を変えながら、現在に至るまで多くの形で提唱されてきた。この地域の地域機構の代表であるアセアンの地道な取り組みは生まれてから半世紀を迎えようとしており相当程度の紛争解決機能を担っているとの評価もされている。また、その他にも、現在のアジア太平洋地域には東アジア共同体の基礎となりうる多くの地域機構・会議が実に数多く存在している。

しかし、その歩みは決してスムーズではない。「ASEAN＋3」を掲げる中国と、中国に対抗すべくオーストラリア・ニュージーランドをも巻き込むために「ASEAN＋6」を求めた日本の主導権争いで、一度生まれた大きな流れが停滞してしまった経過もある。また、例えば、東アジアサミットにも米ロが参加することとなり、「ハブ・アンド・スポーク」と呼ばれる米国と東アジア各国の二カ国関係が第一優先とされる地域の現状や、冷戦構造が残る東アジアの現実を改めて浮き彫りにした。日本でも、東アジア共同体は、鳩山首相の時代に大きく取り上げられた後、政治の具体的議論の中から姿を消してしまった。東アジア共同体創設への道のりは、この地域の現状からも、日本の国内情勢からも、容易であるとはいいがたい。

とはいえ、EUの例を見ても、共同体の創設をリードするのはその創設により一番の利益を受けうる小国である。地域覇権国の地位を争う日中にこれをリードする強いインセンティブは実際にはさほど存在しない。

沖縄はひとつの国ではないが、アジアの安全保障に米国が深く絡み、「抑止力」を理由として米軍基地が沖縄に多く置かれている現実においては、米軍基地問題を解決する一つの糸口としても、沖縄には東アジア共同体をリードすべきインセンティブがあるのではないか。もちろん、そのようなイニシアティブをとるかどうかは沖縄の方々が決めることである。基地に端を発する問題の対応に追われる沖縄にこれ以上の負担と期待を押し付けるのが適切でなければ、沖縄の基地問題を解決したいと願う本土の私たちが基地問題の解決法の一つとしても東アジア共同体を目標に掲げて取り組むことが必要なのかもしれない。

「東アジア共同体」とSEALDs／SEALDs RYUKYU

元山仁士郎（SEALDs RYUKYU の中心メンバー）

「東アジア共同体」をテーマに寄稿して欲しいとの依頼を頂いたときに、何を書こうか悩み、なかなか筆が進まなかった。「中国の脅威」や「北朝鮮の脅威」という言葉が巷であふれ、東アジアにおける緊張が高まっているとされるいま、果たして「東アジア共同体」という希望はあるのか、またどのようにして実現可能なのか。しかし、SEALDs や SEALDs RYUKYU が持つ理念と活動、私が行っていることがこの「東アジア共同体」というなかなかとっつきにくい、前途多難なヴィジョンの実現につながっていると信じ、ここに記したいと思う。

SEALDs が生まれた背景には二〇一一年に起きた「3・11」、とりわけ福島第一原発事故がある。冷戦崩壊、バブル崩壊、阪神・淡路大震災、オウム真理教事件、「少女暴行事件」、同時多発テロ、リーマンショック……。SEALDs の奥田愛基も「生まれたときからバブルが崩壊してとか、日本はこの先良くならない」

と言われていたと語り、NHKの世論調査でも六一％の一八歳、一九歳が「日本の将来は明るいと思いますか?」という問いに「思わない」と回答している。

そんな「絶望」の中からSEALDsを始めとする路上に立つ世代は生まれた。SEALDs RYUKYUもその一つである。

SEALDsの戦後七〇年動画にはこうある。

終戦から七〇年が経ちました。戦後日本の平和と繁栄は、先の大戦の大きな犠牲と引き換えにもたらされたものです。私たちはいまこそ、この国の平和憲法の理念を支持し、それを北東アジア、そして世界の平和構築に役立てるべきだと考えます。自由、民主主義、普遍的人権。それらの価値は、けっして紙に書かれた絵空事ではありません。人びとの自由を護り、平和を築くために、過去から私たちに手渡された大切な種です。私たちがあきらめてしまわない限り、日本国憲法の理念はその力を失うことはありません。知性と理性とともに、私たちは平和と、アジア諸国家の自由と民主主義の尊重を求め続けます。

日本は日本国憲法を携え、北東アジアを始めとする諸国とともに自由や民主主義という共通の価値の下に平和を構築していくべきだとする。また、SEALDs RYUKYUの団体紹介文にも「現在の奄美群島と沖縄諸島及び先島諸島から成る琉球国は、交易を通じて東アジア、東南アジアを中心とする国や地域との関係を築く『万国津梁』の精神の下で栄えていました」「琉球・沖縄が持つ『万国津梁』の精神……を重んじ、自由で民主的な社会を実現するために、私たちは『いま、ここ』から行動を起こします」とある。琉球・沖縄の歴史を踏まえ、沖縄県、日本国という枠組みを超えた地域との協力、問題解決を模索する姿勢を示している。

これらはただの文言に留まらない。実際、SEALDsやSEALDs RYUKYUのメンバーと東アジア諸国の同世代の人たちとの交流が始まっている。例えばSEALDsでは香港の「雨傘革命」を担った黄之鋒《ジョシュア・ウォン》氏との対話や周庭《アグネス・チョウ》氏との交流、台湾の「ひまわり運動」を担った陳為廷氏との対話、二〇一五年夏に通った国会前抗議の現場紹介などを行った。SEALDs RYUKYUでも「雨傘革命」や「ひまわり運動」に参加した学生を辺野古や高江を案内し、親交を深め、二〇一五年一一月一四日に辺野古で行った街宣では同日韓国のデモを担っていた学生・若者団体とメッセージを交わした。その他にも、私は一六年一月一六日に行われた台湾総統選挙に台湾の学生に誘われて足を運んだ。選挙の様子を視察し、日本語が話せる学生が総統選挙の投開票を解説するネット番組に出演した。また、四月一三日に行われた韓国の国政選挙にも足を運び、視察及び現地の学生・若者と意見交換をした。それぞれの国や地域で路上に出て声をあげた東アジアの学生・若者たちがいま、国境を超えて繋がっている。

厳しい東アジア情勢の中でこれらの交流が即座に「東アジア共同体」となり得るのか、そもそも「東アジア共同体」をどう考えるのか、どのようなヴィジョンを持っているのかなど、まだまだ互いの理解を深めていかなければいけない部分も多々あるだろう。しかし、SEALDsやSEALDs RYUKYU、私自身の活動がアジア地域における信頼関係の構築と平和、安定を目指す「東アジア共同体」の礎となることと強く信じたい。SEALDsやSEALDs RYUKYUの活動がこの暗い時代に射し込む一筋の光明となることを願って止まない。

沖縄独自の教育から東アジアの平和を

玉城　愛（名桜大学大学生、SEALDs RYUKYU）

沖縄（琉球）は薩摩侵攻（一六〇九年）や「琉球処分」（一八七九年）を通じて最終的に日本に併合され、それ以来、「日本人」になるべく強制的な同化政策を受けることになった。その後、沖縄住民の四分の一以上が犠牲となった沖縄戦や「銃剣とブルドーザー」に象徴される過酷な米軍による占領・統治を経験してきた。そして、「日本復帰」（一九七二年）から四〇年以上たったいまも広大な米軍基地は変わらずに残っている。

このような不条理な歴史を生きてきた沖縄人（琉球人）の心・魂が沖縄の自然や文化には生きて宿っている。しかし、私は教師と生徒の社会的政治的な議論もない学校教育の場において、自分の本当のルーツやアイデンティティ、自分の住む沖縄（琉球）や東アジアという地域に対しての深い理解のないまま育ってきた。また、テレビで流れてくる沖縄（琉球）やアジア諸国の文化や風習を小馬鹿にした映像ばかりを観ていると、知らぬうちにその影響を知らずに受けて沖縄（琉球）は遅れているという劣等感や、アジア諸国は「日本より劣っている国」という差別意識を持っていた。特に東アジアの地域に住む人々に目を向けると、テレビを見て培ったネガティブな印象と固定概念で国籍を判断してしまう風潮が沖縄（琉球）を含む日本社会に蔓延していることがよくわかる。

最近、「沖縄も日本なんだよ」と言われる機会が多くある。聞いたところ当たり前な「常識」かもしれないが、私はそこに抵抗を感じるようになってきた。沖縄（琉球）がかつて持っていた独自の文化や歴史について無知であったままであれば、何も考えずに「沖縄は日本なんだ」といえる自分がいたかもしれない。しかし、いまの自分はもうそうではない。沖縄の現社会が未来の私に託そうとしていることは、沖縄（琉球）の歴史と文化を学び、その独自のアイデンティティを言葉や文化の上でどう組み替えていくのかという課題である。

本来であれば沖縄独自の教育課程が組まれるべきで、教科書も沖縄（琉球）の文化と照らし合わせたものであれば子どもたちの学びや生活にもよりポジティブな影響をもたらしてくると思う。これは何も「反日教育」をするのが目的なのではなく、あくまでも沖縄や琉球の視点に立って物事を見たり、考えたり議論するべきであると感じるからだ。もし嫌なことに対して「ＮＯ」と言えなかった延長線上にあの沖縄戦や日本の降伏があったのであれば、沖縄と日本はそれをふたたび繰り返してはいけない。

また、沖縄に住む子どもたちが沖縄を感じて考えるとき、周囲の大人の意識や視点によっても結果は大きく左右されるが、思考停止してはいけないという感覚が大切である。また、知的で議論の活発になる共同体に置かれるのと置かれないのとでは大きく異なる人生を送ることになるのではないだろうか。つまり、現代社会に漂っている子どもと大人の政治的社会的議論の中で、子どもの言葉を破壊し、子どもをあきらめさせているのは大人側の方なんだということに気がつかなければならない。

私は中学生からの政治的教養の重要性と議論をするという文化の定着の必要性を訴えたいと思っている。議論するということはけんかすることではない。なぜ社会について考える機会を大人に奪われなければいけないのかという思いがその根底にはある。そして、親や担任の先生の意見が全てだと思い込んでいる生徒たちの自分の意見を持たない・持てない・持とうとしない態度が結局は今の安倍政権を生み出したのだということを忘れてはいけないと思うからだ。子どもたちには自由に誰かの意見を聞いたり新聞を読み解く権利があり、これを基に議論し発信していける力を養うことができると考える。

沖縄独自の教育課程を組むときにぜひ取り入れたい分野の一つが「異文化理解」である。というのも、異質共同の社会は当たり前の姿であるはずなのに、「単一民族」としての価値観や視野でしか国際関係を把握できない現代の日本社会（沖縄を含む）に対して危機感を覚えるからである。極端に言えば、私と血縁関係にある兄弟とさえ物事の見方、価値観、経験というものは異なり一〇〇％一致しないのが当たり前なのだ。「十人十色」や「みんなちがってみんないい」という言葉は綺麗に共有されてうなずくのに、なぜ意見がちがうこと（異論）を日本社会（沖縄を含む）は排除していくのか。

私は、「異文化理解」という分野の中で東アジア諸国の子どもたちと沖縄の子どもたちが言語や国境を超えた真の意味での「国際交流」を行うという具体的提案をしたい。これまでの活動の中で、多くの教育関係者は「国際交流」を浅く狭く読み解いているのかと批判したくなるときがある。例えば、沖縄県内のある市長は台湾や中国の子どもたちをその市の子どもたちと言語を超えた交流を行うことを提案している。そこでは経済的文化的友好親善を掲げているが、一方では異様な形で「中国脅威論」や「北朝鮮脅威論」を打ち出し、自衛隊配備を計画している。何か矛盾を感じないか。そのような市長や市政に対して何らおかしいとも思わない多くの市民にも疑問を感じる。しかし、文化が異なるということでネガティブに受け取ってしまうような市民を育成するのではなく、異文化から学ぶ面白さを体験したり、なぜそれぞれの国や民族で意見が異なってくるのか考える機会を設けることが必要である。

「中国脅威論」や「北朝鮮脅威論」は市民の不安をあおり国家によるコントロールを詰めるのは好都合であろうが、ここで忘れてはいけないことがある。それはそのような脅威論がまた新たな脅威論を生み出し、最終的には戦争に発展していくという過去の教訓である。このまま戦争に突っ走るよりも、「異文化理解」を通した交流をし「どうすれば戦争は起こらないのか」を考えていくべきではないか。

最近考えることは、日本という島国に立って世界を見るということよりも、沖縄という日本の国土の〇・六％の面積の小さな島から世界を見たほうが地球を広く楽しく確かに見つめることができるということである。このことを少し意識するだけで世界が見え始める。東アジアの地域や人々との関係を、日本を通して伝えるばかりではなく、沖縄（琉球）独自の視点や立場で見ることの重要性である。沖縄が琉球王国の時代に持っていた万国津梁の精神は時間や空間を越えて大きな力を発揮できるものであると考える。これから沖縄（琉球）で生きていく若い市民の一人として教育分野での「異文化理解」を発信していきたい。

沖縄二〇一六年

ガバン・マコーマック（オーストラリア国立大学名誉教授）

大浦湾に新海兵隊基地建設を強要する日本国政府と沖縄県の基地反対抗争は、ここ二〇年近く沖縄を揺さ振り続けてきた。新基地反対闘争は大浦湾や沖縄だけの問題ではなく、日本の法治、民主主義、日米関係また東シナ海区域全体にまで重大な関係がある。

ゼロサムゲームの成り行きとして三つの可能性が考えられる。①裁判で決定的な判断が示され、双方が潔く判決を受け入れる。②日本の国内外の世論の圧力によってどちらかが、あきらめる。③〝キャンプシュワブゲート前の闘争〟の勝利によって、どちらかが降伏する。

沖縄県知事就任から一年、翁長雄志は大浦湾の埋め立て承認を取り消し、二〇一五年一二月、日本政府と沖縄県は法廷闘争に入った。米軍基地関係の過去の判例は沖縄にとって、極めて厳しい。

一九五九年の一二月、『砂川事件』の最高裁判決が出た。判決趣旨は、——憲法九条は、他国に安全保障を求めることを禁ずるものではない。また安保条約のように「高度な政治性を持つ」ものについては、違憲かどうか法的判断を下すことはできない。米軍駐留という事実が存在する以上、規定事実を尊重し、法的安定性を保つのが法の建前である——というものであった。判決は安保条約を日本国憲法の上位に置き、米軍駐留の違憲性を問う道を閉ざし、米軍駐留を固定化することになった。

一九九五年、米軍用地の使用期限切れを前に、大田昌秀沖縄県知事は、地方自治の原則と沖縄の基地過重負担を理由に代理署名を拒否すると表明し、国と法廷で争った。一九九六年七月、大田は二〇分に渡り、基地問題解決を切望する沖縄県民の思いを訴えたが、八月、最高裁はわずか二行で上告を棄却した。

過去の最高裁判決は一貫して、米国追従も含め、体制擁護の姿勢を明白に示し、司法の独立を示すものではなかった。二〇一六年の裁判も過去の繰り返しになるのか。翁長の沖縄人としてのアイデンティーを基にした県政への取り組みは、〝オール沖縄〟として、保革の壁を超え、その結集力の広さ、深さが沖縄政治史上際立っている。二〇一五年一一月の琉球新報は、樹子知事夫人がキャンプシュワブ前の基地反対市民を前に基地建設阻止の〝万策尽きたら〟キャンプシュワブゲートの前に、夫と共に座り込みますと約束したことを報じた。

そのような決意を前にし、政府はどのような選択をするのか。県知事も、県知事を囲む市民をも力ずくで排除するのか。市民も県知事も殴り倒して、逮捕し、反対派を起訴し、工事を進めることも可能だ。大浦湾のボーリング調査は、内外のメディアがあまり注目せず、報道もしない中で過去一八カ月、暴力を振るって強行されている。しかし、安倍政府が沖縄県警に、県民に人気のある翁長知事の逮捕命令を出すのは、別の次元だ。翁長知事が、政府の意思に屈服させられる事態になれば、沖縄の怒り、憤懣が爆発するきっかけになる可能性は大きいし、県民の反基地闘争の士気は、前例を見ない勢いで高揚する。そうすれば米国側は、沖縄の基地全部に反対運動が拡大することを危惧するにちがいない。いずれにせよ、裁判が辺野古問題の簡単な解決への道ではないことは明白だ。

他の方策はないものだろうか。翁長知事は東京の外国人記者クラブで沖縄の基地について講演をし、二〇一五年にはワシントンとジュネーブを訪問し、米国政府と国連の関係者に、基地反対への理解を訴えた。国の内外の反基地運動への支持は広がっているものの、世論が決定的圧力になる可能性は極めて小さい。国連に、琉球の先住民として、日本政府の沖縄差別と自決権蹂躙を提訴する道もありえないことはない。しかし問題は、沖縄の人々の感覚からして、先住民の権利を主張するのはいささか無理がある。

いろいろと勘案しても、結局最終的には、キャンプシュワブのゲート前の体を張った闘争しか有効な手段は残されていないようだ。ありとあらゆる非暴力的手段で、建設工事を止めようと市民たちは、毎日五〇人から五〇〇人が最後の手段としてゲート前に座りこむ。機動隊や海保の警備員は、抗議する市民たちに暴力を振るうが、市民たちは意気軒昂で士気は高い。安倍政府は逮捕や起訴を大量に出したりして、沖縄県民の怒りが蜂の巣を突つく事態にならないよう、自制している。ゲート前も海上も、綱渡りのように危険で、緊張感に満ちている。政府は不測の事態が起こらなくても、埋め立て建設工事は五年以上かかると見積もっている。市民たちの反対運動が効果的であればあるほど、政府の暴力はエスカレートしないだろうか。この緊張状態を五年も続けることができるだろうか。

しかし五年は短いようで長い。温暖化など国家や民族の境界を越え、地球規模で協力しなければならない事態が迫っている時、他国を武力で脅かし、紛争を解決することを念頭に入れた軍事基地を建設する愚かさ。日本はもっと高い見地に立って、世界に貢献することができるはずだ。

オバマ大統領の危険なアジア基軸戦略における沖縄の基軸的役割

ピーター・カズニック（アメリカン大学教授）

二〇一四年八月、乗松聡子とジョセフ・ガーソン、私の三人は、沖縄で最高位のアメリカ政府高官であるアルフレッド・マグルビー在沖縄米国総領事と面会した。数年にわたる沖縄県民の組織的な抵抗をよそに、アメリカは、沖縄本島北部の手つかずの地域である辺野古に普天間の米海兵隊基地を移設すべきだ、と断固主張して譲らない。経験豊かな外交官であるマグルビー総領事は、その理由を説明し、以下のごとく言い放った。沖縄ほどに戦略的に位置する資産は他にはない。沖縄の人びとは、不本意だとしても従うよう強制されねばならず、日本の利益のために犠牲を払うべきである。このことを偏狭で近視眼的なために理解できないとしたら、それは沖縄県民の問題だ。マグルビーは、自認するとおり、沖縄県民の説得をとうに投げ出していた。沖縄県民は基地反対の点で「理性に欠ける」というのだ。

これは、米外交官による極めて異例の告白であり、たちまち沖縄の大手新聞二紙の第一面を飾った。後にマグルビー氏は沖縄を去ったものの、その嘆かわしい態度は、アメリカ政府高官の間ばかりか、安倍晋三政権の右翼的な盟友にも共有されている。残念ながら、キャロライン・ケネディ駐日米国大使にしても、ひどく不評で甚だしく非民主的な方法による土地の収奪と「抵抗する島（resistant islands）」——ガバン・マコーマックと乗松聡子がいみじくも沖縄につけた名称——の軍事的占領を支持することで、父君と叔父の輝かしく進歩的な名声を汚している。

マグルビーや他のアメリカ政府高官が沖縄にかくも引かれるのは、沖縄が中国と北朝鮮に相対する位置にあるためだ。ジョージ・W・ブッシュやディック・チェイニー、ポール・ウォルフォウィッツ、リチャード・パール、それに彼らの新保守主義的な盟友たちとは対照的に、オバマ大統領の世界戦略は、みずから発表した「基軸」を中心に展開する。すなわちそれは、石油資源は豊富だが相対的に人口が希薄な中東から、将来の宝となるアジア太平洋への「基軸」移動を指す。この基軸の移行をさらに熱心に提唱するのはヒラリー・クリントンである。クリントンは、二〇一一年一一月のフォーリン・ポリシー誌にて、「アメリカの太平洋の世紀」という傲慢なタイトルをつけた小論を発表し、基軸の移動を高らかに宣言した。オバマとクリントンは、イラクとアフガニスタンへの犠牲の大きい悲惨な侵略を終了し、中国封じ込めに再び取り組むという意図を明らかにした。しかしオバマやクリントン、それにリベラル帝国主義的な盟友らにとって不運だったのは、ブッシュと新保守主義者が混乱をもたらしたため、混迷する中東地域からアメリカを撤退させるのがほぼ不可能であると判明したことだ。それどころか、オバマ政権自体も戦略上の失態を犯している。そのダメ押しとなったのが、近視眼な空爆によってリビアの世俗的な独裁者カダフィーを失脚させたことである。その結果、中東全域に混乱が生じ、オバマ政権は熱烈に望んでいたアジアへの基軸移動をほとんど断念せざるをえなくなっている。兵器製造業者（いわゆる「死の商人」であり、死体を冒涜していると今日非難されることが多い）は、オバマやクリントンの進めるアジア太平洋地域の再軍備化から何とか利益を得ようとし、恥知らずなことに、インドやフィリピンなどの財政的余裕のない国々への武器売却を増やしてきた。一方で、基軸移動に関連した広範囲にわたる政策構想は実現していない。だが、地域の扇動者たちはあらゆる側面で、危機的状況を維持しようと工作している。

日本の安倍晋三は、多くの点で、アジア太平洋地域における最も好戦的かつ危険な策略家である。安倍首相の軍国主義的な政策は、日本の平和憲法を違法に覆しただけではなく、アジア太平洋全域にわたって緊張を煽ってもいる。安倍首相は最近、アメリカからの非常に大きな圧力を受けて、戦時中に何万人もの女性を性的奴隷とした日本の責任をめぐり、韓国の朴槿恵大統領と「妥協」に達した。ところが安倍首相は、自民党内の極端なナショナリストからの圧力にすぐに屈し、韓国との合意を誠実に果たそうとしていない。他方で称賛に値するのは、存命の「慰安婦」が自ら、日本の不誠実さを暴いただけでなく、今回の日韓合意でもって日本が誠実に謝罪し責任を負うことになる、という詐欺まがいの印象操作に韓国政府が加担したと暴露したことだ。とはいえ、アメリカの立場からみれば、大部分の韓国人が日本に対して抱く根深い憎しみや猜疑心――二〇世紀前半のほとんどの期間に日本は朝鮮を占領し搾取していた――を乗り越えることが、オバマの模索する対中国統一戦線の樹立に向けた第一歩であった。しかし日韓合意は今にも崩れそうである。

日本が「普通」の国として新たにグローバルな役割をはたそうと進むのにあわせて、安倍とオバマはまた、中国への猜疑心をかき立て、それを日本独自の軍事的冒険主義の口実として利用しようと必死になっている。日本国民の反対にもかかわらず、安倍はアメリカが地球全体で遂行する一連の戦争に日本を巻き込む恐れがある。もっとも、アメリカ人が一世紀以上もの間経験してきたように、日本人の青年が海外での軍事的冒険から遺体袋に入って帰国するようなことになれば、最終的に日本国民は専制的な安倍政権を倒すかもしれない。しかし安倍は、ブッシュとオバマの敷いた路線に従い、日本国民を脅して自分の政策を黙認させることができると確信している。

安倍に対する最大の支援は、中国と北朝鮮という思わぬところからもたらされた。日本の直面する脅威を強調するために、安倍が手始めに指摘するのは、中国による軍事力の近代化と拡大、東シナ海と南シナ海の係争中の島々に対する中国の硬直した態度である。地域的覇権を確立しようとする中国の野心には不穏なものがあるかもしれない。しかし、覇権の目標を達成するために戦端を開くほどに中国の指導者が無鉄砲かというと、その恐れはまずない。ただし北朝鮮となると話は別だ。金正恩は軍事力による威嚇を繰り返しているが、これは北朝鮮の国民にとって全く無益である。そればかりか、その気になれば使用も売却も可能な大量破壊兵器を保有する不安定で予測不可能な国家、という悪夢のような不安が頭をよぎる。アジア太平洋地域に八万人の兵士を駐留させて定期的に軍事演習を行っているように見受けられるアメリカ、それに日本と韓国の三カ国は、北朝鮮の好戦的態度を誘発し、これを巧みに利用することで、地域の緊張を維持し、節度のない軍事費の支出を正当化している。異様な程の軍事費を正当化するのに敵を必要とする人びとは、ピョンヤンに一番の味方がいることに気づいている。その逆もまた然りである。先の「水素」爆弾実験は、アジア太平洋全域を再び危機寸前にまで追いこんだ代表例だ。アメリカ、日本、韓国は、アジア太平洋全域の警戒態勢を高めるために、金正恩による周到な挑発にただちに便乗した。フィリピンについていうと、かねてから中国に脅威を感じていたために、最高裁判所は二〇一六年を迎えるにあたって、フィリピン全土の基地にアメリカ軍が駐留することを合法と認めた。フィリピン議会は二〇年余り前にアメリカ軍を追い出し、旧植民地におけるアメリカの帝国主義的な自負に打撃を与えたが、これを今回の最高裁決定は惨めにもひっくり返したわけである。

たしかに、中国は独自の強硬政策を緩める兆候をほとんどみせていない。とはいえ、北朝鮮の指導者が事態をさらに悪化させることに対して中国の指導者は激怒していると考えられる。アジア太平地域でアメリカ主導の軍事化が進むことは、中国が最も望まなかったことだ。中国の習近平・国家主席は、北朝鮮を包囲し、地域の緊張を緩和しようと尽力していたし、核実験をこれ以上実施しないという約束を予測不可能な北朝鮮の指導者から引き出したほどである。しかし、この約束が反故にされたのは明らかである。アメリカはといえば、結果として生じた地域の不安定や不確実性を巧みに逆用することに一刻も無駄にはしなかった。

こうしてめぐりめぐって沖縄の出番がくる。マグルビー在沖縄米国総領事は、沖縄の戦略的位置の重要性について語った時、沖縄が中国と北朝鮮に相対的に近いことに言及しているのだと明言した。オバマの誇示する基軸は、さしあたり棚上げにされたものの、先送りにされたのであって、撤回されたのではない。タリバンの復活やイラク・シリア・イスラム国（ＩＳＩＳ）の拡張主義、サウジアラビアによって煽られたスンニ派とシーア派の対立の顕在化などを受けて、アメリカ軍は当面は関与し続けざるをえないだろう。しかし、あくまでアメリカ政府高官はアジア太平洋地域が将来の戦場になると想定している。数年にわたり世界経済の成長を牽引してきた中国の強力な経済力が弱体化しているかもしれないという徴候は、アメリカ政府高官にとっては実のところ明るい兆しなのだ。

それにしても、より先見の明があるアメリカの政策決定者なら次のように理解している。アジア太平洋地域の情勢はゼロ・サム・ゲームではなく、この地域全体、とくに沖縄におけるアメリカの肥大化したプレゼンスはアメリカの安全保障も日本の安全保障も強化することにはならないと。これは、熱心な日本専門家であるジョセフ・ナイでさえも主張してきたことだ。それどころかナイにいわせれば、戦闘が起きれば、沖縄の固定基地に駐留するアメリカ軍は中国のミサイル攻撃に対してとくに脆弱である。さらにナイは、嫌われる新たな基地を沖縄県民に押しつけることも許されないと付言している。にもかかわらず、安倍もオバマも、基地を沖縄県民に押しつける用意ができているようにみえる。安倍首相が沖縄県民の口を強引にこじ開け、オバマ大統領が基地を無理やり飲ませようとするだろう。第二次世界大戦以来、とりわけアジアで、アメリカの指導者たちは必要とあれば武力を使ってでも思い通りに行動することに慣れてしまった。日本の指導者たちはというと、アメリカの要求に追従することに慣れてしまった。しかし沖縄の人びとが、この破滅的なサイクルを壊そうと脅かしている。沖縄県民がこれに成功すれば、勝利は、彼ら彼女らのものだが、世界中の進歩的で平和を愛する人びとにとっては一つの偉業となり、また励みにもなるだろう。

（訳者：千知岩正継）

あとがき

進藤榮一

若い女性がまた、沖縄基地の米軍属、元海兵隊員によって強姦され殺害された。

そこから見えてくるのは、沖縄の米軍基地が、日本の安全を保障するのではなく、安全を侵害し続けている現実だ。そして日本の平和と安全保障なるものが、沖縄住民の絶えざる犠牲の上に成り立っている現実である。

問われるべきは、だから、「沖縄問題」ではない。沖縄に犠牲を強い続けている「日本問題」だ。日米基軸論と日米安保と抑止力の大義名分下で、世界最大級の軍事基地を、極東の小さな島に七〇年以上も置き続ける「米国問題」なのである。

戦後七〇有余年、鳩山民主党政権の登場を機に、沖縄基地削減の動きが浮上してきた。人々は、欧州統合の歴史に想いを馳せ、東アジア共同体を構想し始めた。そして共同体の首都を沖縄那覇におき、アジア太平洋の物流と人流と文流の基地に転じる構想が議論され始めた。

二一世紀情報革命の波が、アジア経済一体化の動きを強め、地域統合のうねりが、東アジアにも及び始めている。そのうねりの中で、改めて沖縄基地のレゾンデートル（存在理由）が問い直されている。誰のための、何のための基地なのか、と。

沖縄の自立なくして日本の自立はなく、日本の自立なくしてアジアの平和と繁栄はない。その自立への道を、近代の終焉の中に位置づけ直した時に見えてくるのは、琉球王国四〇〇年の歴史であるまいか。それが、二一世紀における琉球沖縄の自立への道に通底している。

本書は、気鋭の政治学者、木村朗さんの提案をきっかけに始まった。編者の求めに応えて、すぐれた玉稿を賜った先学の皆様に、心から感謝の言葉を捧げたいと思う。それなくして本書が世に出ることはなかった。また出版不況の中、刊行を快諾下さった平田勝社長と、編集担当の山口侑紀さんにお礼申し上げます。

【著者】
鳩山友紀夫（元内閣総理大臣・東アジア共同体研究所理事長）
高野　孟（ザ・ジャーナル主幹・東アジア共同体研究所理事）
大田昌秀（元沖縄県知事）
前泊博盛（沖縄国際大学教授）
島袋　純（琉球大学教授）
松島泰勝（龍谷大学教授）
新垣　毅（琉球新報東京報道部長）
前田　朗（東京造形大学教授）
藤村一郎（日本学術振興会特別研究員［東京大学］）
稲嶺　進（名護市市長）
伊波洋一（元宜野湾市長）
糸数慶子（沖縄社会大衆党党首、参議院議員）
川内博史（元衆議院議員）
仲地　博（沖縄大学学長）
石原昌家（沖縄国際大学名誉教授）
阿部浩己（神奈川大学法科大学院教授）
岩下明裕（北海道大学教授）
白井　聡（京都精華大学専任講師）
倪志敏（龍谷大学客員研究員）
金平茂紀（ジャーナリスト）
目取真俊（作家）
野平晋作（ピースボート共同代表）
乗松聡子（「ピース・フィロソフィー・センター」代表）
猿田佐世（新外交イニシアティブ事務局長・弁護士）
元山仁士郎（SEALDs RYUKYU の中心メンバー）
玉城　愛（名桜大学大学生、SEALDs RYUKYU）
ガバン・マコーマック（オーストラリア国立大学名誉教授）
ピーター・カズニック（アメリカン大学教授）
訳：千知岩正継（佐賀大学非常勤講師）

【編者略歴】

進藤榮一（しんどう・えいいち）

1939年北海道帯広市生まれ。筑波大学名誉教授、国際アジア共同体学会会長、東アジア共同体評議会副議長、一般社団法人アジア連合大学院機構理事長、国連 NGO ／ DEVNET 東京・理事。

著書に、『東アジア共同体をどうつくるか』、『敗戦の逆説』（ちくま新書）、『国際公共政策』（日本経済評論社）、『アジア力の世紀』、『アメリカ黄昏の帝国』、『戦後の原像』、『現代紛争の構造』、『分割された領土』（岩波書店）、『現代アメリカ外交序説』（創文社）、『なぜ、いま東アジア共同体なのか』（花伝社、共著）等多数

木村　朗（きむら・あきら）

1954年8月生まれ。北九州市小倉出身。鹿児島大学法文学部教授。日本平和学会理事、国際アジア共同体学会常務理事。

著書に、『危機の時代の平和学』（法律文化社）、共編著『核の戦後史』（創元社）、『広島・長崎への原爆投下再考』（法律文化社）、『終わらない〈占領〉』（法律文化社）、『21世紀のグローバル・ファシズム』（耕文社）、『核時代の神話と虚構』（明石書店）、共著『「開戦前夜」のファシズムに抗して』（かもがわ出版）、『米国が隠す日本の真実』（詩想社）等多数

沖縄自立と東アジア共同体

2016年6月10日　初版第1刷発行

編者 ――― 進藤榮一・木村　朗
発行者 ――― 平田　勝
発行 ――― 花伝社
発売 ――― 共栄書房
〒101-0065　東京都千代田区西神田2-5-11 出版輸送ビル2F
電話　03-3263-3813
FAX　03-3239-8272
E-mail　kadensha@muf.biglobe.ne.jp
URL　http://kadensha.net
振替　00140-6-59661
装幀 ――― 黒瀬章夫（ナカグログラフ）
印刷・製本 ―― 中央精版印刷株式会社

ISBN 978-4-7634-0779-5 C0036